鄱陽湖

從人文深處走來

明然——著

推薦序　夢歸鄱陽湖

郝秀琴

　　明然先生的新作《鄱陽湖，從人文深處走來》，即將出版問世，有幸先睹為快，甚感欣喜。開卷細讀，「我彷彿看到，煙波浩渺，氣度恢弘的泱泱大湖——鄱陽湖，正在從中國絢麗的文化寶庫深處，從多彩、亮麗、燦爛的唐詩宋詞中向我們走來，走到了時代的最前沿。」我的思維情不自禁地追逐明然先生的筆跡，一同走進歷史，走進人文，走進我們每一個後來人心身回歸，精神不再流浪漂泊的家園。美麗的鄱陽湖，是文化，是文學，是人文，是歷史，更是現實。

　　鄱陽湖歷史上人才輩出，許多文人墨客寫詩無數，逐漸積澱形成一種濃郁的鄱陽湖文化，但將這種文化和歷史結合在一起，凝練為一種鄱陽湖文學的卻不多。「從現代鄱陽湖的形成時期走進去，從地理的、人文的、歷史的角度深入進去，上溯到12000年前的新石器時代，然後又一路順著時代發展的脈絡走出來，回到今天的現實中來」明然先生就是把這麼長的一段歷史凝縮在這部書中。這種高度集中與概括，是非常艱巨而浩大的工程，他傾注的心血是可想而知的。多年來，他駕馭文學的小舟，沿著歷朝歷代文人的腳印獨行於鄱陽湖。他與鄱陽湖的情結是深厚的，血管裡似乎都浸透了鄱陽湖的歷史和文化。他風餐露宿，廢寢忘食走遍鄱陽湖的山山水水。找到了文化的精髓和表述的切入點，那就是文學。從篇篇精彩的文章中看得出，明然先生不是簡單地去陳述鄱陽湖的歷史，而是

從文學的角度加以解讀，在浩如煙海的中國文學寶庫中尋找鄱陽湖的蹤跡，從唐詩宋詞中尋找謳歌鄱陽湖的詩句。用行雲流水般的語言，給鄱陽湖解答了一個問題，告訴人們鄱陽湖文化究竟是什麼？我們從謝靈運的詩裡讀出了鄱陽湖的萬種風情，看到了鄱陽湖的青蓮翠柳，讀出了中國一代山水派的詩風。從詩仙李白的：「開帆入天鏡，直向彭湖東」詩中讀到了鄱陽湖的浩瀚與壯闊；從蘇轍「初疑邱山裂，復恐蛟蜃鬥」詩句中，讀出了鄱陽湖的浪漫和風雲變幻；從李夢陽的詩裡讀到了鄱陽湖的柔美：「漢水亦太急，江渾只恁流。何如彭蠡澤，清瑩解人愁。」不難看出李夢陽的內心深處，對鄱陽湖有著無比的熱愛與喜悅之情。總之，明然先生這部書所表述的，不僅僅是鄱陽湖文化的一種形態，而是一種淵源流傳的漢文化的翻版。他寫盡了詩人的風采，寫盡了鄱陽湖的山光水色。隨著他的筆跡把讀者引渡到一個安靜美麗、沒有喧囂、沒有汙染，沒有人與人的糾葛的美麗世界。這裡是陶淵明筆下的桃花源，是謝靈運建構的山水雲天，是詩仙李白雲遊的靈魂歸宿。

明然先生在寫法上力求創新，從文學的角度切入，在浩如煙海的中國文學寶庫中去尋覓鄱陽湖的蹤跡，在唐詩宋詞裡去找到鄱陽湖的來歷。讓讀者在時間的隧道裡穿越，現實遠古，遠古現實。可以看出作者凌駕文字的功夫，對人文歷史的嫻熟。唐代詩人眾多，去鄱陽湖的也很多，留下千古絕句的更多，這麼一段長遠的歷史，這麼多的人物，明然先生卻把他們都召喚聚集在鄱陽湖畔，和他們把酒吟詩，共賞秀山清水、澄湖明月。

鄱陽湖美麗而神奇，她宛如一顆璀璨的珍珠嵌鑲在長江中下游地區，她歷史悠久，文化積澱深厚。明然先生沿著一條時間隧道，從唐朝追溯到現在。他執著地對鄱陽湖文化追根溯源，收集了大量的歷史資料，研究了大量的唐詩宋詞，正如他在自序中寫道：「希

望大家能跟著我一起，踩著我文字的腳步，隨同我一起回到鄱陽湖的人文深處，做一回『夢回鄱陽湖』的情夢。」這是他創作這部書的本意和心願。

這部書的歷史意義和現實意義是不可忽視的，可以成為鄱陽湖文化的重要部分。古往今來，鄱陽湖曾經讓多少文人墨客盡顯靈氣，他們在這塊清澈如鏡的湖畔寫下了厚厚的詩歌帙卷。但明然先生沒有把思維停留在這些史料和詩詞上，而是透過這些表層的文字，去挖掘更深層的實質的文化，整理提煉追溯幾千年來這些名人的蹤跡以及他們和鄱陽湖結緣的情鏈。讓我們看到的是一個個活靈活現的人物，生動精彩的故事。這種再度創作是需要具備深厚的文化內涵和修養，需要有一種對古文化精深透徹的研究和探討，對鄱陽湖有極其的瞭解和認知，否則難以凌駕。

每一位作家，都有一個屬於自己創作的根。這個根和作家脈息相通，明然先生的根深深地紮在鄱陽湖，鄱陽湖的啟示在明然先生凝視風景的眼神裡。他把鄱陽湖愛得深沉，懂得鄱陽湖給未來人的重要啟示和定位，他也知道怎樣更尊重人與自然的關係。所以，多年潛心於鄱陽湖文化的研究，一直想找到一個突破口，把一個鮮活的、真實的鄱陽湖向世界打開，讓鄱陽湖水流向四海，流向未來。他十年如一日，用汗水和心血採擷鄱陽湖的每一朵浪花，每一束陽光，每一縷清風，為鄱陽湖編織一件絢麗的五彩霓裳。

在明然先生的筆下，現實的鄱陽湖是一座文化的鄱陽湖，沒有誰能用這種濃郁的文學把鄱陽湖塗抹得這麼瑰麗秀美。沒有誰這麼系統地把古往今來沉澱在鄱陽湖的故事和人物，都集中再現。雖然，文章中引用了大量的古典詩詞及人文史料，但讀起來卻不枯燥不生澀。歷代的文人墨客，為什麼對鄱陽湖愛得那麼深沉？不難看出，鄱陽湖是一塊人傑地靈的寶地，永恆的鄱陽湖，締造了無數詩

人和出色的政治家。鄱陽湖成就了他們不朽的詩作。讀這本書，讓我們重溫歷史，「彷彿看見詩仙李白正踏著鄱陽湖上的風浪，在浪花的簇擁下，神態偉岸地走在波峰浪尖上。」還有王勃，當他站在滕王閣上盡情書寫序文的時候，贛江兩岸以及鄱陽湖上的美麗風光便一起向他聚攏過來，香爐峰上生起了紫色煙霞，這迷人景色給予他無限啟迪，他寫出了「落霞與孤鶩齊飛，秋水共長天一色」的千古絕句；還有正在吟詠〈湖口望廬山瀑布水〉的張九齡；襟懷天下，心寄蒼生的范仲淹，「先天下之憂而憂，後天下之樂而樂」的名言，是他愛國愛民的高度概括。這些都傾注在明然先生的筆端。我們熟悉這些詩人的名字，熟悉他們的詩作，但我們卻未必熟悉鄱陽湖曾經給予他們的無窮智慧和雄渾壯闊的胸懷。

　　一部書的價值就在於這部書能給後人一種啟迪，一種昭示，一種源遠流長的文化傳承。這些，都融化在明然先生笑迎文學的真誠裡，融化在他滾燙的血液裡。他會用這份真誠，召喚更多的人走進鄱陽湖，瞭解鄱陽湖，熱愛鄱陽湖。

自序　夢回鄱陽湖

我一直在做一個夢，要夢回鄱陽湖，找到一個真實的存在。

雖然在我的這一生當中，從來就沒有過真正意義上的離開鄱陽湖，但是，我又似乎總是覺得她離我是那麼地遙遠，遙遠到我看不見她的滄桑身影，觸摸不到她的柔潤肌膚，感受不到她的如蘭氣息，以至於心裡總是空落落的不著地，怪怪的很不是味道。

萬般無奈之下，我便覺得有必要改變原始的接近方式來與她親近。於是，我便嘗試著從夢裡走進去接近鄱陽湖，去親近鄱陽湖。我企圖將自己的身心交給夢境，讓我的靈魂在夢境中去找到鄱陽湖的真實存在，去瞭解一個立體的鄱陽湖，去擁抱一個鮮活的鄱陽湖。

儘管這麼些年以來，我一直生活在鄱陽湖區，漂泊在鄱陽湖上，也曾經歷了鄱陽湖上無盡的風風雨雨，見證了鄱陽湖上半個多世紀的滄桑巨變，加入了「中國鄱陽湖文學研究會」，有幸成為了其中的一員，還獨立創辦了一份叫做《鄱陽湖文學》的刊物，但是，我只能說的是，我的身體在鄱陽湖上，而我的心，卻依舊是遊走在鄱陽湖的邊緣，對她沒有過深切的瞭解，缺失了理性的認知，於是，就不經意地將自己陷身在一種霧裡看花的狀態，失去了真切感。

為了改變這種狀況，為了修正我的視角與視點，還為了報答那些曾經替我捏一把汗的，身邊的批評者們的無私幫助，我終於在傳俊老兄的啟迪下，確定了我的研究方向，那就是從鄱陽湖的人文深處，去找到她一路走來的歷史足跡，尋著那些足跡，在人文深處真實地找到她的客觀存在，用理性的認知證明她感性的存在，這就

是鄱陽湖的鮮活。

如果不是身邊時不時地有那些批評的聲音響起，在提醒著我，在激勵著我，我可能就不會有今天這個有關鄱陽湖的研究成果出現。因此，我要說的是，一個人如果能正確地看待批評，聽聽不同的聲音，那是自身源源不絕的力量動源，是前行的巨大動力。

基於以上的原因，我花費了大量的時間來閱讀一些有關鄱陽湖的歷史文獻與文集，努力去瞭解一些與鄱陽湖產生過交集的歷史文化名人的傳紀與史略，以期通過對歷史文化名人的解讀，來闡述鄱陽湖的歷史脈絡，以期呈現給人們一座與之前不一樣的鄱陽湖，文化的鄱陽湖，文學的鄱陽湖。

因為，我深深地知道，無論是地理意義上的鄱陽湖，還是現實中的鄱陽湖，都是不需要我再去贅言的。我內心裡很清楚，於這一方面來說，大家一定不會知道得比我少，因此，再要多說的話，就顯得毫無意義了。作為中國・鄱陽湖文學研究會的一員，鄱陽湖文學刊物的創立者，如果我不能針對鄱陽湖文學，拿出一丁點的研究成果，那我將情何以堪？於是，我就借眼前的機會，借我手中的《鄱陽湖，從人文深處走來》這本書，把我夢裡的鄱陽湖的那個真切樣子，告訴給大家，希望大家能跟著我一起，踩著我文字的腳步，隨同我一起回到鄱陽湖的人文深處，做一回「夢回鄱陽湖」的情夢。這，就是我要給大家講述的夢回鄱陽湖的故事。

當我們從翻開《漢書》和《資治通鑒》開始，到依次打開《史記》及其系列的人物列傳，我們不難瞭解鄱陽湖平原的前生過往以及西元421年的那次地陷山崩，被人們神化了的，美妙動人的傳奇故事；當我們一頁一頁地掀開《全唐詩》與《全宋詞》，赫然地看到現代鄱陽湖的清晰身形，正在從人文的歷史深處一步一步地朝我們走來。她的心底蘊生著激情；她的身體奔湧著熱血；她的臉上燦

爛開浪花;她的腳下踩著歷史的經絡,她的背上荷載著文化的厚重與文學的淵源,在向我們走來,獨具風采。

鄱陽山是鄱陽湖裡最高大的一座山;博陽河是進入鄱陽湖的第一道支流和第一塊水域。因此,鄱陽山與博陽河,似乎是「鄱陽湖」這一名字的最原始出處。鄱陽與博陽的音諧,在口口相授的簡單時月裡,在語言文字尚沒有走進規範的年代裡,恐怕是沒有人能夠去說得明道得清,這麼一件看似並不簡單的大事情的。

好在,有了不死的韋莊、釋貫休、徐鉉以及楊萬里等人,他們用不朽的文字,經典的詩章,為我們鐫刻下了——鄱陽湖,這麼一個響亮而又珠光璀璨,星輝閃耀的名字,植下了一根永恆的標桿;好在,有了永生的陶侃、陶淵明、謝靈運、李白、蘇軾、程顥、朱熹、姜夔、王陽明以及陳澔等人,他們用純潔的品格,文化的精神和永恆的力量,托舉起了鄱陽湖,指引我們找到了尋覓鄱陽湖的文學入口,在歷史的時空裡,開始上溯下行,往來穿梭於其中,開展廣泛的探索與探究。

在經過了一個時期以來的努力挖掘和粗略的研究之後,我總算是能夠將一個文學鄱陽湖的大致身形,較為完整地呈現在人們的面前。終於讓我在文學的鄱陽湖中,做了一回鄱陽湖的文學夢,真正地在文學的夢裡,回到了鄱陽湖,讓自己的心,找到了一個可以停靠的灣港。

文學的鄱陽湖,她會帶著我,也會帶著妳,一同走進歷史,走進人文,離開喧囂,深入寧靜,容身在一個別樣的世界裡,重新構建與塑造靈魂。

夢回鄱陽湖,是讓我身心回歸,不再流浪漂泊的唯一選擇。以上,這就算作是我給《鄱陽湖,從人文深處走來》這部文集的序言吧!

目次

第三輯　鄱陽湖及其文學

後記　追夢，是一種快樂

第一輯

輕聲漫步過鄱陽

鄱陽湖，從歷史的深處走來

　　冬陽日暖的一天，我徜徉在乾涸的鄱陽湖底深處。獨自走在被三輪車輾壓出來的轍線之內，讓我產生了一種幻覺，彷彿是走在鄱陽湖的歷史時空隧道中，有了一種穿越歷史時空的感覺。這種感覺對我來說，真的很強烈，也很讓我震撼。

　　注視著眼前無限延伸的車轍線，我的思緒竟然也不由得跟著它飛舞飄揚起來，彷彿自己已置身在鄱陽湖的歷史深處，正在沿著歷史的時空隧道，穿越出來。

　　在距今約12000──9000年前的新石器時代（新石器時代，是石器時代的最後一個階段，是以使用磨製石器為標誌的人類物質文化的發展階段。年代大約從1.8萬年前開始，到距今5000多年至2000多年不等的時間裡結束），古彭蠡澤的東岸是一片廣袤且富庶的地區。從那時候開始，就已經有人類在此居住。他們用湖草蔽體，棲茅而居，日出而作，日落而息，過著刀耕火種的農耕生活。並且，他們還早就在開始製造和使用磨製的石器來幫助生產，燒製陶器來改變生活。於西元1998年，在今江西省都昌縣萬戶鎮塘美村委會段家咀自然村鳳凰寨對面的，鄱陽湖中的「烏山島」上出土的，一大批新石器時代的石斧、石刀、石鐮以及一些陶罐、陶片等文物的出現，便是早期人類在鄱陽湖平原活動的最有力的佐證。

　　在中國的長江中下游地區，一直是中國古代的水田農業經濟文化區。位於江西省東北部、鄱陽湖東南岸，萬年縣的大源仙人洞、吊桶環遺址，是當今所知世界上最早的栽培稻遺址之一。這裡稻作

文化元素的發現，並不僅僅只是證明瞭長江中下游地區是中國稻作農業文化的重要起源地，它還證明瞭長江中下游及其附近地區是中國也是世界水稻栽培文化的起源地和中心地區，這將世界栽培稻作文化的歷史上溯到了12000──14000多年前。

鄱陽湖上的「烏山」，古屬番邑（古讀PóYì）。番邑，春秋時的楚國地名，主要指今天的贛東北一帶，中心地域在今鄱陽縣鄱江一帶的整個鄱陽湖盆地。《史記》載：楚昭王十二年，吳取番，楚恐，去郢徙都。秦時置番縣，吳芮為番令，俗稱番君。到了漢代，改為番陽縣。高祖十一年，追斬黥布於番陽鄉民之所，即今天的江西省都昌縣周溪鎮泗山村。

根據清同治年間編撰的《鄱陽縣誌》記載：「考春秋時輿地（番邑），南接豫章，西接楚，東姑蔑（今衢州府），北鵲岸（今舒城縣），東北鳩茲（今蕪湖縣），西南艾（今寧州），西北灉今九江府。漢魏以來，屬易經界，猶帶宣歙，延袤千里。後漸析置廣晉（今廢）、鄡陽（今都昌）、新平（今浮梁諸縣）」。

我們從中不難看出，春秋時代的番邑十分廣袤，不但囊括了今天的贛東北全境，還包括皖南、皖西南的部分地區，其中就有後世的宣州、歙州（即徽州）等地。

一路敘述到這裡，我們就看到了這樣一個歷史的問題：「後漸析置廣晉（今廢）、鄡陽（今都昌）、新平（今浮梁諸縣）」。鄡陽縣，就是今天鄱陽湖上的都昌縣。鄡陽縣又是從何而來呢？我們不妨來探究一下。

鄡陽的出現，與一個歷史人物有關，這個人是誰呢？他就是英王鯨布。

據《史記·黥布列傳》，鯨布（生年不詳──西元前195），又名英布。中國秦末漢初名將。六縣（今安徽六安）人。秦朝時為

布衣，因犯法而被刺黥面，故後人稱其為黥布。被官府捉住後，被罰往驪山的秦始皇陵工地上服勞役。由於他在工地上聚眾抵抗官府，遭鎮壓時，被迫逃亡至長江下游躲了起來。陳勝起義時，英布舉兵響應，繼而轉投項梁，再臣項羽。巨鹿之戰時，英布受命率2萬人為前鋒，先渡漳水，截斷秦軍糧道，為項羽大軍隨後渡河圍殲秦軍作出了重要貢獻。漢王元年（西元前206）二月，因軍功卓著，被項羽封為九江王。在以後的楚漢成皋之戰中，被劉邦拉攏，舉兵反叛楚霸王，從南面鉗制項羽，為大漢朝的建立立下了汗馬功勞。隨後，他跟隨劉邦轉戰各地，因功勛卓著，被漢高祖封為淮南王。漢高祖五年，英布率舊部與劉邦、韓信、彭越會師於垓下，圍殲西楚霸王項羽於垓下（今安徽靈璧南），一舉奠定了大漢朝的百年基業。高祖十一年七月，因韓信、彭越相繼被朝廷所殺，英布心懷疑懼，遂舉兵反漢。於次年十月，戰敗後被殺於番陽（同鄱陽，今江西景德鎮西南的都昌縣周溪鎮泗山）。

再查《漢書》和《資治通鑒》等史書，不難發現，淮南王黥布就是在番陽被殺的。漢高祖十一年，韓信、彭越接連被誅。黥布心恐，遂舉兵反。劉邦帶兵親征，鯨布與百餘人敗走江南。劉邦令別將追之。番君吳芮曾將女兒嫁給鯨布。吳芮之子長沙成王吳臣是鯨布的妻弟。在鯨布兵敗，漢將窮追的情況下，吳臣假意要和黥布亡走東越。鯨布信而隨之，結果被吳臣殺於茲鄉民田舍。茲鄉，《史記索隱》註釋為「鄱陽，鄡鄉縣之」。

據《史記·高祖本記》所載，書中記為「追得斬布鄱陽」。可見，英布被斬殺在鄱陽是沒有錯的事了。我們要注意到《黥布列傳》中還寫道「於次年十月，英布敗，殺於番陽（今江西景德鎮西南）。這個次年應該就是高祖十二年。

於是，朝廷在高祖十二年剿滅鯨布以後，為了向天下揚威，讓

後世永遠記住剿滅英布之歷史事實，典章以記其事，便分別從鄱陽和彭澤兩縣中，各劃出了一部分的土地，新置一縣，取其名曰鄡陽之地。鄡指鄡首，鄡即為斬殺；陽是首級，即為頭顱。鄡陽，亦指英布被斬殺頭顱的地方，這就是鄡陽置縣的經過和由來。

由此，我得出這麼一個結論：鄡陽置縣的具體時間就是在漢高祖十二年的那一個時間節點上，這同時證明瞭當時的鄱陽湖平原是一片人煙稠密，物產富庶的地方。

通過對以上史料的究探，我們知道鯨布是番君吳芮的女婿，長沙成王吳臣的姐夫。那麼，我們不禁要問，這個番君吳芮又是何許人也？番君又是個什麼樣的官職呢？我們不妨再來探究下去。

春秋前期，江西北部（其時江西中南部尚未開發）為楚國所有，有《左傳》及地下出土的文物可以為證。到了春秋後期，據《史記‧吳太伯世家》載，楚昭王十二年，「吳王使太子夫差伐楚，取番。」這裡的「取番」二字很有講究，一是說明番處於楚國東端，彭蠡湖之東；而是說明番地有可能是一個番國甚或是一個治所。在此戰之後的西元前504年至前475年，江西北部彭蠡湖周邊地區已經盡為吳國所佔有，這有吳公子光出居於艾邑（今永修艾城）可以為證。後來，越國又剿滅了吳國。在戰國初期，楚滅越後，江西的北部仍為楚所占據，直至戰國末期，楚為秦國所滅時止。」

到了秦朝時，朝廷於番邑之地置番縣，任用吳芮為番縣令，後人俗稱番君。這與他為吳王夫差之後以及管轄的地域之廣，還有一點就是秦朝的君王對吳芮是特別地看重，這裡面有著很大且直接的關係。

我們不難從史料中看出來，番邑在秦朝統一之前所管轄的區域，並不僅僅是一個贛東北這麼一小塊地方，而是現在的合肥、安慶、宣州（宣城）、歙州（徽州）等地，亦曾都是番邑之屬地，可

見番邑之大，非一般同。那麼我們就有理由懷疑過去的番邑就有可能是一個番國甚或是一個番王的封地。我們鄱陽湖區的這些子民，都應該是番人的後裔。

在當時廣袤的鄱陽湖平原上，有兩個縣治是同時存在的。即已經沉沒於湖底的鄡陽縣以及它南邊緊鄰的海昏縣。它們一直在鄱陽平原上存在了幾百年，只是到了南朝時期的永初二年，也就是西元421年的時候，一場大地陷，使彭蠡湖東岸的松門山斷裂、沉陷，浩浩彭蠡湖水一下子就淹沒了古鄡陽和古海昏兩個縣治，湖水逐漸南侵至鄱陽城腳下，形成了今天人們看到的自松門山以東的廣袤湖區，即東鄱陽湖，將整個鄱陽平原淹埋在了浩浩洪水之中。形成了現代鄱陽湖的雛形。番人的後裔們失去了賴以生存的土地，過起了失所流離，漂流於湖水之上，艱難的漁耕日子。

以上的突變，讓人們記住了在鄱陽湖區流傳至今的「沉鄡陽泛都昌，落海昏起吳城」的神奇傳說。

從那個時候開始，彭蠡湖就慢慢地易名為鄱陽湖。自唐代開始，中國的瓷器在景德鎮裝船起運，由昌江南下到鄱江的入湖口進入鄱陽湖，然後經過鄱陽湖出湖口入長江，最後由長江的吳淞口出海；另一條路則經昌江到鄱陽港口，然後穿過鄱陽湖上溯贛江，翻過梅嶺再從廣州口岸出海。當時的鄱陽非常發達，是一個繁榮的口岸，名聲在外面叫得很響，所以彭蠡湖的名字就逐漸地被鄱陽湖給取代了。我們試想，這也許就是彭蠡湖易名為鄱陽湖來歷的一個方面吧？

一千六百多年來，鄱陽湖區的老百姓與鄱陽湖結下了不解之緣。他們的血管裡面流淌著的血液是和湖水攪在一起的，浸透了鄱陽湖深厚的歷史和文化的元素。長期以來，鄱陽湖區的民眾，撒網打漁，以湖為家；築屋在湖邊，倚湖樓居。一千多年來，鄱陽湖在

中國航運史上，寫下了輝煌的，不朽的篇章。鄱陽湖區的興衰與鄱陽湖水乳與共，息息相關。

長期生活在鄱陽湖區的人們，無論是說話還是吃飯、喝酒等等的民風民俗，都和湖與湖水水有極大的關係。在漁耕生產過程中自覺形成了開湖、禁湖、祭湖等優良的傳統，於此同時，還在打漁撒網的過程中，形成了漁歌、漁鼓、漁舞、漁號等原生態的漁耕文化。享譽省內外的饒河戲、饒河調，還有磯山湖上的漁歌等，就是在今天，也給我們提供了最好的明證。

在過去的時光和年代裡，物資的流通以水上運輸為主體。鄱陽湖上的水上運輸非常繁榮，每日舟船不斷。鄱陽湖中的吳城鎮，早在中國的宋、元、明、清各個時期裡，就是名揚天下的大商埠，大碼頭。一千幾百年來，中國大地上流傳著這麼一句話：「裝不盡的吳城，卸不盡的漢口。」鄱陽湖上的吳城鎮，就一直享受著世人對它如此的讚美。

那時候的鄱陽湖上，真可謂說是泱泱大湖之中，好一幅帆影片片，舟船點點，槳搖櫓唱，鶴舞鷺翔，水天一色，天在水中，水在天上的四時美景，四季風光。只可惜的是，如今，我們要想再見那舊時的風景，卻只能是在畫家的筆下和癡情的夢中了。

隨著彭蠡湖水的不斷南侵，東鄱陽湖的水域面積不斷地擴展和延伸，再加上每到汛期，鄱陽湖上都會有頻繁的洪澇災害在發生，這給生活在鄱陽盆地上以及鄱陽湖區周邊的人們的生產、生活帶來了極大的阻礙與傷害。我們這些世代生活在湖區的人們都知道，我們的先民們，除了以捕撈為生之外，靠的就是耕作一些湖田湖地來向老天要飯吃，一旦碰上了洪澇災害的降臨，田地裡的莊稼就會被洪水吞噬得顆粒無收，令大家血本無歸。所以，自宋代開始，生活在湖區的人就開始了出外打工謀生的征程。

　　他們一路搖著小船，穿過煙雨蒼茫的東鄱陽湖，征服腳下的風浪，入鄱江後，進入昌江水道，一路逆水行舟，艱難而上，來到昌南古鎮寄居下來，他們有的人給窯廠打工討生活，有些人自帶資本，立窯、建廠，挖泥、製坯、開窯、燒製瓷器，一爐爐通紅的窯火，燒開了中華文明史上的一朵奇葩：「白如玉、薄如紙、聲如磬」的陶瓷之花。

　　就拿都昌人來說吧，這一千多年來，都昌人拋妻別子，背井離鄉地出外謀生、經商等，就好像是歷史上的山東人闖關東，山西人走西口似地，搭船出鄱陽湖走饒州赴景德鎮，從事於燒製瓷器的工作。他們不辭勞苦地取高嶺土、和泥、製坯、蕩釉、燒窯，將一窯窯燒出來的好瓷器，在裝船後，經過昌江、饒河，然後進入鄱陽湖，再出鄱陽湖口入長江出吳淞口，再飄洋過海，送到世界的四面八方，擔當起了傳播中華文明的重任，將中華文明播撒到世界的四方。在中國與世界之間架起了一座連接友誼的橋梁，讓全世界的人民都知道，在地球的東方，有個叫做昌南的小鎮，那裡是個燒製瓷器的好地方，更是人們心中永遠嚮往的聖地。從這一點上來看，我們可以毫不驕傲地對世人說：「是一代又一代的都昌人造就了景德鎮，讓景德鎮名揚了世界。同時，也讓China──昌南，這個名字製造了一個偉大的名詞──中國，讓中國唱響了世界」。

　　到了元末明初的時候，小明王朱元璋和南漢王陳友諒在鄱陽湖上大戰了十八年，在鄱陽湖區掀起了血雨腥風，拉開了愁雲慘霧，迫使湖區人民被迫流離時所，紛紛外出躲避戰亂和逃出生天，使湖區的資源受到了不同程度的破壞和損害，更是給整個鄱陽湖區的人民群眾帶來了深重的戰爭與生活災難。

　　到了上個世紀的五十年代至八十年代期間，隨著大修水利工程以及工業現代化蓬勃興旺發展的步伐，原本狂野、浩闊的鄱陽湖在

一時之間，被新建的一座座攔湖大壩，肢解了整個湖區，使得鄱陽湖的主湖區面積嚴重縮減。在隆隆輪機聲的震吼與濃濃黑色煙塵的浸染下，古老的鄱陽湖，無可奈地邁進了一個由劇烈陣痛帶來的後鄱陽湖時代。特別是隨著現代公路、鐵路運輸事業的蓬勃興起，興旺和它的快速發展，內陸的水上運輸逐漸地衰退和沒落了下去，被龐大的陸、空二位一體的物流業所取代，使鄱陽湖失去了她在歷史長河中，原來所佔有的區位優勢和她應該站立的位子。

特別是近三十年來，鄱陽湖上到處是機聲隆隆，黑煙蒸騰，無序的採砂隊伍和淘金人群，將鄱陽湖的體膚撕裂得是千瘡百孔，體無完膚。漁民們使用各種不同的現代化捕魚手段，比如使用迷魂網陣，電力打漁等等方式，在鄱陽湖上進行非法的捕撈，使得漁業資源大量地損失和滅絕，整個鄱陽湖區的漁業生產失去了後勁和發展的潛力。漁業資源的空前與極度匱乏，導致了鄱陽湖區的漁業生產受到了極大的影響，給湖區人民的生產生活帶來了無法估量的損失和難以消弭的深深苦痛。

近十年來，隨著長江上游又新修建起了幾座特大型的水庫、水利、水電工程的大壩之後，它們大量地攔水蓄洪，使得長江的水位大幅地下降，原本應該為長江起到調洪作用的鄱陽湖，也基本上自覺不自覺地喪失了為長江調洪蓄洪的功能。

縱觀鄱陽湖一千六百多年來的歷史，湖水的平均深度均在7米以下，是標準的濕地型地貌及季風性氣候。

由於鄱陽湖的湖盆是由地殼陷落、不斷淤積而形成的。所以，每到洪水季節，鄱陽湖的水位攀升，湖水漫灘，湖面寬闊，碧波蕩漾，蒼茫一片；一到枯水季節，鄱陽湖的水位就下降，湖水落槽，湖灘顯現，湖面變小，蜿蜒一線與河道無異。洪、枯水時的湖體面積、湖體容積相差極大。據查證相關的水文資料，湖口水文站

歷年來的最高水位22.59m（為1998年實測最高洪水位，吳淞高程系統；本報告未特別標註者均為吳淞高程系統）時，湖面面積約為4500km²，相應容積為340億m³；湖口站歷年最低水位5.90m時湖平均水位為10.20m，其相應湖體面積僅約146km²，相差31倍，湖體容積僅4.5億m³，相差75倍。

以都昌的西山和松門山為界，鄱陽湖的湖體通常以都昌和吳城間的松門山為界，分為南北（或東西）兩湖。松門山以東稱南湖。松門山西北則被稱為北湖，或者稱西鄱陽湖。湖的東（南）部寬闊，湖水較淺，為主湖區；西（北）部狹窄，為入江水道區（即古代的彭蠡湖）。全湖最大長度173km，最寬處70km，平均寬度16.9km，入江水道最窄處的屏峰卡口寬度僅約3km，湖岸線總長約1200km。湖盆自東向西，由南向北傾斜，高程一般由12m降至湖口的約1m。鄱陽湖湖底平坦，平均水深約6.4m，最深處在蛤蟆石附近，高程為−7.5m；灘地高程多在12～17m之間。以致於形成了「夏秋一水連天，冬春荒灘無邊」的特殊地貌，使數百萬畝的湖灘地不能進行大面積的耕種，而且，還容易在草灘上孳生釘螺，而釘螺是血吸蟲的寄生體，嚴重危害到了湖區人民群眾的身體健康。

鄱陽湖湖區地貌是由水道、洲灘、島嶼、內湖、汊港等組成。鄱陽湖水道分為東水道、西水道和入江水道。贛江南昌市以下分為四支，主支在吳城與修河匯合，為西水道，向北至蚌湖，由博陽河注入；贛江南、中、北支與撫河、信江、饒河先後匯入主湖區，為東水道。東、西水道在諸溪口匯合為入江水道，至湖口注入長江。

鄱陽湖的北湖區湖面狹窄，實際上是一狹長的通江港道，長40km，寬3～5km，最窄處約2.8km。鄱陽湖在平水位時，湖面高於長江水面，湖水北洩長江。經過鄱陽湖的調節，贛江等河流的洪峰可減弱15～30%，這樣就直接減輕了長江洪峰對沿江兩岸的威脅。

鄱陽湖及其周圍的青山湖、象湖、軍山湖等數十個大小湖泊湖水溫暖，水草豐美，有利於水生生物繁殖。

鄱陽湖區在秋冬季節受修河水系和贛江水系等水源不足的影響，每年進入秋冬季節後到第二年的仲春，鄱陽湖真正進入枯水期，形成「碧野無垠接天雲」的廣闊草洲。河灘與小湖泊相連接，成為北方候鳥遷徙越冬的最佳之地。每年的這個季節，湖州上蘆花飛舞，藜蒿飄香，蓼子花開，絢麗爛漫，紅殷殷的一片。曾經有一首詞這樣寫道：「水退寒來洲起，沼成浪靜冰封。綠氈百里染霞中，懷抱幾盤彩鏡。輕步藜蒿沙地，鶴鵝濺起無蹤。微風飄近賣魚聲，圓我佳餚舊夢。」1992年，鄱陽湖被列入「世界重要濕地名錄」，主要保護對象為珍稀候鳥及濕地生態系統。

如今，鄱陽湖在受到來自各方面的破壞和影響之下，她的自身已完全失去了自我療傷的功效和能力。長江上游以及鄱陽湖湖區內大量的水利設施的建成，讓鄱陽湖苟延殘喘，生命的聲息微弱。現實中出現了鄱陽湖有史以來，最殘酷的枯水期甚至是無水期，讓整個鄱陽湖區的人民群眾有了對生命之水需求的極度恐慌。廣大的湖區民眾的生產和生活用水問題，已經嚴重地擺到了我們的眼前，被提到了各級政府的議事日程之上。

在2012年的12月12日，在一派溫馨的暖風吹送下，在一片氤氳的花香中，傳來了中國國務院正式批覆鄱陽湖生態經濟區的規劃建設的好消息，把鄱陽湖的生態經濟區的建設上升到了國家的戰略高度，這給深陷危險境地之中的鄱陽湖帶來了一片光明的前途，給鄱陽湖的新生和未來注入了強勁的活力和美好的希望。

中國國務院嚴格要求各級政府，要以促進生態和經濟協調發展為主線，努力把鄱陽湖地區建設成為全中國生態文明與經濟社會發展協調統一、人與自然和諧相處的生態經濟示範區。這是一次對生

態與經濟協調發展新路的探索，這是一次對大湖流域綜合開發新模式的構建，對中部地區戰略崛起的具體落實。讓鄱陽湖這一湖清水在未來更清澈，更純淨，讓鄱陽湖來見證，在今天的中華大地上，生態文明的建設之路是多麼地令人振奮和欣慰。

如今，人們已開始自覺不自覺地從上世紀五十年代開始的，戰天鬥地，從征服大自然，挑戰大自然的認知誤區中走了出來，懂得了與大自然和諧相處的必要性和緊要性，深深認識到了對於環境的破壞，終將會給我們人類自身帶來巨大的災難和無法挽回的損失。

獨自行走在穿越鄱陽湖歷史的時空隧道中，我彷彿看到了鄱陽湖上的先民們那佝僂，苦難的背影，船行舟搖，帆翔於浪花之上的歷史畫卷；我彷彿聽到了來自歷史深處的欸吟櫓唱，原汁原味的湖上漁歌；特別值得我高興的是，我彷彿看到了未來的遠處，鄱陽湖以其嶄新的面貌出現在我們的眼前，那是一湖真正的清水，天是那麼地藍，水是那麼地清，清的那麼純淨那麼透明，讓人分不出哪裡是藍天，哪裡是湖水，是雲在天上還是雲在水中，水天一色，美不勝收。

我的眼前，依稀看到歷史深處的鄱陽湖正在向我走來，走過我的面前，向著未來的，充滿希望的遠方走去，走出一個新生的鄱陽湖來。

關於番君及番人後裔

　　一直以來，似乎生活在鄱陽湖區的人們，對自身的文化淵源總是沒有一個明確的認知，就像那鄱陽湖上的浮萍，成了無本之源，無根之木，不知是身自何處而來，源自何處而生，長期處在一種迷茫、惶惑、渾沌不開的狀態之中。這就好像是西元421年的那一場地陷山崩，在一夜之間，將廣袤的鄱陽平原淹在了鄱陽湖底下，永無見天日似的，從此，鄱陽平原上的原住民（土著部族）也隨之在鄱陽湖區突然消失不見了，原有的番（讀po）文化就從此絕跡了。因此，當代的鄱陽湖地域文化，是由南下北上的移民在湖區定居下來之後形成的漁耕文化。所以，這就引起了很多湖區的作家們對於自己是不是番地的原住民以及對番君、番人後裔的探索與論證。

　　特別是我在讀過了已故的都昌作家楊廷貴的長篇敘事散文〈番人後裔〉以及〈遙望先民漸行漸遠的背影〉的時候，我的這種感覺來得尤為強烈。楊先生認為，既然一個縣令被人稱道為君，那麼這個地方之前就肯定是一個番國，即是人們口頭上常說的番邦。不然的話，一個縣令怎麼會被老百姓稱為「君」呢？在這裡個人認為，楊先生的這種反思與溯源，客觀的東西不多，主觀的論述蓋過了客觀的存在。但是，他在另一個方面，表明了人們對於地域文化的挖掘與繼承的衝動是來得如此地強烈，是值得人們高興的一件事。這也是當代鄱陽湖區廣大的學者和作家們，經常用來進行自身文化反思的一種地域性思考，是一種積極的文化姿態和文學理念，是值得人們去讚賞的。

但是，在這裡我善意地提醒朋友們，對於文化的追思與反芻，一定要站在客觀的角度上去進行有效的探究，而不要僅僅只憑著一種感性的粗淺記憶，便杞人憂天，這是完全是不必要的，這也是我在這裡為什麼要就番君及番人後裔來作此短文的緣起。

提起番君及其番人後裔，我們在這裡就不得不提到一個人的名字，那就是鄱陽湖文化的奠基人，中國歷史上的番邑第一任縣令，被尊譽為江西第一人傑的長沙王吳芮。

提到吳芮，那麼就有人會這樣問我說，吳芮到底是何許人也？說到這裡，我們不妨來翻開《史記》及一些《列傳》來加以研讀，就不難得出一些我們需要的答案。

吳芮的父親吳申，是楚考烈王手下的一個諫議大夫。楚考烈王（西元前290年─前238年），芈姓，熊氏，名完，漢族人，是戰國時期的楚頃襄王之子，楚國的國君。吳申是吳王夫差的第十世孫。西元前的248年時，吳申事楚考烈王，曾經因為諫議春申君圖謀不軌，有篡國的野心，因而得罪了楚王，被流放到了南部的邊遠之地──番邑，給閒置了起來，讓他謫居於此，以保耳根清淨。

據《史記》說，楚考烈王有三子，但均未有下文。而《戰國策》載，楚考烈王無子，春申君患之。春申君娶趙人李園之妹李嫣，待李嫣有了身孕之後，遂獻於楚考烈王為妃，生子後即被楚考烈王立為太子，這就是後來的楚幽王。吳申為了這事，曾經反覆多次向楚考烈王進諫、並冒死而諫，楚考烈王被李嫣的色欲所迷，就是聽不進吳申的逆耳忠言，反而將吳申貶出了朝廷，放逐到南部的邊遠之地番邑去做了一個逐臣。我猜想，兩相比較之下，《戰國策》所載比較接近現實，因此，這應該就是吳申來到番邑的緣起與過程。

這在當時，吳申的身邊就曾經有很多的朋友為吳申的遭遇抱不

平，大家都勸他到齊國去做官，那樣的話，他會有個更好的前程。但是，吳申堅決不肯背叛自己的國家，遂躲開了那些好事者的慫恿，舉家遷到了與番縣相鄰的干越之地，餘汗的善鄉龍山南麓（今餘干縣的社庚鄉）定居。吳芮就是在龍山出生的。傳說在吳芮出生的當天，整個龍山上空呈現出五彩的祥雲，因此後人遂將龍山改名為五彩山。這就是餘干縣五彩山的來歷。

五彩山，位於餘干縣城西南的社庚鄉鄧墩村，與李梅嶺的白雲峰相連，山上林木繁盛，一年四季蒼翠如黛，群山綿延如帶，林壑幽深，巍然如聳，似一條俯臥的蒼龍，靜靜地註視著眼前的一切，無怒自威。

到了秦始皇的二十六年，亦即是西元前的221年，朝廷置番縣，縣治在今天的鄱陽鎮，朝廷任命當地的賢士吳芮為番縣令，也就是後來人們稱道的「番君」。由此可見，吳芮的祖籍是漢人，但是因為他出生在干越之地，所以他也應該算得上是越人出身。在這裡，我為什麼要說吳芮也可以算得上是越人呢？個中緣由，暫且留待於後面補敘。

吳芮自小聰慧敏捷，急公好義，喜讀百家之書，文成武就。長大之後亦頗有膽識，在地方上頗得民心民意。特別是在他任番邑縣令的十年間，大力興修水利，輕徭薄賦，社會穩定，治縣有方，與普通百姓打成一片，「甚得江湖間民心」，深得番邑屬地百姓的愛護與擁戴。

到了秦二世元年，也就是西元前的209年，陳勝、吳廣在大澤鄉起兵反秦時，第一個站出來起兵響應的秦吏，就是當時的番邑縣令吳芮。吳芮敢於起用刑徒（臉上刺字的犯人）帶兵，出兵橫掃贛、湘、桂一帶，威鎮江南，各地民眾紛紛投奔到他的身邊，秦朝的一些舊官吏也率部眾歸附在他的身邊。比如閩越王無諸、越東海

王驪搖，皆領兵歸屬吳芮。其中最為重要的是淮南義軍的首領英布帶數千精兵來投，可謂是如虎添翼，力量大增。當時的英布手下已經有了數千人的隊伍，並且作戰英勇，吳芮為了籠絡英布，遂將女兒嫁給了他。

這在當時，吳芮敢於收留一個臉上被刺了字的犯人並將自己的女兒嫁給他，可見吳芮的膽識與謀略是何等的寬廣與深邃？與此同時，時任百越長的梅鋗也正在招兵買馬，擴大隊伍反抗秦廷，當他得知吳芮也反了秦王時，心下甚是大喜，鑒於他早就對吳芮這位同鄉仰慕有加，遂留下副將庾勝兄弟守梅關，他親自帶百越兵馬前來投奔到吳芮的麾下，加入到了反抗秦王朝統治的鬥爭行列。

吳芮的麾下，自從添了英布和梅鋗之後，真的是如虎添翼，更加的是兵強馬壯，聲勢浩大。再加上他的倉庫裡糧食充足，物資豐盈，憑著他現有的實力，足以可擁兵自重，割據一方。但是，他沒有因為一己之私去那麼做，而是積極地加入到了以項羽和劉邦為首的反抗暴秦，救民於水火的正義鬥爭之中。時人感念吳芮為民請命，維護百姓的利益，便打心眼裡擁護他的統治，遂開始自發地稱呼他為「番君」了。

在隨後的反秦鬥爭中，吳芮派部將梅鋗領兵助劉邦西征咸陽，入關滅秦。秦亡後，項羽尊楚懷王為楚義帝，脅令其大封諸侯為王。封項羽為西楚霸王，封劉邦為漢王，以吳芮戰功卓著而封他為衡山王兼百越長，統領百越之地，建都於邾（今湖北省黃崗縣西北）。封其女婿英布為九江王，部將梅鋗為十萬戶侯。

在推翻秦王朝後，項羽一味地獨斷專行，不僅殘暴，而且剛愎無能，不久之後便與劉邦之間爆發了中國歷史上著名的「楚漢之爭」的戰爭。當時，吳芮尚居在鄱陽，還沒來得及建都於邾地，便在張良的勸說下投靠了劉邦助其滅楚。不久之後，劉邦打敗了項羽

後，統一了天下，建立了大漢王朝，也就是人們常說的西漢。劉邦
在登基之後，遂論功行賞，拜相封王。在此次封王過程中，吳芮被
劉邦改封為長沙王，詔書曰：「故衡陽王吳芮，從百粵之兵，佐諸
侯王，誅暴秦，有大功，諸侯立以為王。以芮為長沙王偕百越」。
越人均聽從其號令，亦尊稱吳芮為「番君」。這就是番地及越地的
人們，普遍地尊稱吳芮為「番君」的由來，也就是我在上文中說到
的，吳芮他也可以算作是越人的來歷。

　　一路敘述至此，我們不妨再回過頭來，從地理的意義上來回
望一下這腳下的土地以及面前的這個泱泱大湖──鄱陽湖。早在西
元的421年之前，在古彭蠡澤的東岸，松門山以南的廣袤地區，是
一望無際的鄱陽平原。在鄱江以北的鄱陽平原上座落有原楚屬的番
邑、鄡陽、海昏等幾個古老的縣治，而在鄱江以南是古百越之屬的
干越之地。因此，我們不難認定鄱江以北的原住民為楚人，亦即是
漢民族的後裔。而鄱江以南的原住民則是古越人的後裔。但是，自
從梅鋗投了吳芮之後，開創了中國歷史上漢民族與少數民族共同開
展反抗統治階級鬥爭的先例之後，同時，也拉開了中國少數民族被
漢化的序幕，其中的百越族，就是在中國的歷史發展進程中最早被
漢化的一個民族。因此，可以說，到今天為止，鄱陽平原上原住民
依然是存在的，古老的鄱陽文化是有史可查的，並不像是楊先生提
出來的那樣，已無處可考了吧？

　　故此，當代鄱陽湖區的人們，站在某一種意義上來說，無任是
漢人還是越人，我們大家曾經都是「番君」吳芮的屬民，因此，我
們就是番人的後裔。是華夏民族的一個綜合型的個體體現。站在另
一種意義上來說，吳芮被後世的人們稱頌為江西第一人傑，的確是
一個當之無愧的稱謂。

　　更何況，西元421年，也就是中國歷史上南北朝時期的南朝永

初二年的，發生在彭蠡澤東岸的一場巨大地震，也僅僅是讓彭蠡澤東岸的松門山在地震中發生了大面積的斷裂和沉陷，讓彭蠡湖水沖過松門山，淹沒了鄱陽平原的大部分土地，其中，也只有處在彭蠡湖東岸以及西南岸的兩個古老縣治，鄡陽縣與海昏縣被完全淹沒在了深深的湖水的之中不見了蹤跡。

老話說的好，有失必有得。在那一次的地震中，雖然沉沒了鄡陽與海昏兩個縣治，但同時也在鄱陽湖的北岸浮起了一個新的都昌縣，在鄱陽湖的西南邊浮起了一個吳城鎮，有了後來的新的住民。因此說，古老的番邑文化並沒有被湖水給完全沖走了，給淹埋了的，是沒有絕跡的，而是依然存在的，並且還被人們不斷地承繼了下來。

以上的粗淺論述，就是我在關於番君及番人後裔的挖掘中得出來的一些個人觀點，期望鄱陽湖區那些有志於鄱陽湖地域文化研究的同道們不吝賜教與指正，不才不勝感謝之至。

我們今天所做的這一切，無非就是為了在歷史的長河中去打撈起鄱陽湖文化的淵源出來，為我們進行的鄱陽湖文化研究以及鄱陽湖文學的創作提供更多的課題與研究方向，盡自己的一份綿薄之力而已。

陶侃，彭蠡釣者

　　出都昌縣城南門，穿過濱湖新區，沿著湖岸向西走不遠，便見有一座褐紅色的高高石臺，緊貼著一座無名的山峰，聳立在山前的鄱陽湖中。那高高的石臺，兀然地孤立在水中，似乎是慣看了鄱陽湖上的霜風雪雨，狂濤惡浪，神態是那麼地端莊、謙恭，淡然與靜美。彷彿是遠古走來的一位釣者，他端坐在鄱陽湖邊的夕陽秋風裡，黃昏落日下，與湖山同老，與水雲同在。

　　他就是鄱陽湖上都昌縣，人文歷史中著名的都昌八景之一——陶侯釣磯。也就是中國歷史上有名的政治家、軍事家，東晉的大司馬、長沙郡王陶侃少年時，常常來此垂釣的，高高的石頭釣臺。小小的陶侃便知道將釣來的魚賣掉換錢，來幫助母親補貼家用，改善母子二人的生活。於是，人們就給那釣魚的石臺取名為——釣磯，而陶侃，就是那釣磯的主人。這就是陶侯釣磯的來歷。

　　唐人杜荀鶴曾經寫過這樣的一首詩，詩名就叫做〈贈彭蠡釣者〉，這似乎就是專門寫給他意念中的陶侃的。

　　詩的原文是這樣寫道：「偏坐漁舟出葦林，葦花零落向秋深。只將波上鷗為侶，不把人間事系心。傍岸歌來風欲起，卷絲眠去月初沉。若教我似君閒放，贏得湖山到老吟」。

　　讀過此詩我們不難從詩中的「只將波上鷗為侶，不把人間事系心」以及「若教我似君閒放，贏得湖山到老吟」讀出詩人心中一種對於家事、國事、天下事，事事關心，為國為民的寬廣情懷來。從詩歌的表面上來看，作者似乎是在單一地寫湖邊的釣魚人，而事實

上，詩中的釣魚人指的就是陶侯釣磯，他身披著千年不變的堅強顏色，是那麼執著地，靜靜地守立在鄱陽湖邊，細數波峰浪尖上翻飛的鷗鷺，贏得自己與湖山同老，留下千古萬世的動人吟唱。

陶侃，字士行，江西都昌人。從小在都昌縣城南門外的西山山麓，一個叫磯山的地方放牧、垂釣，隨母親湛氏生活。陶侃很小的時候父親就去世了，家境也比較貧寒，年輕時當過尋陽縣的官員。一次，他父親的老友，陽郡孝廉范逵來探訪陶侃，倉促間，陶家沒有東西待客，陶侃的母親狠狠心，一把剪掉了頭上的長髮．叫陶侃去換來酒肴，招待客人，就連范逵的僕人看了，都覺得不可思議。這頭髮可是女人的臉啊？等到范逵上路後，陶侃又追送了他百餘里路。范逵便問陶侃道。「你想到郡裡去做官嗎？」陶侃說：「想啊，只是苦於沒有門路而進不去了。」於是，范逵在拜訪廬江太守張夔時，就在張夔太守面前極力誇讚陶侃。張夔聞聽之下，就安排陶侃做了個督郵的官，後來還兼任了樅陽縣令。

有一次張夔的妻子病的很嚴重，需要到幾百里外的地方去接醫生來看病。當時正值隆冬時節，大雪紛飛，十分寒冷，眾僚屬都對去幾百里之外接醫生的事感到好為難，只有陶侃告訴大家說：「郡守是我們的父母官，我們就應當把郡守當成父親，而郡守的妻子呢，就如同是大家的母親，哪裡有父母病了，子女能不盡心的呢？」於是，他向郡守請求，讓他一人前去百里之外請醫生來給郡守的妻子治病。從此以後，大家便都十分佩服他做人的義氣。

陶侃的母親湛氏是一個極其要強的人。湛氏出生於三國時期吳國的新淦縣南市村（今江西省新干縣金川鎮）。在她16歲的那一年，因了一次偶然的機會，她嫁給了吳國的揚武將軍陶丹為妾。陶侃出生後的那一時期，時局非常混亂，幾乎是每日都有戰事在發生。隨著三國歸於一晉，作為吳國舊臣的陶丹，他又不願做個降臣

去換來富貴，因此導致家道逐漸走上了沒落之路。為了生計，陶丹舉家從鄱陽遷到了鄡陽，在彭蠡湖東岸的磯山住了下來。到了磯山不久，陶丹便因病去世了。陶丹去世後，生活的重擔全部落在湛氏一人的肩上。失夫之痛與家道的衰敗與沒落，並沒有使這位年輕柔弱的女子卻步，她毅然而決然地挑起了培養和教育兒子的重任。

她日織麻、夜紡線，艱難地養育兒子，還自己給兒子啟蒙，教兒子讀書。她常常在夜晚一邊勞作，一邊給兒子伴讀，一年四季的每個夜半，人們都能見到這孤兒寡母的簡陋瓦屋裡，透出油燈的微弱光亮來。這陶侃也是個懂事的孩子，白天在山中幫大戶人家放牛時，便趁著牛吃草的空隙，在學堂外邊的窗戶處，踮起雙腳來，雙手扒住窗櫺，聚精會神地聽先生講課，下課後，又去找來一根樹枝，將剛剛學過的知識，在地上複習一遍，並及時地完成先生佈置的作業。

久而久之，學館裡的先生喜歡上了這位刻苦聰穎的孩子，免費讓他上了學。就這樣，陶侃憑著他自己的勤奮與不懈，在學堂的窗臺上，學館外的空地上，釣到了他人生中的第一桶金，接受免費的教育——讀書。

有一天，陶侃在石磯上釣魚，竟然釣到了一枚黃燦燦亮閃閃的金梭，心下頓喜，這下發財了，連忙雙手緊握金梭，跳下高臺，赤腳就往家中跑去。陶侃到家之後，趕緊拿出金梭，興奮地交到了他的母親手上。陶母接過金梭一看，立馬沉下臉來問陶侃，這金梭是從哪裡來的。當陶侃告訴他母親，金梭是他釣上來的時候，陶母並沒有收下據為己有，而是叫陶侃趕緊帶著金梭回到釣臺上去，並用繩子將金梭掛在山前的顯眼處，好讓失主來領回去。

其實，那根本就不是一枚真正的金梭，而是鎮守彭蠡湖的金龍，奉了玉帝的旨意來試探陶侃的人品及才能的。當陶侃剛剛將那

枚金梭在山前掛好之後，突然一陣狂風暴雨襲來，那金梭化作一條金龍，徑直地向上天飛去，向玉皇大帝奏報去了。

風雨過後，人們依舊見陶侃安然地坐在那石臺上面垂釣，彷彿身邊是什麼事情也沒有發生一般平靜，神態是那麼地從容淡然。陶侃，不愧是一位令人稱羨的少年釣魚人。

東晉成帝時，陶侃任荊州刺史，兵力雄厚，勢力龐大，是朝廷的一塊心病。那時候，庾亮在朝中任中書令，執掌朝政。他為了防備陶侃伺機造反，便推薦智勇兼備的溫嶠到江州（今江西九江）去做了太守，加強了軍備上的防務。

在咸和二年，也就是西元的327年，歷陽（安徽和縣）鎮將蘇峻突然發動了叛亂，舉兵進犯建康（南京）。時任江州刺史溫嶠，得知蘇峻反叛後，立即號召部下將士，秣馬厲兵，便向朝廷建議，他要領兵東下，從水路進入建康，去支援朝廷的軍隊平叛並護衛都城。中書令庾亮在得知溫嶠的奏報後，連忙給溫嶠寫了一封信〈報溫嶠書〉，庾亮在信中說：「吾憂西陲，過於歷陽，足下無過雷池一步也。」庾亮的意思是說，我害怕陶侃造反更勝於蘇峻，你如果過了雷池，就恐怕荊州的刺史陶侃會乘虛而入，奪了你的後路，占領柴桑，趁虛造反了。

雷池，即今天的湖北黃梅縣和安徽宿松縣境內的龍湖、感湖等，沿長江北岸一帶的整個水域，它的主體在宿松縣境內。

其實，陶侃並無造反之心。他在聞之蘇峻叛亂之後，曾經要求帶兵平叛，而朝廷卻怕他在平叛過程中更加壯大自己的力量，所以就不同意他出兵平叛，讓他鎮守荊州，不能擅離。陶侃深知朝廷的擔心，於是，他便如鄱陽湖上的一個釣魚人一樣，靜靜地坐在荊州，靜靜地關注著朝廷平叛的動向。

當庾亮在平叛過程中遭遇到重大的失敗，萬分危急時刻，他退

守到了潯陽，與溫嶠合在了一起。這時候，庾亮才深刻地認識到自己犯了一個致命的錯誤，做出了一個錯誤的判斷。他一方面會同溫嶠勸說陶侃出兵平叛，一方面請求朝廷緊急敕令陶侃出兵勤王。這時候，陶侃便以「將在外，君命有所不授」為條件，要求統一指揮朝廷的軍隊，不得受任何人無故節制，這才起兵平叛。於無聲無形中，狠狠地給了庾亮一個響亮的耳光。

陶侃出兵之後，憑藉著自己傑出的軍事才能和指揮才能，在短短的時間裡，很快地就平定了蘇峻之亂。功成之後，朝廷加授陶侃都督八州軍事，封為長沙郡王。可見，陶侃這一釣魚的功夫有多高，他這麼輕輕地一釣，就釣來了一個大司馬，這可算得上是鄱陽湖上的一條，舉世無雙的人魚啊。以上的這個故事，也就是中國現代成語詞典中「不可越雷池一步」，這條成語的出處及由來。難怪後世的人們都說，陶侃是位極其精明的釣魚人。

陶侯釣磯著春秋，淡看東匯五水流。一釣功成千古事，鄱陽湖上美名留。陶侃真的不愧是鄱陽湖上的一位精明的釣魚人，更不愧是彭蠡湖上的一個千秋釣者，史釣千秋。

鄱陽湖上鄱陽山

　　那天的天氣晴好，我和凌翼在一起吃過早點之後，便駕駛車子去接來了填金兄他們三人，之後，在他們的陪同下，一起踏上了尋幽鄱陽山的旅途。這一路之上，因為有了他們的同行，增添了許多的歡樂。

　　鄱陽山，又名長山島，別名強山。是東鄱陽湖中最高大的一座群峰綿延起伏的島嶼。整個鄱陽山脈，是由獅子峰、繡球峰、龜峰、卵子峰、小印山、鼓山、橫山及其下山等一系列的小湖山和小島嶼組成，自東北向西南方一字排開，陣列在茫茫的鄱陽湖中央，岸然挺拔，靜靜地注視著鄱陽湖上的風雲變幻，日起月落。當我們站在鄱陽山的峰頂上環顧四望，那可當真是「四望疑無地，一水接天愁」，給人以一種「霧海蒼茫不知路，水到盡頭見鄱陽」那滿腔無盡的感慨。

　　當年，我就經常乘船去往南昌、九江等外地，每次出行都必須打鄱陽山前經過，在我的記憶裡，好像鄱陽山就是鄱陽湖上一艘勢相巍峨的大船，它沒日沒夜地行駛在煙雲籠罩，蒼茫浩瀚，泱泱大氣的鄱陽湖中，水裡青山水中游，總也靠不了岸似地讓人驚詫與感嘆。

　　鄱陽山坐落在東鄱陽湖的東南方向，與鄱陽湖上的都昌縣一衣帶水，隔湖遠眺，眺望世外的風雲；它身處漳田河和饒河進入鄱陽湖的主河道上，自古就是景德鎮的瓷器，皖地的徽宣、徽墨、徽硯以及木材等水上販運時的必經之地。他見證了聞名世界的古絲綢之

路的千年興衰與榮辱，彷彿是一位經歷了無數個世紀的老人，孤獨地飄搖在瀚闊無垠的鄱陽湖上。

　　自從我開始進入到挖掘和探究鄱陽湖文化的序列，加入到鄱陽湖文學研究的行列，走到以鄱陽湖為文學載體的文學創作隊伍中來以後，尤其是在編輯和發行以鄱陽湖命名的《鄱陽湖文學》，這麼一份大型的純文學刊物以來，我的思維常常停留在「鄱陽湖」一詞這個名字上，讓我陷入到一種非常糾結的心理狀態。特別是在針對「鄱陽湖」這一名字出處及由來，在專門的研究過程中我突然覺得手上的資料與證據不夠，似乎缺少了些什麼，我必須要再去找到一些證據出來證明我的推斷和假設，是不是真的成立，因此，有兩個地方是我必須要去的：首先是我要深入到鄱陽湖中的鄱陽山去，我要到那裡去找到「鄱陽湖」一名誕生的理由，找到屬於她的，讓人信得過的註腳。其次是要去永修，去博陽河的入湖口走走看看，親身感受博陽河的壯麗與秀美。好在，我去南昌那邊的機會較之鄱陽這邊更多，更方便，因此，感受博陽河的那個願望，是在幾年前就實現了的。

　　於是，這一次的鄱陽山之行，成就了我早就渴望的一次鄱陽湖上之旅。它讓我完成了心中深埋著的一個夙願，站在高高的鄱陽山上，尋找鄱陽湖一名的出處，期望解開千多年來的歷史留給我們的謎團，予世人眼前於一片清明。

　　關於鄱陽湖這個名字的由來，自古以來就有很多種不同的說法。今天，站在這鄱陽山的最高處，結合它自身站立的位置，我們不妨將搜集到的各種不同見解逐一地來作一下甄別。不過，在做這個甄別之前，我們要給它確立一個點，那就是現代鄱陽湖成形的時間節點應該確定在西元的421年。根據地理上史料的記載，現代鄱陽湖的成形，得益於古彭蠡澤東岸的一場地質運動而造成地殼的變

化而造成的。關於這個問題，在其他的篇幅中已有專門的贅述，在這裡就不再煩敘了。

首先是一個來自於民間的傳說。

傳說在大隋朝的某年某月，隋煬帝楊廣南巡天下，某天，皇帝乘龍舟打鄱陽湖上的鄱陽山前經過時，見船邊有山巍峨，巍然壯觀，遂手指群峰若黛鄱陽山對身邊的眾臣問道，湖中的那山是叫做什麼名字呢？眾臣朗聲答道：那山叫做鄱陽山。皇帝聽了之後，不由用手一指眼前的大湖對眾臣說道，那山叫做鄱陽山，這湖還不就是叫做鄱陽湖麼？眾臣一時之間跪倒在皇帝面前，山呼萬歲之後，趕緊謝恩道，謝主隆恩。從此，這無名湖就有了屬於自己的名字——鄱陽湖。於是，在皇帝的金口玉言之下，人們就開始稱東鄱陽湖為鄱陽湖了，繼而慢慢地將彭蠡湖一起融入進來，形成了一個當代鄱陽湖的整體概念。這是其中的一種說法。

第二種說法，是在唐詩宋詞中去找到她出現的記錄。我們只要翻開唐詩宋詞，不難在詩家的作品裡時不時地出現鄱陽湖這一名詞。在初唐乃至中期，詩人描寫鄱陽湖的詩句，大多提到的是她的舊稱彭蠡湖，而只有到了中唐以後，才逐步在韋莊的〈泛鄱陽湖〉、釋貫休的〈春過鄱陽湖〉和〈鄱陽道中作〉、徐鉉的〈移饒州別周使君〉、楊萬里的〈舟次西徑〉等作品中見到「鄱陽湖」這麼一個準確的提法，但是這類詩作的數量是非常有限的。到了兩宋期間，鄱陽湖這一稱謂才逐漸地多了起來，直到明清時期，鄱陽湖這一稱謂才其名大盛。

也正是由於鄱陽湖這一稱謂大盛於明清時期，這才不由讓我們關注到這麼一件事情，那就是中國歷史上的幾次大移民浪潮。在這裡值得一提的是，我們在關注移民的過程中，還要關注古彭蠡湖上一個重要的河流及水域——博陽河。因為無論是南下北上的移民，

他們都要打彭蠡湖上屬於博陽河的這塊水面通過。

「北有大槐樹，南有瓦屑壩」。這是一句流傳了一千多年的順口溜，意思是大槐樹和瓦屑壩是中國移民的根。特別是明洪武年間的幾次移民風暴和清康乾時期的移民潮，僅在江西一地就移民近四百萬人北上湖廣，再填四川及雲貴陝等地。他們在鄱陽湖上的瓦屑壩乘船出發，經過鄱陽山，渡過博陽河，出湖口直入長江北上，在他們的記憶裡，鄱陽與博陽這兩個音近的名詞總是在打架，讓人分不清到底誰是正確的，也許是因為有了鄱陽山站出來為鄱陽湖這一名字助了力，在北上的移民意識裡，鄱陽湖一名漸漸地占了上風，因此，鄱陽湖一名便開始風靡天下，揚名於四海了。在南下的北方士族以及逃避兵連禍結的災民當中，他們從長江以北委迤而來，在乘船進入彭蠡湖後的第一塊水面，就是博陽河水域，繼而進入鄱陽湖，因此，在他們的潛意識裡，由於博陽與鄱陽在讀音上相近，讓他們難以區分其本質的不同，便也就只好人云亦云地稱路過的彭蠡湖為鄱陽湖了。故此，鄱陽湖這汪年輕的湖，雖然只有近一千六百年的歷史，但是，她卻借了古老彭蠡湖的光，一下子將自己的歷史上溯了好幾萬年。

這也許就是鄱陽湖一名得出的由來。

那天，在鄱陽山的獅子峰頂上，我看見了一座用紅巖砌成的七層佛塔，聽同行的王崧年老師介紹說，是兩宋時期的建築，只可惜後來被毀了，現在的佛塔是民國年間照原樣重修的。我猜想，這肯定是兩宋時期的一位得道高僧，不知因為什麼原因被滯留在了鄱陽山上，並在此圓寂，人們為了紀念他，就建造了那麼一座佛塔在他的埋骨之處，與湖天同在，與日月星辰同輝。

大家應該知道，在唐宋時期，鄱陽湖地區在那時候還只是一片蠻荒之地，一些在政治上遭受排擠和被貶謫的人，大部分都是被朝

廷流放到這裡來接受懲罰的，這其間也不乏有大批的僧道人士參雜其中。所以，鄱陽湖也就時來運轉，因禍得福，就從此起，能夠不時地出現在了文人墨客的作品中。特別是當李白、杜甫、劉長卿、張九齡、朱熹、蘇東坡、范仲淹等人相繼來到鄱陽湖上的時候，他們穿梭於饒州與潯陽之間，遊歷在鄱陽與鄱陽山以及鄱陽湖北岸的廬山之上，於是，鄱陽湖這一名詞便慢慢地被詩人和政治家們充分使用，通過他們的作品在民間得以傳播開來，最後，鄱陽湖這一名字就被他們永遠地鐫刻在了歷史的金色冊頁之上。

　　以上這所有的因素湊到了一起，這鄱陽湖她想不出名都難，更何況，加上明清時期那幾百萬移民以及他們的後裔們在全中國各地進行的廣泛宣揚與傳播，通過世世代代的人們口口相授，口口相傳，大家對於彭蠡湖的認知逐漸地被統一到了鄱陽湖上，因而「彭蠡湖」最終被易名了，易名成了今天的「鄱陽湖」。

　　我們可以這麼粗略地算一算，從西元421年的地陷導致形成了東鄱陽湖起，到我們在中國文學史上讀到以鄱陽湖為題材的第一首詩作，韋莊的〈泛鄱陽湖〉為止，彭蠡湖開始易名為鄱陽湖走進人們的視野，大約走過了400多年的歷程。而要說到鄱陽湖這一名詞逐漸唱響天下，則用了將近千年的時光才完成了她的蛻變過程。

　　這就是我站在鄱陽山，放眼鄱陽湖上，從心底生發出來的一番感慨。也是我在遊歷鄱陽湖的過程中，結合多年來在文山書海中尋覓鄱陽湖留下的痕跡而形成的一個立體的鄱陽湖概念。

　　當我與朋友們一起行走在鄱陽山上，當我們乘舟踏浪於雲天深處，徜徉在鄱陽山前山後的時候，感受那「一湖東來際無涯，半山雲水湖中央。莫道五江六溪遠，但看群峰起鄱陽」。感念之下，鄱陽山的形象在我的心裡便越發地高大起來，鮮活起來。

　　當太陽開始泛紅的時候，我和朋友們踏上了回程。回望夕陽

下的鄱陽山在薄薄的暮靄中披一身金色的霞光，彷彿似瑤臺仙境一般，不由讓我詩心大動：鄱陽湖上鄱陽山，今日始得識真顏。古往今來多少事，極盡風流亦坦然。

鄱陽湖上瓦屑壩

　　在江西省鄱陽縣的蓮湖鄉有個瓦屑壩村，她座落在鄱陽湖上贛、撫、信、修、饒五大水系之一的饒河（又稱鄱江）口，自古就是饒州的外埠碼頭。在歷經了漫長的歲月與歷史的滄桑演變之後，瓦屑壩的「壩」字，逐漸地被人們隱去了，當年的瓦屑壩，如今已改了個名字，叫做「瓦屑嶺」。

　　提起這鄱陽湖上的瓦屑壩，就不能不提起中國歷史上的幾次移民大潮。在中國的歷史上曾出現過這樣幾次大規模的移民：

　　一是漢武帝時期，從元朔二年，西元前127年開始，到元封元年，亦即是西元前110年的20多年的時間裡，完全由政府組織實施的移民，就不下120萬人。在這次移民過程中，朝廷承擔了移民從遷移到定居的全部費用，沿途還有大批官吏和士兵進行監督和保護。移民遷徒的路途最遠的有二、三千公里。移民的總數量達到了當時漢朝總人口的三十分之一。不過，這一次的移民過程是大舉地南遷。

　　二是明朝初年實施的大規模移民。一部分是通過行政手段強制實行，或通過軍事駐防的方式安置，大部分是通過官方給予優惠政策的方式引導實行的。如：將江南的富戶和無地農民遷至今安徽鳳陽一帶；通過設立衛、所的方式將軍人及家屬遷往全中國各地駐防；將從塞外投降或被俘的蒙古軍民安置到北方各地等。軍民移民總數達1100萬，約占總人口的16％。西元1364年（元至正二十四年），明太祖朱元璋派大將徐達攻打長沙，與陳友諒舊部和元王朝殘餘勢力血戰四年，最後才於1368年（洪武元年）確立明王朝在

長沙的統治。這場連年的戰禍，使長沙許多的地方渺無人煙。於是，明王朝便就近從江西大量移民遷入長沙地區（湖北和湖南，當時二省是一個省份，稱之為湖廣省），並允許「插標占地」，奏響了中國歷史上有名的「江西填湖廣」的宏偉史詩。因明朝崇禎年間張獻忠的農民起義，在四川德陽地區的戰事頻繁，人口幾近滅絕。到了康熙十六年，清軍又為了消滅義軍，無辜的平民又慘遭濫殺，使之德陽地區人口殆盡，一片荒蕪。面對此情，大清王廷下詔，在江西、湖南、湖北等地，強迫了眾多居民進行遷移，這就是後來的「湖廣填四川」。之後，民間就把這先後的兩次移民大潮稱之為「江西填湖廣，湖廣填四川」。但是，這次的移民方向與上次的移民方向正好顛倒，是移民大批地北上。

　　三是在清朝初期的康熙、雍正、乾隆年間制訂優惠政策，鼓勵移民遷入四川，至乾隆四十一年，即西元1776年，在湖南、湖北、廣東等地遷入四川的移民及其後裔就達到了600多萬人，到了1860年，清王朝開放了其在東北的「封禁地」，隨之，又採取了鼓勵政策，在山東、河北及北方的各地，動員了大批的移民遷入了東北境內，至清朝末年止，累計移民超過了1000萬人。

　　由此可見，自元末明初到清嘉慶年間的四百多年裡，江西有大量的移民，一次次在瓦屑壩這個古老的碼頭上集中，再通過鄱陽湖進入長江，向東進安慶府至桐城、潛山、池州、鳳陽……等地；向西又從黃州進入麻城、黃安、蘄州……等地；再後來，還有不少人又被從先前的落腳地再次轉遷到四川、河南、雲貴等不少的地方。只是，令廣大移民們萬萬沒想到的是，這次的移民，是明王朝的專制措施，與以往移民的不同在於它是發生在戰後，是從江南流向江北的定向移民，並且割斷了移民們與原住地的一切聯繫，所以，專制朝廷的一紙不能回遷的禁令，就像一把冰冷的利劍，無情地擊碎

了那些移民們心中那永遠的回鄉夢！

　　年長日久以後，那些與故鄉失去聯繫的移民們，漸漸地模糊和忘記了故鄉的模樣與她的所在，而唯有那鄱陽湖上的瓦屑壩，那個他們曾經踏上飄泊的船頭，開始遷徒，離開故鄉的始發地，成為了他們心中永遠的嚮往。鄱陽湖上的瓦屑壩，總是千百次地在老一輩移民的記憶深處，清晰地泛起來，橫陳在他們的面前，不管他們怎樣去抹，也總是抹不去，於是，他們就把鄱陽湖上的瓦屑壩，當作自己的故鄉，告訴他們的後人，並且口口相授，代代相傳。因此，在廣大的移民心中，他們最終把對故鄉的最後記憶，就定格在了鄱陽湖上，定格在了鄱陽湖畔的瓦屑壩上。

　　依據《明史》、《明太祖實錄》的查證及其大量不同的姓氏家譜記載以及歷史學家葛劍雄等人的考證，我們不難發現，僅在明洪武年間，江西就向湖北、安徽、江蘇移民達210萬人。在洪武七年，朝廷遷江西饒州移民14萬到鳳陽。至洪武九年，再次遷江西饒州、九江移民五千人到鳳陽西南。到了洪武廿一年時，朝廷又從江西饒州移民30萬人到了湖北的黃州。與此同時，還遷饒州、廣信、九江移民12.2萬人到武漢。遷9.1萬人到安陸。遷10.7萬人到漢陽、丐陽。遷16萬人到荊州。遷了1萬人到襄陽。洪武廿二年繼續從饒州、九江兩地移民27萬人到安慶，這其中，就有20萬人，是來自鄱陽湖上的瓦屑壩的。又遷饒州、九江等移民6.5萬人到池州。遷饒州移民6.4萬人到合肥。洪武廿五年，又遷饒州、徽州移民23萬人到揚州的各個府、縣，淮安府的各縣。洪武卅年又從江西移民65.6萬人，分別到長沙府的常德各縣，以及嶽州府、安慶府和郴州、零陵、衡陽、靖縣、辰州等地。在明洪武年間，江西總計遷出移民有214萬餘人，其中光饒州府就有近百萬人。江西移民的絕大多數，都是從鄱陽湖上的瓦屑壩遷出去的。

　　據大清乾隆二十五年鄱陽縣誌記載；瓦屑嶺，後易名瓦燮嶺。位置在慕禮東偏南。瓦燮嶺又名瓦屑壩。此處古時有磚瓦窯，磚、瓦屑堆積成壩，村民在壩上挖嶺引水。故名瓦屑嶺。後來因屑字錯寫成燮，遂改名為瓦燮嶺。

　　據說瓦屑壩這裡是出名的製陶工場。據傳，隋唐時期，有姑蘇陶人看中了這裡的水質和泥土適宜於製作陶器，便在此開場製陶，使無數的陶罐陶瓦陶碗等陶器進了天南地北，走進了千家萬戶和皇室宮殿。直到唐末時的廣明元年，亦即西元的880年五月，黃巢的叛軍進入了鄱陽，與淮南節度使高駢的驍將張璘展開了激戰。在那場戰爭當中，那些製陶的藝人們，為了躲避戰亂，才紛紛丟棄陶藝場，逃離戰火，遠走他鄉避難。瓦屑壩村在經歷兵火的焚燒之後，從此變成了一片廢墟。再加上後來的朱元璋與陳友諒也曾有一場鏖戰，就是發生在瓦屑壩邊上的大蓮子湖上。

　　如今的瓦屑嶺已是一片廢墟，無盡的瓦屑與陶片組合在一起，堆起了一條高高的長長的堤壩。眼前那一片片散落在衰草之間的瓦礫和陶片，見證了瓦屑壩昔日的榮枯與繁華。無數的陶片身上，寫滿了人世的滄桑與悠遠，彌散出遙遠歷史的神祕味道。蜿蜒纏綿的瓦屑與陶片們相互糾結交錯在堤壩上，流淌在河道中，藏身在泥水裡，橫亙在鄱陽湖上……雖歷經千百年來的潮起潮落的沖刷與洗禮，卻依然故我，大氣凜然，成了世人心中難以解開的，深深的一道謎，也成了千千萬萬移民的心中，那永遠的根。

　　曾經從鄱陽湖畔饒河口的瓦屑壩出發，渡過茫茫大湖，到未知的遠方去墾荒拓地的幾百萬，被朝廷強制驅散的江西移民，對喪失家譜和祖先記憶的移民後代來說，北有「山西大槐樹」，南有「江西瓦屑壩」，這是他們多少年來尋根覓祖的起點。瓦屑壩，已成為江西移民對故土的最後記憶。

　　無論走遍海角天涯，瓦屑壩，都是他們心中不絕的牽繫。鄱陽湖上那古老的帆船曾經承載了多少離人的鄉愁和思念，還有那失助的迷惘與無奈？當來自江西各地的移民們被反綁著雙手，用一條繩索串連起來，向著瓦屑壩蹣跚走來的時候，那些被大小便憋得急了的人，就大聲對押送的人員呼喊道：「我要解手啊！」我要解手這句話，說的就是要解開被綁著的雙手去方便。只是，任誰也不曾想到的是，先民們一聲「我要解手」這麼一句苦澀的呼喊，竟然無意中創造了一個新詞──「解手」。更令人沒想到的是，這江西的「土話」，竟以頑強的生命力在全中國各地廣為流散與傳承。成為血脈相連的文化密碼，成為鄱陽湖地區鮮明、獨特的文化遺存。

　　最後，還是讓我來借用李白的一首詩：「渡遠荊門外，來從楚國遊。山隨平野盡，江入大荒流。月下飛天鏡，雲生結海樓。仍憐故鄉水，萬里送行舟。」這首〈渡荊門送別〉來替此文作個結語吧。

　　鄱陽湖上瓦屑壩，千里之行始足下。山高水遠愁真味，雲天深處是我家！

鄱陽湖上馬鞍島

　　鄱陽湖中的馬鞍島，他並不僅僅只是孤懸鄱陽湖上的一座野島和荒島，更不是一匹缺失了心性，發了瘋發了狂，桀驁難馴的烈馬般島嶼，是鄱陽湖上一座暴戾的烈島。而且，他還是鄱陽湖上的一座文化之島，人文之島。

　　馬鞍島坐落在鄱陽湖的北湖，都昌縣蘇山鄉境內的東南邊。因島上有一座連綿起伏的大山聳起在島上，形狀像極了馬鞍，故此，島因山名，人們便給他取了一個好聽的名字——馬鞍島。

　　雖然在過去很長的一段的時期裡，凡是打鄱陽湖上來來往往的船家們在經過馬鞍島水域時，都說馬鞍島水域是個湖匪出沒的水面，馬鞍島上的崇山峻嶺就是那些打家劫舍的湖匪們聚眾藏匿的地方。馬鞍島上的人，也生來是性格暴烈，喜歡打架鬥毆，爭強好勝。湖島上那彪悍的民風，就像鄱陽湖上那變幻不寧的風雲一樣，晴雨不斷，叫人琢磨不定。但是，在他粗烈的外相之下，崇尚武力的背後，卻有著鮮為人知的另一面，那就是他極具人性的柔軟與溫順，人性中的溫良恭謙讓等各項美德，在島上也能找見。

　　雖然馬鞍島只是鄱陽湖中的一隻孤島，曾經在清代的乾隆和嘉靖年間，從這裡先後走出了封腳的舉人鄉賢戴高，以及在開科取士的殿試中，高中進士位列朝班的士大夫戴鳳祥，而且，他們兩人還是一門倆父子，兩代殊榮。戴家父子的輝煌榮光，並不僅僅是為戴氏一家掙得了殊榮，而是為馬鞍島上的人們爭了光，為鄱陽湖上的都昌銀爭了光，長了臉。如今，散落在馬鞍島上的那些尚存的進

士第、石匾、石柱、石獅等故舊物件，就是老戴家曾經盛極一時的非常寫照。看了那些遺址舊跡，不由讓人感嘆道：「荒島草青書香在，遺韻流芳道長存」。

馬鞍飛騰上九天，青雲出岫禪無邊。莫道荒島蘊涵淺，普超血淚寫「華嚴」。

在馬鞍山的前峰上建有一座古剎──青雲寺。在靈湖聖山的薰陶下，青雲寺裡的禪風甚濃，佛性十足。近代廬山海會寺有名的住持高僧普超，他就是從青雲寺裡走出來的戴姓高僧。

普超，都昌縣蘇山鄉馬鞍戴家村人。原名戴聖謙，字益生，法號普超，是馬鞍島戴村戴啟輝的嗣子。戴啟輝夫婦一生沒有生養子嗣，其妻陳氏便在戴啟輝逝世之後的幾年裡，在族人家中過繼（抱養）了一個兒子過來傳續香火，這個人就是戴聖謙。

戴聖謙，人極聰敏穎慧，年幼時便入私塾讀書識字，且過目不忘。由於家中男丁單薄，養母陳氏又急於要抱孫子，遂強硬地將家中的童養媳婚配給戴聖謙。而此時的戴聖謙尚只有14周歲，根本就沒有成年。無奈之下的戴聖謙少年成婚，於第二年便誕下了長子戴徵仁。到17歲的時後，又生下了次子戴徵義。這時，由於家中添丁加口，老的老，小的小，戴聖謙的家道已是十分地薄弱了，生計便越發地日益艱難起來。因此，為了生存記，戴聖謙便在島上的戴村設一蒙館來教授學生，藉以增加家中收入，渡過難關。

戴聖謙一邊教書，還一邊參加朝廷舉辦的開科考試，以圖博取功名來改善一家人的生活窘迫，可惜，他每次都是考試不第，名落孫山，最終與仕途功名無緣。

聖謙於是在教學之餘的暇時，常常到廟中去與老僧法圓大師談經講法，相互應答。天長日久，戴聖謙受法圓禪師的影響，毅然決然地斬斷俗世中的塵緣，遁入佛門，皈依禪宗。這時後的戴聖謙僅

只有23歲，而他的兩個孩子，大的都還沒有滿10周歲呢。

　　仕途上遭受到的屢次打擊早已消磨了他的鬥志，對世俗的不滿與憎惡，也已讓他對前途產生了絕望的念頭。因此，有人在總結普超的一生時說，普超是認為人一旦自覺光陰流逝如過隙之駒般短暫，人命亦不值幾何，死生終將成為泡影，直如轉轂般地變化著，那麼對於富貴塵雲又有何依戀呢，於是，從那時候開始，戴聖謙便開始舍儒從釋了」。

　　清光緒年間，戴聖謙投到應竹庵內，師從本公薙染圓具戒，授法號覺禪，字普超，後又在九華山甘露寺學習佛家經典，禮佛問禪，寒暑不輟。數年後，繼登天臺山尋訪師友，虛心求教，釋疑去難。之後，普超返回廬山海會寺，拜謁住持至善禪師，入住海會寺。

　　海會寺位於鄱陽湖邊廬山東麓的五老峰下，建於明萬曆年間，後毀於兵火。光緒初年，高僧至善來此築茅以居，香火漸盛。普超來到寺中後，至善見他慧根獨具，佛法造詣甚深，知其後必有大成，遂在內心產生了要將衣缽傳與普超的想法，便將畢生精研的《華嚴經》一部，授予給普超，並諄諄教導道：「聞此可以發明心要。」《華嚴經》闡述了「六相」、「四法界」等佛理，提出了一些相對應的範疇來說明世界事物的相互依存，相互制約等一系列關係。普超聽從師訓，認真研習《華嚴經》，晨昏與老師至善相互問答，釋疑解難，佛學水準不斷得到提升，以至於漸入佳境，進入了禪理的極高境界。從此以後，普超以《華嚴經》為護身法寶，「從茲動靜不離，憶忘如一也」。

　　清光緒的一個秋天，普超面對雲霧繚繞，流光滴翠，雄峙鄱陽湖邊的五老峰，坦然天地間，一副無我的從容姿態，讓他禪心大開，大徹大悟，立下「發廣大心，立堅固願，燃身香五百主以增淨因，期證聖品」的宏願，決心用身體內流淌著的鮮血書寫佛經——

《華嚴經》。

　　普超這一捨身求法、證法的行動得到了至善禪師的贊同和鼎力支持。至善禪師專門在寺內安排了一間靜室來供普超專心寫經。普超每天閉關不出，於身上取血盛盞，用圓潤端正的楷書來抄寫《華嚴經》。由於他書寫時用心至真至誠，在抄寫過程中彷彿見到佛陀從經書中走了出來，渾身迸射的耀眼的佛光，讓普超激動不已。普超在書寫血經的過程中，他從來就沒有感覺到任何的不適，全副身心與《華嚴經》融在了一起。

　　光緒年間，至善禪師圓寂。海會寺內住持一席空位，僧眾公舉普超做住持。普超因為還沒有抄寫完《血經》，所以就堅辭不就，以至於寺中住持一位空缺了近兩年。

　　光緒十八年農曆壬辰年冬，普超終於用鮮血書寫完了《華嚴經》共八十一卷、《梵綱經》、《行願品》各三十卷。這一百多卷的血寫佛經浸透了普超的汗水與心力。有弟子說普超寫血經是「十指瀝乾，一心不動，宴如也」。普超把血書《華嚴經》，當作是一件快樂的事情去做，沒有任何事情動搖得了他抄寫經書的堅強決心。當寺中眾僧公請他當寺廟的住持時，他因未完成血書《華嚴經》而拒不接受住持一位，致使住持虛位二載。直到血書《華嚴經》一事大功告成之後才就任住持一位。

　　當普超血書《華嚴經》一事塵埃落定之時，立即轟動了僧俗兩界。「因定發慧，靜極光通。」令見經者莫不推崇感慨。

　　普超接任住持以後。他秉承佛陀的宣示，倡導：以戒為師，由戒生定，由定發慧，由慧護戒，嚴肅清規，嚴淨毗尼，領眾宏修。一時之間，寺廟信眾培增，香火盛極一時。光緒二十五年農曆己亥年，普超在海會寺大開戒壇，傳戒得度弟子八百餘人。時隔9年之後，又在寺內又戒法重宣，度弟子數十人。

　　在普超主持海會寺的十多年裡，廟內資積頗為豐厚，置辦的寺田有近百餘畝，修建了莊屋八所，另外還新修了華嚴靜室。一時之間，由於海會寺內廟宇規模宏大，僧俗弟子眾多，遂成為匡山境內的五大佛教叢林之一。清宣統元年農曆己酉年8月的一天，普超突感身體不適，自覺生命已走到了盡頭，即將要圓寂了，他便召集寺內僧眾，逐一託付廟內諸事，然後端坐在寺中，閉目而逝。自此，一代高僧赴了天臺，登了極樂，羽化成仙。而他留下的血寫經書《華嚴經》，一直輝耀僧俗兩界，禪意的光輝在永遠閃耀。

　　由此可見，馬鞍島上的這塊黃土地，當真是義理禪意豐蘊的地方，要不然怎麼會走出戴氏一門三賢人呢？

　　在青雲寺前的竹林邊，有一座規模不大的華林書院舊址，橫陳在那裡，彷彿在向人們訴說著什麼。說那裡是書院，是後人對她的敬畏與景仰。實際上，那裡是馬鞍島上的胡姓村民開辦的私塾，用來培養家族子弟的學館。

　　自宋代以來，華林胡氏的一支族人，在遷徙途中，不知因何故相中了這鄱陽湖中的馬鞍島，於是就在此地定居下來，繁衍生息，繁殖和培育後代。胡氏家族秉承祖上的優良家風，注重對後代子孫的教育，於是，他們也效仿先祖的作法，建起了供家族子弟讀書的學堂，青雲寺前的華林學堂。

　　那天，當我和作家凌翼以及村委會的戴康平主任，站在華林學堂的舊址之上的時候，我彷彿聽到了來自歷史深處的朗朗讀書聲，清晰地響起在我們的耳旁，給我的心靈帶來了一陣莫名的極度震撼。當我站在青雲寺前的臺階上，極目鄱陽湖上風雲變幻的時候，我的心不由得被眼前的樹木和竹林所感動，正是因為有了眼前的這些樹木和竹林，擋住了凡塵浮華帶給莘莘學子們的無盡干擾，抵禦了俗世的浸侵，予了學童們一片澄淨、清明、自我的世界。

　　一路遊走在馬鞍島上，穿行在士大夫的古牌樓下，徘徊在出岫般的青雲寺前，駐足在華林學堂的遺址之上，我慶幸自己終於找到了我心中想要尋找的那個馬鞍島，那個在常人眼中不一樣的馬鞍島，一個獨具人文的馬鞍島，一個獨具深厚歷史底蘊的馬鞍島。一念及此，我不由感懷道：「鄱陽湖上馬鞍島，生態旅遊真正好。人文深處覓舊跡，煙雨簾中看新巢。莫使歲月空流逝，暢享湖天自逍遙」。

　　在馬鞍島上的一日遊走，完全改變了馬鞍島之前給我留下的粗淺印象，讓我心生感嘆，情不自禁地寫下：「鄱陽湖上馬鞍島，幾番尋蹤俱煙渺。今日重來聊文事，寺前山後樂逍遙」的詩句。隨之，尚覺意猶未盡，繼而言道：菜花黃時又逢春，遊走馬鞍心歡欣。莫道當年窮寇事，義理禪音放光明。

居然之人胡居仁

　　那天上午的十點多鐘，我和紅許兄等一行數人，在陸小峰老師的積極引導下，來到了餘干縣梅港鄉的大山底子村，前往村後的獅子山南麓拜謁中國明代著名的理學家、書院教育家胡居仁先生。

　　大家來到村後，沿著事前割開的，鋪滿茅草的小道，踏著登山的石階，來到了胡居仁的墓前。紅許兄帶領大家向胡居仁先師敬獻了鮮花，並在他的倡議和主持下，大家在胡先生的墓前舉行了一個簡短的祭拜儀式，行了叩拜禮。形式雖是簡陋，但大家的心裡卻都是充滿了虔誠與敬意，氣氛是非常的莊嚴而肅穆。

　　胡居仁墓就座落在大山底子村後的獅子山南麓，半山腰處一個向陽的山坡上，由磚石建造而成。只可惜的是，墓地上原有的那些登山石階，墓條石、墓坊石以及石碑坊等，盡皆在上個世紀的大修水利中，被拆除殆盡。現存的墓碑為當代的人們修葺墓地時豎立的，碑上刻有「明・從祀先儒胡文敬公之墓」的字樣。

　　胡居仁，字叔心，號敬齋，江西省餘干縣梅港鄉人。出生在明宣宗的宣德九年，即西元的1434年，明憲宗成化二十年的三月十二日，亦即是西元的1484年4月7日，先生病逝於社庚鄉的古塘村家中，享年五十歲。

　　在先生致力於教育的一生中，他曾經兩任白鹿洞書院洞主，為白鹿洞書院的興旺與發展作出了極為重要貢獻，因此，奠定了他在白鹿洞書院的發展史上，具有及其重要的地位和意義。

　　早在元朝的至正十一年，亦即是西元的1351年時，白鹿洞書院

曾經被毀於一場慘烈的戰火之中，書院所有的殿堂齋舍全部被大火燒成了一塊平地。

這樣，就一直到了明朝的正統三年，也就是西元的1438年，時任南康府知府的翟溥福重建白鹿洞書院，倡議捐俸修建禮聖殿等建築，力圖恢復宋元時期的原貌。翟溥福的這次重建，使「白鹿洞書院之名始重新名動於天下」。

接下來，到了成化元年，即西元的1465年，時任江西提學僉事的李景齡（廣東潮陽人）與當時的南康知府何浚一起，又再次倡修書院建築，並擴增了學田、祀器、書籍、房舍，召集學生。在成化三年春，即西元的1467年春天，聘請餘干名儒，布衣先生胡居仁為山長，主持書院的全面工作。自此以後，白鹿洞書院才重新恢復了正常的教學活動。這是胡居仁先生第一次來執掌白鹿洞書院，但是由於種種的原因，不久之後，他即離去了。

十三年之後，亦即是明憲宗的成化十六年，也就是西元的1480年，胡居仁再次擔任了白鹿洞書院洞主一職。在這一任期內，胡先生重新修訂了白鹿洞書院的學規，即廣為人知的《續白鹿洞書院學規》。統共有六條：一、正趨向以立其誌；二、主誠敬以存其心；三、博窮事理，以盡致知之方；四、審察幾微，以為應事之要；五、克治力行，以盡成己之道；六、推己及物，以廣成物之功。

縱觀以上的六條，我們不難從中看出他對待教育的人生態度以及他對天下莘莘學子的期望與期待。胡先生認為，讀書人首先要能夠立得下大志，並且還要致力於學習聖賢之學，要立志成為非聖即賢，做一個有益於社會大眾的人。

其次，他認為讀書修身的關鍵在於「存乎於心」，而修身的關鍵主要是以「誠」與「敬」作為人的根本的。他認為，人心本應備通萬理，而只是由於受物欲的蒙蔽和陋習的影響，才會迷失其本

心。因此，要用誠與敬來修身明理，把「敬業用心」當作修身的工具與本源。

其三，他曾經在教學中這樣強調說：「於聖賢之書，熟讀、精思、明辨、反之於身而力行之，又於日用之間，凡一事一物，必精察其理，一動一靜，必實踐其跡，則所學在我，而於酬應之際，以天下之理處天下之事必沛然矣。這段話的意思是說，讀書之人在熟讀、精思、明辨之後，一定要去親身參與到事物的實踐之中去，在親身體驗事物的過程中，觀察事物的微妙變化，掌握事物發生變化的規律，才能讓自己在處理問題時不至亂了方寸，失了尺度。

其四，先生認為每一個人，在待人接物和處事上，都要保有自己的底線，也就是人們口頭上常說的基本原則，那就是要在做事情的過程中，參透並遵循事物的規律。他強調人要慎獨，在接物之初，本心未萌之初，多去反思自己的所作所為是應了天理還是人欲的故意膨脹，是善還是惡，是惡就要去惡，是善就要存善，這樣的話，才能在待人接物處事時，不違背天理，才是正道。

其五，胡先生強調個人修身的要領在於要克己力行，要克服自身不斷膨脹的私欲，不為形形色色的物欲所蒙蔽，才能認得清天理，才能獲得真知，否則，僅僅只是知道事物的表面而已，斷不能將它轉化為自己的行動。他自己是這麼說的，也是這麼做的。他一生效法老師吳與弼先生，兩耳不聞窗外事，一心在家侍奉高堂雙親，以聚徒講學為業。雖然身上總是穿著粗布衣服，嘴裡吃著粗劣的飯食，他同樣是怡然自得，身心愉悅，並無半點羞愧之意。他一生從不因窘困而輟學，更不因貧賤而喪志。

最後，他要求學生們懂得，做人就得要有寬廣的胸襟，更要具備大公無私的品行，盡量做到己所不欲勿施於人，在考慮自己的利益同時，也要進行換位思考，同時去想想別人，這樣才能做到律己

修身。

以上通過對胡居仁先生《續白鹿洞學規》的解讀，我們不妨可以這樣想，站在程朱理學的角度上來說，胡居仁在客觀的唯心主義方面，大大地將朱晦庵的「格物致知」理論，作了一個富有意義的延伸性探索與詳盡的闡述。

儘管，胡居仁在經歷了「土木之變」的殘酷與血腥後，一下子就看淡了政治，遂遠離了官場，終生甘願淡泊名利，但是他卻並沒有放棄著述與講學。他始終以布衣自處，平日裡的生活是十分地儉樸，唯有以著述和講學來作為自己的責任。他一生致力於教育，在二十餘年的從教生涯中，治學的態度嚴謹，常常在教學中親自製訂學規和講義，務求學生必須做到學以致用。他認為，學習是為了提高和豐富自己，並不只是專門為了博取功名和求得聞達而來的。他一生的著述甚豐，著有《胡文敬公集》、《易象抄》、《居業錄》以及《居業錄續編》等作品流傳於後世。

總之，先生他一生恪守心性，修身自律，以布衣凡體之軀，畢生致力於學術研究，栽培學生，在他為學和從教一生中所形成的思想體系和教育理念，都給後世帶來了非常深遠的影響。他是中國明代時期程朱理學重要的繼承人和傑出的開拓者之一。明萬曆十三年，也就是西元的1585年，胡居仁被皇帝追諡名號為「文敬」並昭告天下，將其崇祀在孔廟，與至聖先師孔老夫子在一起，共同接受後人的祭奠與跪拜。

總之，這一次的餘干之行，居然給我帶來了這麼一個意外的巨大收獲，這是我在行前所始料不及的。這一次的大山底子村之行，為我們正在探索的鄱陽湖文學研究，提供了很好的研究方向與題材。

最為令我欣慰的是，看似這麼漫不經心的環鄱陽湖遊歷，居然早在五百多年前，就有這麼一個人，頻繁地往來穿梭與鄱陽湖上，

忙碌地奔波與鄱陽湖東西兩岸的餘干與廬山之間，為繁榮和厚實我
們的鄱陽湖地域文化做了很好的鋪墊，也為我們接下來要走的路，
指明了前進的方向和努力奮鬥的目標。

　　甲午桂月餘干行，不意叩拜胡居仁。為學須記誠與敬，俯仰不
驚自在心。

　　居然之人胡居仁，閒聽信江起濤聲。畢生不為功名累，鄱陽湖
上做散人。

梅港尋梅

　　干越之地多秀色，一港梅花獨縈懷。梅港尋梅何處是，應天寺中獨徘徊。這是那天從梅港以及應天寺遊歷回來之後，給我留下的第一印象。

　　這一切，都緣起於鄱陽湖上人文深處的一個歷史人物，有名的干越人──梅鋗。提起了這梅鋗，就不能不讓我想到那些叫做梅林、梅山、梅嶺、梅村、梅港、梅水、梅城、梅關等等，一些以梅字開頭的山名、水名、地名來。就拿這眼下的梅港鎮梅港村來說吧，不就是最好的明證麼？

　　提起梅鋗，這還得從越王勾踐說起。因為梅鋗就是越王勾踐的後人。

　　戰國末期，七國爭雄，兵連禍結，民不聊生。梅鋗的先人是越王勾踐的族人。越被楚亡後，族人只得舉族逃遷。梅鋗出生後，績溪、豫章等地區又相繼處在秦、楚的兼並戰爭之中。陷入絕境的越族後人，又只好逃離績溪，進入江西，然後溯贛江而上，落腳於與南越交界的臺嶺地區。

　　據《史記・越王勾踐世家》記述：西元前的281年，越國滅亡後，越王後裔們先是舉族遷徙到浙江的績溪一帶。在績溪聚居時，勾踐的後裔們，為紀念故鄉「梅里」，遂統一改為「梅」姓。隨後，便散退在浙、閩、粵等地的山區之中，並各自分立自治。其中，有一支越族人，逃到了江蘇無錫的皇鄉，成為了這支梅氏的始祖。這部分人中的另一支部落就逐漸形成了梅蠻，即後人所稱呼的

「梅山蠻」，他們活動在古祁門（今安徽省黃山市的祁門縣）以及古干越（古稱餘汗今謂餘干）一帶的皖贛地區。再後來，梅銷的父親再次從族群中分離出來，獨自遷居到了古餘汗的安樂鄉（今江西省餘干縣的梅港鄉）定居。

梅銷就出生在鄱陽湖上，信江西南岸的餘干縣梅港鄉的梅港村。梅銷自小便生得是虎背熊腰、濃眉劍目、魁梧英武，雙臂均有千斤之力，武藝超群。加上他自幼便得信江之寵，水性極好，不愧為水陸兩道上的豪傑。

秦王朝統一天下時，梅銷率一支人馬，跟隨當時的越王經湖南醴陵來到了南海（今廣東一帶）以及居臺嶺（今南雄市梅嶺一帶）。梅銷這支人馬是有史可查的早期進入嶺南的越人群體之一。梅銷這批人馬有多少？《南雄府誌・風俗》載始興令魏琪文曰：「……越王嘗駐臺關而六千君子隨隸版籍……」謂子弟六千。臺嶺即今大庚嶺，因遠望山巔峰平如石臺，故稱臺嶺。臺嶺山下有一條河名叫湞水，南流入廣東的南雄，再經韶關匯入北江，流至廣州匯入珠江，直瀉大海。由於這種地理形勢，臺嶺就成為軍事要塞。梅銷察看了地形，並築城湞水上，「奉王居之」。擁兵據守，當地百姓稱「梅銷城」。

到了秦末，天下大亂。先是陳勝、吳廣在大澤鄉起義，隨之，起義的風暴便席捲了全中國。梅銷遂在臺嶺地區招募兵勇，擴大隊伍，伺機而動。當時，在當地有個名叫庚勝的兄弟倆人，聚眾數千人，已經做了山大王。但是，他們兄弟倆均皆仰慕梅銷之名，情願引眾歸屬。於是，梅銷大喜，就拜了庚勝兄弟為副將，分別據守臺嶺的兩座山嶺之上，後人把這兩座山嶺分別叫做大庚嶺（庚勝據守）和小庚嶺（庚勝弟據守）

隨著反秦形勢的發展，梅銷也舉起了討秦的大旗。據清道光年

間《直隸南雄州誌》記載，「百粵叛秦，首推雄傑為長，後眾皆賢銷，乃長之。」梅銷做了百粵長之後，下達徵兵令，每戶出壯士一人，平時為民，戰時則編為伍，「將士受命，整肅均齊」。梅銷決定率領部隊前去番邑（今江西省鄱陽縣）投奔番邑令，他的同鄉吳芮。

這鄱陽令吳芮何許人也？為什麼那些閩越人願意跟著他呢？

原來，吳芮原籍番邑。其父吳申，曾在楚考烈王時為臣，因諫議事被貶官到鄱陽，後自鄱陽遷徙至餘干縣西南的善鄉龍山定居。吳芮亦出生在餘干。餘干是閩越聯繫中原的必經之門戶。據《史記‧東越列傳》載：「越人欲為變，必先田餘汗界中積糧，乃入伐材治船⋯⋯」。所以閩越人很早就跟吳芮父子倆有所接觸。在秦二世元年，即西元前的209年，吳芮當了鄱陽縣令，閩越人對他就更抱有希望了。吳芮雖是秦王朝的官員，但是他為人很寬厚，也比較願意接近民眾，深得民心，所以甚得屬民的愛護和擁戴。加上他在收編了梅銷的軍隊之後，軍隊軍事素質和戰鬥力也有了極大有提高。因此，吳芮就被屬地的軍民百姓尊稱為「鄱君」了。

一路敘述至此，倒也解開了我心頭一直以來難以解開的一個結，那就是吳芮是因何故而被人們由「鄱令」而尊稱為「鄱君」的緣由。

梅銷到來之時，吳芮喜出望外，竟然出城十里去迎接他，並當即委任他為部將，與他的女婿英布一起操練軍士。梅銷到來後，就力勸吳芮去助諸侯伐秦。吳芮聽從梅銷的勸告，當即派遣梅銷率領百越雄兵前往南陽，與沛公劉邦兵合一處，將打一家。據《前漢書‧荊燕吳傳》載：「沛公攻南陽，乃遇芮之將梅銷，與偕攻析酈，降之。及項王相王，以芮率百越佐諸侯從入關，故立芮為衡山王，都邾。其將梅銷功多，封十萬戶，為列侯。」由此可見，梅銷

率領的這支隊伍在破秦戰鬥中產生了重要的作用。

　　不久之後，楚漢相爭，沛公劉邦與楚霸王項羽又鬥了起來。梅鋗隨吳芮歸順了劉邦，被劉邦敕封為大將，著令其帶兵攻打武關（今陝西省丹鳳縣東南）。在攻城的戰鬥中，梅鋗身先士卒，親冒矢石，英勇奮戰，所向披靡。武關守將自料不是梅鋗的對手，遂連夜棄城而逃。後來，項羽在垓下被劉邦所敗。於西元前202年，劉邦一統了天下。劉邦登基稱帝後，徙封吳芮為長沙王。次年，梅鋗被封為「臺侯」，「食臺以南諸邑」。臺以南即臺嶺（大庾嶺）以南。

　　其實，這當時的臺嶺以南，早已為南越王趙佗所據。故唐代羅隱曾經有詩雲：「十萬梅鋗空寸土，三分孫策竟荒丘。」因沒有地盤，梅鋗便率眾西遷到長沙王吳芮轄地的長沙郡邊安化的梅山（今湖南安化縣梅城鎮）落了下來。

　　西元前的196年，梅鋗去世。去世前，梅鋗曾留下遺囑給後人，囑其一定要將他的遺體運回家鄉梅港去安葬。梅鋗的部屬及其家人這才歷時數月，把他的靈柩運回到了餘干縣的梅港鄉梅港村，葬在了梅港村後的寺臂嶺上。後人為了紀念他，遂在他的墓地造起了一座寺廟，名曰應天寺，並塑梅鋗像以供奉其間。

　　梅鋗一生的成就有多大？自梅鋗始，開創了漢、越及其與其他少數民族聯合反抗統治鬥爭的先例，加速了百越社會的漢化和封建化進程。藉助清朝學者屈大均所著的《廣東新語》中的一句話是這麼說的：「越人以文事知名自高固始，以武事知名自梅鋗始」。由此可見，梅鋗在華夏文明的歷史發展進程中產生作用是令人無法去想像的。

　　那天，在應天寺內，當應天寺的住持真耀法師邀請我們留下墨痕的時候，我毫不猶豫地答應了他。我在想，這人世間吶，到底

是何以成佛？又何以不能成佛呢？無非就是人心的向背而已。一個人，如果妳能夠長長久久地存在於人心，那麼，妳就能夠成為人們心目中的佛。梅鋗的故事，講述的難道不就是這麼一個至簡的人生道理麼？

於是乎，我拿起狼毫來信手塗抹了「心佛」兩個大字，贈予給了應天寺的真耀法師，算作是我此次遊歷應天寺之後的一點禪悟吧。

那天，當我離開應天寺，徜徉在梅港古老的河街上，用心去觸摸老街上的紅巖石板，彷彿自己已經走在了遙遠的歷史深處，在無數被戰馬鐵蹄踐踏出來的殘印中，在無數車輪碾壓下的轍痕中，找到梅鋗的存在。我似乎看到了浩渺煙波的鄱陽湖上，那遠去的烽煙裡，正有一個偉岸的身影站在裡面，彷彿聽到他在說，「心即是佛，佛即是心。心佛一體，當是人生的最高境界。」

當我站在梅港的河埠頭，看滔滔不息的信江，不知疲倦地向著鄱陽湖奔流而去，我才真正體會到了「心向」與「向心」二字所包含的內在價值。也讓我懂得了做一件事情的關鍵所在，並不是在於他身邊是不是有人喜歡，是不是有人捧場，是不是有人喝彩，哪怕是喝倒彩，而在於他做的這件事情，是不是做得很有意義。而對於這件事情的社會價值，更不是由身邊極少的一小撮人來承認了就行的。

回來之後，我就一直在思考這次梅港尋梅的意義在哪裡，今天，終於讓我明白了，梅港的尋梅之旅，應該是可以算作我走在鄱陽湖文學創作旅程中的一次精神皈依吧？

黃金埠頭說黃金

　　在一個金風送爽，桂子飄香的時日裡，我們鄱陽湖文學編輯部的一行數人，有幸和上饒及所轄幾個縣區的作家們一起，來到了古百越之屬的干越之地──餘干，走進了鄱陽湖上五大水系之一的信江邊，坐落在其東北岸的歷史文化名鎮──黃金埠。

　　黃金埠，原名黃丘埠。因其坐落在黃色的土丘邊上而得名。

　　據傳，這裡原來是荒草遍野，小村孤立於土埠上，故取名為荒草埠，後來，隨著村莊搬遷至黃色的土丘邊，遂將村名改叫做黃丘埠。

　　黃丘埠，依託著邊山、信水，借山勢水，自然風光是十分地優美。據餘干縣誌記載，早在五世紀時期的中葉，就已經有人來此定居，並且集居成埠，開店成市，後來，經過千百年來的不斷發展和變化，逐漸成為鄱陽湖東北岸的一座以經營百貨、藥材、竹木、皮革、布匹、墨硯等聞名天下的大商埠，成為了天下商賈雲集，追名逐利的黃金碼頭。

　　因此，當大清朝的乾隆皇帝遊歷江南時，那一年他來到了黃丘埠，親眼看到了黃丘埠的交通之便，商賈之雲，市面之繁榮，感懷之下，心中甚是喜悅，便欣然禦筆親題「黃金埠」之名的封號牌匾，賜予給黃丘埠，自此，黃丘埠始更名為黃金埠，這一稱謂一直沿用至今未變。

　　時人曾經有詩雲：「信風吹得十里香，江帆燈影不夜港。黃金埠頭說軼事，鄱陽湖上論短長。」

以上的這些，只是一個人文歷史深處的黃金埠留給我們的粗淺印象。

今天，我們兩市五縣的作家朋友們一起走進了餘干，來到了這聞名天下的黃金埠頭，只有一個目的，那就是集聚文學的黃金埠，在文學的黃金埠頭共同打撈起文學的黃金來，為昨天、今天和明天的黃金埠同聲喝彩。

那天，吃過早餐之後，我們一行數十人在李衛星副鎮長的陪同下，首先來到了枕著邊山，抱著信江的邊山村。

邊山宛如一條俯臥著，伺機而出的青龍，橫亙在黃金埠鎮的東面，蜿蜒委迤，氣勢非凡。遠近聞名，香火鼎盛的千年古寺名剎——寶應寺，就坐落在邊山的最高峰——寶應峰上，氣勢巍峨，恢弘莊嚴。寺應峰名，峰應寺顯，相得益彰，渾然天成，的確是一座清修的人間寶地。我們雖然因為時間上的緣故，沒有能夠走進寶應寺去親身感受其內在的濃濃禪味，但在仰望之餘，亦不免被其外在的勢相所感染，敬意頓生，心頭不自禁地浮起了一絲欲想坐禪的衝動，久久不能自己。

漫步在玲瓏秀麗的邊山村中，看民國議員戴紀白家雕刻有同盟會會徽的百年牌樓，感受先賢的革命精神；徜徉在一路開滿金黃色的桂花樹下，披一身淡淡的馨香，保有一份暢快的心情；遊走在稻色金黃的阡陌之上，慨嘆這禾熟人豐的喜悅，當真是「稻花香裡說豐年，聽取隆隆機聲一片」了。邊山村，她依山傍水，河港密佈，阡陌縱橫。她邊山、邊水、邊田畈，的確稱得上是一塊富饒而又美麗的土地，不愧享有「餘干的邊山，江東的圖畫」這一驕人的稱謂。

走過了邊山，大家又一路驅車來到了贛東北的紅色蘇區——五雷。

　　五雷，是一個坐落在崇山峻嶺之中，綠水環繞的山鄉。這裡曾經是中國新民主主義革命的先驅方誌敏同志戰鬥過的地方。在十九世紀的三十年代初期，這裡就發生過幾次有名的反圍剿戰役，如「塘石戰鬥」、「攻打鄒源」、「兩攻古埠」、「夜襲黃金埠」等戰事。聽村民告訴我說，當年的贛東北省軍委會主席邵式平同志在五雷遇險，就是村民將它夾在捆好的柴草中，被村民挑著下山，躲過了敵人的檢查，逃出了封鎖的包圍圈。

　　在五雷的東面有個萬春寨。萬春寨原名萬春山。因在明代時，山上有一王姓寨主，拉幫結寨以抵抗官府的壓迫，才更名為萬春寨。站在群峰之間遙看五雷主峰萬春寨，萬春寨上黛綠蔥鬱，巍峨壯觀。萬春峰下，山脈橫亙，綿延於左右，其間古木參天，蓬勃興旺，生機盎漾，一些無名的山花點綴其間，惹人平生出許多的無邊遐想。

　　據瞭解，方誌敏、邵式平同志曾經先後多次來五雷開展革命活動，憑借的就是萬春寨前的崇山峻嶺作天然屏障，點燃了熊熊的革命烈火，帶領紅軍遊擊隊與國民黨軍隊進行了一次又一次的生死大搏鬥，用生命和熱血保衛了革命的勝利成果。在五雷的民間流傳著這麼一首歌謠：「湖塘塌塌嶺，出個方誌敏，一心幹革命，為的是窮人」。深切地表達了老區人民群眾對無產階級革命家方誌敏同志的無比熱愛和崇敬之情。

　　今天的黃金埠，呈現在人們眼前的並不僅僅是一個人文深處，歷史深處的黃金埠，而是一個有著深厚紅色文化底蘊的黃金埠，更是一個充滿著活力的現代黃金埠。

　　今天的黃金埠，憑藉著自身地處南昌、景德鎮、上饒三市之間，三角中心區位的優勢，成為了三市的交通樞紐。依託落戶黃金埠的「黃金發電廠」，將自身建設成了贛東北的「電力之都」。按

鎮黨委書記朱盛根的話來說，今天的黃金埠已經是一個有著九萬人口的大鎮，是一個歷史文化名鎮，是一個生態鄉鎮，是一個年產值過億元的經濟強鎮，這還不夠，他們還要將她打造成鄱陽湖上，信江河畔的旅遊新鎮。黃金埠鎮自2011年以來，先後被評為「江西省省級生態鄉鎮、江西省科學發展50強鄉鎮、第二屆江西省最具競爭力十大經濟強鎮、上饒市重點建設示範鎮，江西省首批百強中心強鎮」。2013年被評為「中國生態經濟強鎮」。

這是一件多麼值得人們感到鼓舞的事情啊。

我們衷心地祝願黃金埠人，不但能夠在人文歷史的河流裡打撈起歷史的黃金來，也更加希望他們在生態的環境中打撈起生態的綠色黃金來，在當代的經濟大潮中打撈起滾滾的黃金來，在新興的旅遊事業中打撈起旅遊的紅色黃金來。這是我們最真摯、最美好的祈盼！

黃金埠頭說黃金，但聽五雷動新聲。覽盡黃金聊文事，不重名利只為情。

靜靜的桐木江

　　那天傍晚時分，我們披一身煙雨，任汽車隨意撕裂山城夜的簾幕，走進了鵝湖山下，桐木江上夢幻般的千年古鎮——永平。

　　是夜，我們一行入住在桐木江邊的茗園賓館十樓的客房之內。

　　永平鎮位於鵝湖山的北麓，始建於大唐貞元元年，亦即是西元的785年。她是一座具有一千二百餘年，人文深厚的歷史文化名鎮。

　　由於她地處贛閩交界的交通要道，境內又有一條納無數山澗溪泉而匯聚成的桐木江自南邊委迤而來，一路奔騰咆哮著穿境而過，然後流經江右重鎮——裝不完的河口鎮，直接匯流進入信江，直達煙波浩淼的泱泱鄱陽湖，所以，這裡的水陸交通運輸，自古以來都是比較發達的，因此市面上也就顯得較為繁榮和興旺。

　　桐木江，古稱桐木水也稱作桐源水，因其流域所在的全部統屬今天的鉛山縣境，故而，今人便將桐木江改名為鉛山河。桐木江，源起於閩贛邊界的武夷山脈之桐木關的右側，流域面積達到了1262平方公里左右，主河道長有近90公里，是信江上的一道一級支流。

　　由於永平鎮的自然地理位置特別重要，早在一千多年前，永平鎮就是鄱陽湖上游及東南部地區最重要的物資聚散地之一。多少年來，歲月流轉，她宛若一顆璀璨的明珠鑲嵌在武夷山脈的群峰之間，閃耀在巍峨峻偉，氣勢挺拔雄渾，人文歷史深厚的鵝湖山下，靜靜地守望著這一方文化的天空，不管時代是在如何地變化，只有她沉靜磊落的情懷始終都不曾改變。

　　等大家都安頓下來了之後，我建議大家在一起搞一個名為《茗園夜話》的散文沙龍，並由石紅許老師來擔任主講，談談他在散文創作中的經驗和體會，教大家如何來寫好散文，而且我們每個人都要敞開自己的觀點，就散文創作中遇到的困惑提出自己的看法和認識交流。我的這一動議，立刻得到了大家的一致同意和稱讚。

　　於是，明清和毓婕兩個人自告奮勇地站了起來說，妳們先等等哈，容我們倆下樓去弄些茶點到房間來，營造出一種比較好的文學交流的氣氛出來後，再請紅許老師開講吧，要不然，讓我們倆漏掉了《茗園夜話》中任何一句的精彩論述，那我們倆不就虧死了麼？紅許兄爽快地答應了他們的要求，他們這才放心地離去了。

　　《茗園夜話》的散文沙龍是在輕鬆活潑的氣氛中進行的。

　　當沙龍進行到接近尾聲的時候，已是深夜的一點了。我起身度步來到了窗前，靜靜地佇立在那裡，透過潔淨的窗玻璃，一邊漫賞著桐木江上閃爍著的萬家燈火，流動的光影；一邊細細地聽，分辨著江水因奔流而激起的濤聲，那濤聲竟然是時而激越，時而沉穩、時而鏗鏘、時而跌宕、時而雄渾，仿如大義橋上遙遙傳來的，「得得得」脆亮的馬蹄聲，伴和著永福寺裡禪鐘暮鼓的清越鳴響，撫摸人的靈魂，震撼人們的心靈。

　　清晨，我早早地從床上爬了起來，度步來到窗前臨窗遠眺，但只見玲瓏般的古城永平，猶如處子般靜靜地躺在群山的懷抱裡，是那麼地安詳與沉靜。一灣澄碧的桐木江在穿過小城的時候，彷彿生怕驚擾小城裡的人們似的，不敢大聲的喧嘩出來，悄無聲息地流過。

　　極目北望，濃濃淡淡的霧靄自南向北緩緩地飄移過來，積聚在鵝湖山麓，慢慢地彌散開來，繼而又分分合合，纏纏綿綿於鵝湖山的四周，久久不肯離去。一如歷史的烽煙幻化在我的眼前。透過烽煙，我彷彿看見鵝湖山下，永平城頭的大義橋上走來了一位

著一身皂衣，戴一襲綸巾，腰懸寶劍，溫文而又儒雅的漢子，正衣袂飄飄，胯下騎一匹棗紅色戰馬，緩步行走在大義橋上，神情是那麼地落寞與無奈，眼光是那麼地暗淡與憂傷。我不知道這個漢子的心裡到底是在憂傷些什麼，但我猜想，是不是那籠罩在鵝湖山頭的陰雲，同樣籠罩在他的心頭上，才使得他如此地低迷與感傷？他為什麼到鉛山來？他為什麼到永平來？抑或是他所需的軍餉不夠還是他需要的兵器短缺？甚或是他已經對昏庸的南宋小朝廷徹底地失去了信心，變得完全失望了，他對事業的期盼和前途覺得絕望了？他的心碎了。躑躅在永平城頭大義橋上的漢子心中那「了卻君王天下事，贏得生前身後名」的偉大宏願，早已經化成了一場多彩的泡影，於孤寂中幻滅了。

是啊。永平城內那源源不絕的銅源，雖然可以鍛鑄出鋒利的戈矛刀劍，神兵利器，也可以製造出巍峨的洪鐘大鼎和無以計數的錢幣來，歌頌與繁榮那一片虛無的掠眼浮華，可是，它卻挽救不了一個沉湎於聲色犬馬，偏安一隅，醉死夢生，不思進取，走向衰敗，直至最終走向滅亡的無為小朝廷。這恐怕是歷史的變幻風雲與前進中的變革步履，在不經意間給眼前的這皂衣漢子，開了一個天大的玩笑吧？

靜靜的桐木江，從皂衣漢子的腳下流過，一如他無聲的眼淚和著周身的熱血不息地流淌，在清晨陽光的照耀下，血紅血紅地顯現出幾分如許的淒惶與悲壯，同時，卻也在不住地惹人平生出無端的哀愁和憂傷。

早餐過後，我隨同大家一起開始了在永平城裡的一日行走。

儘管永福寺的晨鐘與暮鼓聲，是那麼地意味悠長而又韻遠，讓每一個朝觀者回味無窮，但是，它卻似乎一點兒也沒能攪動起我的心田來，讓她泛起一星半點的漣漪來裝點眼前的世界。我承認自己

並非是一個純粹的無神論者，思想深處也曾經或多或少地冒出過一些雪藏的念頭，但我終究是缺少了邁步離去的勇氣而徒勞至今。

　　儘管古老的永平明城牆，肢體不全地傲立在大義橋頭、桐木江上，他的身軀卻依舊是那樣地偉岸與沉穩，絲毫也找不見半點的浮華與狂躁。我看見似乎已穿越了幾個世紀的爬山虎，照樣在堅毅地伸展開任意遊走的觸角，將歲月的風霜根植在每一塊、每一塊老舊的牆磚之上，鑲嵌在每一條皸裂的石紋磚縫裡。一身緇衣的大義禪師單掌豎立，仗劍芒鞋，靜靜地立於城牆根處與腳下的桐木江水相伴，不發一語地淡看鵝湖山頭的煙雲聚散變幻，雲舒雲卷。

　　一彎碧澄的桐木江水；一條古老的茶馬驛道；一座石拱的大義小橋，一個又一個孤獨的山裡漢子，行色匆匆，落寞孤寂。這就是永平，一個怎麼也讓人說不清、道不明的小城永平，仿如永平城裡古縣衙門前的那塊玲瓏素雅的白菜碑，淡得不能再淡，透亮的不能再透亮了，這恐怕就是永平千百年來，她迷人的所在吧？

　　在明萬曆四十四年至天啟元年期間，江蘇句容人笪繼良時任鉛山縣令。

　　就在笪繼良擔任鉛山縣令的那一段時期裡，也正是大明王朝後期的社會矛盾日益惡化，內憂外患日甚一日，朱明政權日趨腐朽沒落的年代，統治階段的苛捐雜稅和巧取豪奪，壓得天下窮苦百姓幾乎喘不過氣來。

　　面對明王朝的沒落與腐敗，面對腐敗朝廷的無可救藥，面對朝廷日益加征的賦稅，面對天下百姓窮困潦倒，饑寒交迫的現實，笪繼良在上任伊始，面對嚴峻的國情現實，他勵精圖治，力改弊政，體恤民情，鼓勵農耕，盡自己的最大能力來維護百姓的利益，使鉛山人民在朝廷的狂征暴斂和各階層統治階級的盤剝壓榨下得以溫飽。他向來是布衣素食，輕車簡從，不事奢華。還親自動手描繪了

一株大白菜的圖案，並請來匠人，將其鐫刻在一方長4尺5、寬2尺的青灰石板上，立於縣衙中的醒目處，以警示、告誡自己和僚屬，要以人為本、為民辦事。被世人稱讚為「白菜碑」。他還在碑上題辭曰：「為民父母，不可不知其味；為吾赤子，不可令有此色。」意思是說，作為一個地方上的父母官，一定不能貪圖自己安逸享樂，不問民間的疾苦，不知道青菜的滋味，一定不能讓百姓們缺衣少食，面帶菜色。

幾年後，笪繼良離開鉛山時，鉛山的百姓們，家家戶戶焚香點燭，灑淚跪地相送。民眾們深懷其德，遂自發地集資在永平鎮北的彭溪橋頭，興建了「笪公祠」，並將「白菜碑」豎於祠內，以供後世瞻仰。

如今，物換星移，滄海桑田。昔日的「笪公祠」早已毀壞殆盡，但是「白菜碑」，卻歷經四百餘年的春秋歲月，雖幾經搬遷，至今仍安好地保存在永平古鎮的「報本坊」內。她像一位渾身鐫刻著歲月滄桑的歷史老人，在不知疲倦地向後世的人們，敘說著一位勤政愛民、廉潔奉公，有著純潔德操的古代官員的故事。

佇立在報本坊前，心裡默念著碑文，我不禁按捺不住地，輕輕用靈魂去觸摸白菜碑。我很難想像得到笪繼良在面對日益衰敗的朱明朝廷，他竟然還能保持如此的沉靜與淡然，給瀕臨倒塌的朝柱注入新鮮活潑的能量，我不知道他的這份勇氣與智慧，到底是來自於何處？

當我再次遠眺江南岸靜靜佇立的鵝湖峰，看著腳下流水不響、江流平緩的桐木江，我彷彿懂得了其中的深意。無論是南宋的辛稼軒也好，還是那大明的笪我箴也罷，只要他們是來到了鉛山，走進了永平，行走在這靜靜的桐木江上，他們的靈魂就會自然而然地歸於平靜與沉寂。因為，永遠也學不會喧嘩的桐木江，自始至終都能

夠保持一份永遠的平靜，就正如「永平」這個名字一樣。我希望。
我能夠。

　　靜靜的桐木江依舊在流淌，而我的思想也已經與桐木江纏綿交
織在了一起，共赴未知的前方。靜靜的桐木江。

風從鵝湖來

　　甲午年仲秋的一天，我有幸與編輯部的明清、明澈、毓敏、毓婕一起，一路自駕來到了鉛山，在紅許及增華、新強幾位仁兄的陪同下，於朦朧的霧靄之中，沐一身清風，披一簾細雨，走進了我心中仰慕已久的文化聖地——鵝湖書院。走進了鵝湖書院，就明顯地讓人感受到一種清新的文學之風在這裡悠悠地吹著，輕柔的文學雨滴在這裡披灑著，處處顯呈現出一派生機盎漾的文化氣象，文學的新貌。

　　作為鄱陽湖文學這塊精神園地裡守望者的其中一員，如果沒有到過鵝湖書院，他就算不上是一個地道的鄱陽湖地域文化的傳人，算不上是一個真正的鄱陽湖文學的創作者。

　　幾千年來，站在中國文化的制高點上，鵝湖書院算得上是中國文化史上的一個符號，一個任風侵雨蝕千年也不會改變的符號。在自然的地理條件下，江西歷史上有名的四大書院，其中就有三座是環坐在鄱陽湖邊的。她們分別是白鹿洞書院、鵝湖書院和豫章書院。

　　鵝湖書院位於鄱陽湖五大水系之一的信江上游，上饒市鉛山縣的鵝湖山麓，其名始隆於中國的南宋時期。她在後來相當長的一段時期裡，曾經一度成為了中國一個著名的文化中心。

　　那是西元的1175年，即宋淳熙二年，南宋一位重要學者和思想家呂祖謙為了調和朱熹「理學」和陸九淵「心學」之間的理論分歧，促使兩人的哲學觀點「會歸於一」，於是，他出面邀請陸九齡、陸九淵兄弟前來鵝湖與朱熹見面。

　　這呂祖謙可是個非凡的人物。他出身在官宦世家，一門數宰相，家世特別的顯赫，家學淵源尤其深厚。他是中國南宋時期著名的理學家、史學家、文學家和教育家，婺學（又稱呂學、金華學）的代表人物，與朱熹、張栻合稱「東南三賢」。他與伯祖呂本中一起，被世人稱之為「東萊先生」。呂祖謙在學術上尊關（張載）洛（程顥、程頤）為宗，在為學中，兼取朱陸，同時注重事功。他力圖調和朱熹和陸九淵之間的學術分歧，學術矛盾，從而使自己能夠兼總眾說，另闢蹊徑，自成學派。

　　那一年的六月初，陸氏兄弟應呂祖謙之邀來到了鵝湖寺，與朱熹面對面地坐到了一起，雙方就各自的哲學觀點展開了激烈的辯論。

　　朱熹站在窮理的立場上，極力強調「格物致知」的功用。他認為格物就是窮盡事物之理，致知就是推致其知以至其極。他並且這樣認為，「致知格物只是一事一論」，是認識的兩個方面。他主張人應該多讀書，多觀察事物，然後根據經驗來加以分析事物，通過綜合與歸納，得出對事物的結論。

　　陸氏兄弟則是站在「心即是理」的角度上，認為格物就是體認本心。主張「發乎本心，發明本心」，他認為人只要擁有一顆明白的內心，則對天下萬事萬物的道理就自然貫通，可以不必多讀書，也不必忙於去考察外界的事物，一個人只要去掉心之所蔽，就可以通曉世間事理，就會尊德性，養心神。他認為多做讀書窮理之工夫，不一定是成為至賢的必由之路。人一旦變成了讀死書，就會是個百無一用的書生了。

　　在辯論會上，朱熹與陸九淵他們雙方各執己見，爭議了數天，並未辯論出個子醜寅卯，分出個輸贏勝負出來。這在今天的我們看來，朱熹與陸象山之間「鵝湖之會」討論焦點，無非就是「致中之

論」的推演罷了。這就有如人性的「善」、「惡」之說，即使爭論了五千年，也還是不會有結果出來一樣。

因此，站在我們今天辯證的唯物主義立場上來說，那一次的辯論大會，就是朱熹的「客觀唯心主義」和陸九淵的「主觀唯心主義」的一場大辯論而已。不過，這在當時，的確是為中國的文化發展起到了極大的推動作用。故此，「鵝湖之會」是中國哲學史上一次堪稱典範的學術討論會，首開中國書院會講之先河，成為了中國文化發展史上著名的一次盛會。

自從朱熹與陸九淵等人在鵝湖寺進行完那次大辯論之後，鵝湖寺便開始被天下人所知曉，聲名震動於天下。朱陸的鵝湖之會，後來亦成為了中國儒學史上一件影響深遠的盛事。因此，在宋淳熙十年，皇帝賜鵝湖寺名為「文宗書院」，並在書院內立起了一座「斯文宗主」的牌樓。「鵝湖書院」一名，是後來的人們為了紀念那次聞名天下的「鵝湖之會」才改名為「鵝湖書院」的。

那天，我們一行數人虔誠地遊走在鵝湖書院之內，彷彿聽到了隨風而來的，來自歷史深處的聲音，依然是那麼地慷慨激昂，那麼地意興酣暢。眼前不由得竟然浮現出這麼一幅畫面來：朱熹老夫子正在用沉靜平和的溫文儒語，猶如豎在身前的一面巨大而又堅實的盾牌，抵擋住陸象山似狂風驟雨，又似連珠彈發般的犀利進攻。雙方依據自己的觀點，據理力說，各執一詞，直抒胸臆，爭論的是面紅耳赤，難解難分。雖然經過數天的爭論，他們終究沒能爭出個勝負輸贏出來，但是，他們的聲音卻永遠留在了時空裡，永遠地飄蕩在鵝湖的上空，亙古不絕。這真是：朱陸之講席猶存，鵝湖聲音震古今。風動鵝湖出河口，更向鄱陽湖上行。天下自此知鵝湖，地域文化始此盛。

漫步在鵝湖書院之中，遊走在亭臺樓榭之間，歷史的煙雲彷彿

已經凝固在了鵝湖的上空，幻化成一幅淡淺的江南素描，與遍地烙滿滄桑痕跡的殘磚剩瓦一起，記錄下了一千多年前的那一場世紀的陣痛——鵝湖痛。

穿過「斯文宗主」牌樓，我來到了架在泮池中央的狀元橋上。我的眼神突然被深烙橋上的兩個馬蹄印給深深地吸引了過去。耳際彷彿再次傳來了錚錚的鐵蹄聲，是那麼地清晰可聞，剛強有力，震撼人心。我俯下身去，恨不得將耳貼石靜聽，靜聽那天下學子日夜不息，孜孜以求的趕考足音；真的好想親耳聽一聽稼軒與同甫在書院中的那一番慷慨激昂的救國宏論，還有他們之間英雄相惜，壯志難酬的無奈與嘆息。我恨不得用雙手撥開這眼前迷離的細雨，去找尋馬蹄印的來處，穿越時空的隧道，去找到我心中那一份渴望得到的答案。

淳熙十五年，亦即是西元的1188年的冬天，陳同甫冒著嚴寒自浙江東陽來江西上饒探訪他的好朋友辛稼軒，要與他共商恢復失地大計，並去信邀約朱熹到紫溪會面。稼軒與陳亮見面後，兩人共商救國大計，並一同遊走鵝湖寺，隨後，便來到紫溪等候朱熹來相聚，由於朱熹因事未能前來，陳亮遂悵然東歸。

陳同甫走後的第二天，稼軒便抄近路去追趕他回來，想挽留他在自己這邊多住些日子。一直追到了鷺鷥林的時候，因為雪深泥滑而不能再前進了，只好徒然返回。就在那天夜裡，稼軒在投宿處寫下了這麼一首詞：〈賀新郎〉：「把酒長亭說。看淵明、風流酷似，臥龍諸葛。何處飛來林間鵲？蹙踏松梢殘雪。要破帽、多添花發。剩水殘山無態度，被疏梅、料理成風月。兩三雁，也蕭瑟。佳人重約還輕別。悵清江、天寒不渡，水深冰合。路斷車輪生四角，此地行人銷骨。問誰使、君來愁絕？鑄就而今相思錯，料當初、費盡人間鐵。長夜笛，莫吹裂！」。

　　這整首詞讀來，我們不難看出作者即事借景抒情，詞的感情真摯濃烈，憂憤深沉寬廣，盡吐了作者心中憂國憂民的愁緒。

　　後來，陳同甫在接到了稼軒的這首贈詞後，遂依原韻也作了一首〈賀新郎〉回贈給詞人：「老去憑誰說？看幾番、神奇臭腐，夏裘冬葛。父老長安今餘幾，後死無仇可雪。猶未燥、當時生髮。二十五弦多少根，算世間、那有平分月？胡婦弄，漢宮瑟。樹猶如此堪重別。只使君、從來與我，話頭多合。行矣置之無足問，誰換研皮癡骨。但莫使、伯牙弦絕。九轉丹砂牢拾取，管精金，只是尋常鐵。龍共虎，應聲裂。」

　　陳同甫首先在詞中打破悲情，縱談引發悲情的國是，抒發了戰鬥到底的決心，雖然是著墨不多，卻是極有見地，擲地有聲。

　　自此鵝湖分別之後，稼軒與同甫之間，因了滿心憂憤的家國之念，竟接二連三地唱和了五首詞作來吐露未竟的心聲。令人遺憾的是，他們兩人的鵝湖一別，不意竟成了人生的永訣，這不免給他們自己以及後來的人們心中留下了無盡的憂思與無奈。不過，值得慶幸的是，他們的這一次鵝湖之會，亦成就了中國文學史上繼朱熹、陸象山在鵝湖論道之會後的另一段鵝湖會後，以文傳情的文學佳話。

　　朱與陸，辛與陳的先後兩次「鵝湖之會」，看似這一文一武的聚會，雖然都沒有給人們帶來看得見的結果，但是，他們卻自此讓鵝湖真正便擁有了鮮活的生命，擁有了不朽。這就是她直到今天，依然是我們心中的豐碑的魅力所在。

　　每當鄱陽湖上風吹起的時候，我總是試想著嗅出其中來自鵝湖的味道。因為那風吹得是那麼地沉重，沉重得讓我邁不動腳步。每當我搖動雙槳的時候，那「吱呀、吱呀」的歌唱，彷彿將我帶回到那金戈鐵馬的歲月深處，去撫平早已遠去的心傷。

　　離開鵝湖的時候，增華兄送了一套《鵝湖新綠》的文叢和今年出版的幾期《鵝湖文藝》給我留作紀念，這對我來說，是有著莫大的意義的。這套文集，是在以增華兄為班長的鵝湖寫作班的部分學員們的作品專輯，是對當代鵝湖文化天空的最好詮釋，是對當代鵝湖文學發展進程的最好解讀。這將成為我們《鄱陽湖文學》編輯團隊在前進路上追趕的目標和源源不絕的動力。

　　在鄱陽湖地域文學的園地裡，在信江、在河口，在鵝湖，有那麼一支文學的新綠，已然接續了千年的文脈，在蓬勃，在發展⋯⋯

　　有風從鵝湖來。風從鵝湖來！

吳澄與都昌先賢祠

　　吳澄（1248－1333）字幼清，晚年改字伯清。今江西撫州崇仁人。

　　宋度宗鹹淳六年（1270），他應鄉試中選為貢生，次年就試禮部落第，便轉為授徒於鄉裡，作草屋以居，題名曰「草廬」，因此，他被世人稱之為草廬先生。入元後，為了躲避兵亂，隱居在樂安的布水穀，專門從事著述，至元二十年（1283）還居草廬。至元二十三年，程巨夫奉詔到江南網羅人才，吳澄便跟隨他到了大都──北京，時日不久，便即辭歸故里。元貞年間，吳澄講學於龍興（今江西南昌），為江西行省左丞董士選所賞識，再薦於朝廷。於大德五年（1301），授應奉翰林文字，次年至京時，該職已被朝廷改授他人，遂南返還家。後，再次被任命為江西等處的儒學副提舉，他不肯赴任，便在四處遊學，藉以遷延時日，最後只好稱病辭去職務。至大元年（1308），改授國子監丞；至大四年，升司業。吳澄到任後實行改革，親自執教，辨析諸家傳註的得失，融會不同學派的學說，並擬定教法，分經學、行實、文藝、治事四門，擴大了教學內容。

　　吳澄是中國元代傑出的思想家、教育家。他與同時代的經學大師許衡齊名，世人稱他們二人為「南吳北許」，吳澄晚年仍致力於著述、講學，南北士人來從學者甚多，他以其畢生的精力為元朝儒學的傳播和發展做出了重要貢獻。

　　〈先賢祠記〉這篇文章，便是吳澄在任江西儒學副提舉，不願

前去赴任的那段時間裡，前來南康郡遊學都昌明倫堂時，在當時的都昌學館明倫堂西廂內設的先賢祠中所寫的一篇敘事文章。

明倫堂，坐落在古都昌縣治右八十步處，是都昌的儒學提館之所在。明倫堂有東西二齋，西邊的齋室裡面供奉著理學大師周敦頤，朱熹二人的牌位，鄉黨們共鑲扁曰：先賢祠。後來，大家又在明倫堂的東邊新設立了宋文定公彭芳、厚齋公馮椅、文懿公黃灝、文簡公曹彥約、石樑公王時潛、御史餘濂、進士仙居令陳學繼等人的牌位。初始取名為「強齋」，由一彭姓之人忝為管理。後有馮氏族人以及古心堂主江丞相均題贈扁曰：「鄉賢祠」。

吳澄在文章中告訴我們說，教育乃是立身做人之根本，應該擺脫世俗的約束，尊師重教，用知識來灌溉和滋潤人們的心田，用榜樣的力量來鼓舞人們的信心。他還語重心長地告誡我們，做人，要能夠坐得下來，可以坐得下來，就能做到內心平靜鎮定，不受外面的紛繁所干擾；還要動得起來，動起來要盡力做到在言行上不會有失於大道至理，不會有出格的行為。思考問題的時候要精微細致，實踐活動起來要嚴謹有序，多讀好書，博文以明辨善之要義，約理以誠信，誠身之所浮為，端正思想管理好自己的身體，用敢於擔當的精神去影響身邊的人。一定要在今後的學習中去求得真知灼見，而後加以積極地去探索實踐就行了。

他的這番話，並不僅僅是說給在場諸人聽的，而是對都昌的教育寄予了一種深重的厚望。當他瞭解到教昌教育界的同仁們齊心協力，前赴後繼，致力於將學館北面被鄉民強行侵佔而丟失了六十年的土地追收回來時，高興地給予了縣府及教育當局相當高的評價。他說，這是在做好教育工作本身之外，所取得的一項重要成績。隨後，他意味深沉，語重深長地對人們言道，今天我就借這麼一件事情來說這麼一番話，目的告訴後來的人們，一定要尊師重教，尊賢

敬識，是萬萬不能胡亂侵佔學校利益的。

　　吳澄，一個當時位列中國「南吳北許」的名學大儒，能為我們都昌的教育說出以上這些寓含深意的文字，可見，他對教昌教育的教風、學風是極具贊賞態度的。他也更是對都昌行政當局，能夠從根本上解決教育在發展當中存在的一些實質性的問題，進行了高度的評價。像他這樣名重身顯的文化學者、大家之人，都時刻記得愛賢敬老，尊師重教，自覺教化為開創未來之根本，可見，在歷史的進程中，教育是多麼至關緊要的一件事啊！

　　元有吳澄著先賢，豈論人微與位顯？作記祠中寓意重，著眼教育應長遠。

　　元・吳澄〈先賢祠記〉：「秦漢而下，孔孟之傳不續。歷千數百年，乃得宋河南程子，遠承孟氏之緒。而道國元公周子，實開端於其先；徽國文公朱子，又集成於其後。二子當熙寧、淳熙間，俱守南康郡。

　　南康，偏壘也。傳道二大賢，嘗過化焉。都昌，南康屬縣也。疇昔仁風之所披拂；教雨之所沾儒，流芳遺潤，世猶未泯，社而稷之，屍而祝之也。固宜考。

　　江水丞，相修學碑，周朱二子有專祠在學，邇年廢而莫舉，詎非掌教非人不以為意歟。大歷乙巳，教諭萬鈞用至，惕然大歉。白主簿黃將仕乎，轉達縣丞何進義、縣尹李承、務僉議諧協。遂營明倫堂之西翼，室設二子之位。扁曰：先賢祠。允謂之教之本者。

　　鄉賢舊亦無祠，若朱門四友：西坡黃氏；梅坡彭氏；厚齋馮氏；昌谷曹氏。建祠於明倫堂之東翼，室強齋。彭氏深居。馮氏暨古心江丞相配扁曰：鄉賢祠。

　　表章尊奉之餘，靡不竦慕興，起其於人心世教，豈小補哉？況聖時崇尚義理之學，二子皆從祀孔廟，學者倘不惟二子是師，循習

卑陋，猥同時輩，僥近利、迷遠誌、則負公朝愧先師矣。師二子宜何如也？定而無一物留於心；應而無一物乖於理。思必通微，動必密幾，博文以明善，約理以誠身，敬主諸中，義制諸外，其庶乎教官最率邑士，精熟朱子所釋諸經諸傳，周子所著一圖一書，反求之已而真識，實踐可也。

抑自古逮今，有教必有政，區區於邑校之教，幸知所務。明倫堂北，豪民侵疆，久弗克正，職典逛逛。誘其餌而不顧！今教官踵前官之所行，具牘於縣簿，贊縣尹、督府史，究竟根株，上事於郡，卒能歸六十年已失之地於黌宮，教外之政。此其一。

爾主薄孚，少眾餘學，請為作先賢祠記，而餘因及治官教官之可，紀者並書之，以勸方來。」

止水浮傲骨，石沙埋忠魂

　　春光明媚，日暖風清的一天上午，我和復生老兄一起，興致勃勃地在高忠柏老先生等一行人的陪同及引導下，踩著柔軟的紅泥土路，來到了位於鄱陽湖北岸，都昌縣土塘鎮石沙灣前的湖下自然村南的白石山前。因為在那白石山的半山腰上，有古心堂主，江丞相墓葬。據都昌縣誌載，西元1281年，江氏族人遷葬其於鄱陽湖北同野源石沙灣（今江西省都昌縣土塘鄉境內）。

　　這次，值清明時節，大家便相約一起，專程前來拜謁我們鄱陽湖人心目中的大英雄，止水忠魂，中國歷史上令人景仰的南宋宰相——江萬里先生。

　　遊走在白石山間，穿行在蜿蜒的山道上，過松林，越溪澗，沿途只見漫山遍野之上，松青竹翠，林木茂盛，呈現出一派鬱鬱蔥蔥，生機蓬勃的喜人氣象。站立在巍巍的白石山上，佇立在萬里墓前，手扶著墓碑，默默地誦念著鐫刻碑上的「止水池中浮傲骨，石沙灣裡埋忠魂」聯語，不由擡起頭來，看陽光穿透樹木枝葉間的縫隙，灑下零落、斑駁而又纖長的細影，星星點點，光影閃爍地搖曳在我們的眼前，蹦跳著，穿梭著，彷彿幻化成了從歷史深處飄來的烽火狼煙，燃燒在那遠處波翻浪湧，雲水怒吼的鄱陽湖上，升起在腳下的叢山峻嶺之間……

　　江萬里，生於西元1198年，歿於西元1275年，名臨，字子遠，號古心，萬里是在其出仕之後才使用的名字。古南康軍都昌（今江西省九江市都昌縣）人。官居南宋丞相，是南宋末年的仕林和文

壇領袖，中國歷史上著名的政治家和教育家。他一生清廉，直言敢
諫，憂國愛民，政績斐然。江萬里創辦的白鷺洲書院，培養出了像
文天祥那樣的政治家、文學家，愛國詩人。

　　德右元年，即西元1275年的2月，饒州被元軍攻破，江萬里從
容坐守家中以為民望，及元軍將至其第，萬里執門人陳書器手與
之訣別，流著淚說：「大勢不可支，吾雖不在位，當與國家共存
亡。」言畢，偕子江鎬及左右相繼從容投水死，一時屍積如疊。可
見，在國破家亡的危難之際，江萬里毅然率其子江鎬及全家180多
人，投止水池中以身殉國，並希望能以此喚醒「天下的忠義節烈之
士，聚集萬千民眾之力，保江山社稷不移不改，道德文章不墮不
毀」來振興家國。他的一生，聚為國為民的忠義節烈形象以及道德
文章之風範於一身，真稱得上是「古今之完人，萬世之楷模」。

　　據史料記載，在隨同江萬里投止水殉國的近兩百人中，單單
只有江萬里的屍體，竟然在遇難後的第二天，從止水池底下浮了上
來，臉上的神情，依然是那麼地從容傲岸，大有一種蔑視敵寇，凜
然而不屈服的英雄氣概。這便是：「止水池中浮傲骨」一贊的出處。

　　後來，張世傑收復饒州時，聞悉其事，便趕緊將江萬里的忠貞
之舉奏報給了朝廷，朝廷上下在聞知之後，「滿朝士大夫其所識與
不識者，聞之莫不傷心流淚。」震動人心。在得知江萬里殉難於國
之後，文天祥深懷無限敬意撰寫祭文，悼念先師：「星折臺衡地，
斯文去矣休，湖光與天遠，屈注滄江流。」

　　一顆璀璨明亮，閃耀光輝的巨星，折損在龍光射牛斗的衡蕪高
臺之上。我們從今以後，還能在哪裡去見到飽讀詩書，滿腹經綸而
又斯文謙恭的先生啊？雖然先生的身體抵禦不了烽火狼煙中，敵人
的兇殘與暴烈，被敵人的長矛利劍給徹底地碎毀殆盡，從而煙隕消
亡了，但是，妳高風亮節的一生，卻能夠與湖天同在，妳不屈服的

精神氣概，能夠與日月同輝。

據史書記載，江萬里在南宋素有「問學德望，優於諸臣」，「議論風采，傾動一時」的美譽，是歷史上公認的與歐陽修、司馬光齊名的文化名人。文天祥常稱江萬里是「都范（范仲俺）、馬（司馬光）之望於一身」的學者大儒。文天祥曾在他的〈賀江左丞相除湖南安撫使判潭洲〉一文中，對江萬里的學問和名節有過精彩的評述：「……修名偉節，以日月為明，泰山為高；奧學精言，為天地立心，為生民立命……」

在江萬里壯烈殉國後，他的另一門生，著名的愛國詩人劉辰翁也曾在他的《江文忠公祠堂記》中寫道：「自斯文一變而至歐公，再變而至先生……其好士似歐公」論諫似歐公，變文體似歐公，而又得謚似歐公。」

對於江萬里一生的述評，並不僅僅只是從旁人的詩文裡才能讀得出來的，我們還可以從他自己的詩文中窺其一斑。據《江氏都昌林塘宗譜》記載，江萬里在出任江西漕運使時，曾經乘舟經過臨江的慧力寺前水面，舟過寺前，突然狂風大作，波怒濤急，舟中之人盡皆慌恐，紛紛倒身下拜，燒香許願，祈求平安。而只有江萬里端坐在船頭紙上，向船家索來紙筆，即興書就〈舟中遇風吟〉詩一首投擲於江中，詩曰：「萬里為官徹底清，舟中行止甚分明。平生若有虧心事，一任碧波深處沉」。江面上頓時風平浪靜，平安無事。這首詩的意思是說，不管我身在何地，哪怕是萬里為官，我都會保持自己的一身清白，就如舟行在水上一樣，舉止分明清亮。若果我平生有負天地良心，便讓我深陷碧波深處，成為魚蝦之食，永世不得超生。

從這首詩中，我們不難在古心堂主江子遠身上看出，他獨具的磊落、坦蕩情懷與豪放的胸襟，是常人所不能及的。我們更可以看

出，舟中遇風那件事，在江萬里的內心中，烙下了他畢生也難忘懷的印痕。所以，他在過慧力寺前的臨江時，寫下了〈舟中遇風吟〉那首詩之後，便繼那時起，他終於將自己的名字由江臨而改為江萬里了，藉以來寄託他內心豐富的情感和遠大的抱負。從他這一改名的舉動中，我們不難探索到他內心的律動是何等地鮮活？人生追求的方向又是何等地高尚？那就是為民謀命請命，國以家為！

當我們披一身融融暖陽，離開江萬里的陵寢，走在回程的路上，路過鄱陽湖上的十八橋時，那湍急的流水，寬闊的湖面，雲天蒼茫的大湖深處，翔舞翩飛的鷗鷺們的身影，彷彿將我的思緒帶起，要穿越時空，回到遙遠的過去。讓我不由得感從中來，不能斷絕。

江公萬里，妳安息吧！殘破的歷史，是我們今天賴以強大的基礎和重新構建的基石。妳的不屈精神與剛正品德，是當代人永遠學習的榜樣。妳並不僅僅是都昌人的驕傲，而是我們整個鄱陽湖人的自豪！一念至此，我不由隨口吟道：「鄱陽湖上萬里行，嘆無回天空自吟。止水池中浮傲骨，石沙灣裡埋忠魂」。

輕聲漫步過鄱陽

　　霧靄沉沉嫌路長，車似龜爬急斷腸。一市兩縣筆友會，共襄盛事在鄱陽。

　　風情饒州風情客，水雲深處水雲長。淺吟低唱城頭望，輕聲漫步過鄱陽。

　　那天，我有幸和鄱陽湖文學編輯部的幾位同仁一起，參加了由鄱陽縣文聯及作家協會舉辦的「鄱陽湖國家濕地公園文學采風活動暨文學座談會」。在去鄱陽湖國家濕地公園的途中，順道來到了位於饒州城頭韭菜湖畔的姜夔紀念館和姜夔公園參觀遊覽。

　　姜夔紀念館坐落在鄱陽縣城西的韭菜湖畔，姜夔文化廣場的南面，面湖而立，神情靜穆莊嚴。正門兩側的廊柱上鑲掛著一副鎏金的聯語曰：「相酬紅藥紅梅，琢句情深，唯詞可賦平生願；暗憶江南江北，飄萍跡遠，未仕猶懷愛國心」。在這短短的34個字的聯語中，我們似乎隱隱地從聯語的背後讀出一代詞人姜夔寂冷飄零，身似浮萍，心系家國的淒涼一生。

　　姜夔，字堯章，號白石道人。古饒州府鄱陽（今江西省鄱陽縣）人。他生於西元1154年，歿於西元1221年，是中國南宋時期的文學家、音樂家。在姜夔的一生中，他少年時便深陷在孤獨貧困的境地之中，後雖屢此回鄉參加考試，而均未第，以至於他終生都未能步入仕途。面對命運的無情打擊，萬般無奈之下的他，一生只好輾轉流落於江湖之上，羈旅浪跡於山川之間，依靠自己在街頭賣字和賣藝，接受一些朋友們的周濟，才得以為生。

　　姜夔，他並不僅僅只是詩詞做得好，他在散文、書法、音樂等各個方面，無一不精，在中國浩瀚的文學長河裡，他是繼蘇軾之後，又一難得的文學藝術全才。姜夔的詞作，題材廣泛，其中不乏有感時、詠物、抒懷、記遊、酬贈等等的內容。而且我們在他的詞作中，不難瞭解到，姜夔雖然一生流落在江湖之中，但他從來就沒有放棄過家國一體的感念，他的心靈深處深埋著報效國家的遠大抱負。這在他描寫自己羈旅、漂泊生活的詞作中，是可以看得出來的。他的詞作中，並不只是抒發了自己對生不逢時的感嘆以及情場失意的各種苦悶情感，同時，他也強烈地在其中抒發了感時傷世的別樣情懷，而以睿智且尖刻鋒利的家國思想喚醒人們積極的意識。

　　姜夔的一生不僅多才多藝，精通音律，而且能自己作曲，自度自唱。他的詞作不但格律嚴密，意幽韻致，婉約清麗，而且素以空靈、含蓄而著稱於後世，被後世譽為江湖詞派的傑出代表，婉約派的詞宗。這與他具有的超凡脫俗、卓然不群，一如孤雲野鶴般的鮮明個性是分不開的。

　　對於姜夔的評價，館中似乎有數聯，的確是道盡了其中的深意。聯一：「書崇魏晉，曲謂奇珍，更有清詞若許，皆飲譽千秋，亂世猶能留絕唱；誕以鄱陽，遊於江浙，尤憐天道不公，竟謀生四海，布衣亦可冠高名」。聯二：「少以婉約，老而豪放，縱生計維艱，愈挫愈強擎傲骨；曲昭後世，書譽當時，令詩心大快，或歌或詠仰高懷」。聯三：「燕客重來空有韻，轉幾番落寞情懷，但流連淮左名都，竹西佳處；野雲孤去了無痕，恃一派清剛格調，且付與風前疏影，雪後暗香」。聯四：「數闋清詞，縱幾許才情，彈來亂世悲涼曲；一瓢苦墨，寄半生哀樂，書就寒窗寥落花」。

　　這「一瓢苦墨，清詞若許」就是姜夔畢生的財富，也是他一生的寫照！

　　遊走在鄱陽城頭，默然地徘徊在姜夔昂首向天，背負著雙手，凝神靜思詞作的雕像前，我不敢邁開大步來走動，生怕弄出異樣的聲響來驚動了他老人家，破壞了他難得的寧靜，打斷了他的思路。我輕輕地來在他身前不遠處的瑤琴前坐了下來，雙手搭在瑤琴上，靜靜地在心中撫一曲讓人牽腸掛肚，熱血沸騰，情意深長：「淮左名都，竹西佳處，解鞍少駐初程。過春風十里，盡薺麥青青。自胡馬窺江去後，廢池喬木，猶厭言兵。漸黃昏，清角吹寒，都在空城。杜郎俊賞，算而今，重到須驚。縱豆蔻詞工，青樓夢好，難賦深情。二十四橋仍在，波心蕩、冷月無聲。念橋邊紅藥，年年知為誰生」的〈揚州慢〉，來寄託我對一代詞宗的緬懷與哀思。

　　「難賦深情。」這麼一句揪心的話語，不由帶動我的目光，掃過瑤琴投向屋門之外的遠方，只見天幕下的鄱陽湖雖然浩瀚廣闊，但好像是不食人間煙火的木偶，神情似乎是那麼地冰冷與絕情？難道她不知道自己曾經丟失的那個叫做姜夔的孩子，已經回家了，來到了她的身邊？他已經厭倦了漂零無依的流浪生活，要將自己的靈魂安放在故鄉──鄱陽！

　　鄱陽，沒有人會忘記姜夔；姜夔，永遠不會忘記鄱陽。鄱陽湖是不可能忘記姜夔的，姜夔更不可能忘記鄱陽湖。

　　鄱陽湖，時代的烽火在她這位母親的身上，烙下的只有無盡的酸楚和深長、無奈的憂傷。她怎麼會真的丟下自己的兒女不管呢？姜夔啊，其實妳的心裡是很清楚的：妳筆下的淺吟低唱，不就是鄱陽湖上輕浪相擁，溫柔纏綿的搖籃曲麼？妳筆下的金戈鐵馬，不就是鄱陽湖上暗流洶湧，澎湃而起的駭浪驚濤麼？妳哀婉深情而又充滿淒怨的曲調中，流淌出來的不就是妳滿腔滿腹的柔情深意麼？妳的一身傲骨，不就像那鄱陽湖上高聳的長山島──鄱陽山，歷千年而雄風不減，不懼不饒的剛勁麼？

　　我離開瑤琴，凝望著姜夔翹首凝思的神情，緩緩地移動腳步，輕輕地倒退著出了紀念館的大門，來到了泱泱的大湖邊，面對著歷盡滄桑的鄱陽湖，彷彿聽到她發出了一聲長長的，飽含愧疚與憂憤，沉重而又蒼涼的嘆息。

　　「輕聲漫步過鄱陽，白石詞曲著新裝。湖天高闊春來早，水雲深處鶴故鄉」。我默默地吟詠著，離開姜夔紀念館，灑下一路的淚花，濺濕了腳下的泥土，逃也似地朝鄱陽湖國家濕地公園那邊趕去。

風雨白鹿行

　　戊子年春月的一天早晨，細雨霏霏，雨靄濛濛。吾偕友夏一道驅車前往廬山白鹿洞書院，去考證清代道光年間都昌榜眼曹履泰的一些史料，在車上，我們既有著無比美好的憧景，又頗有些忐忑。畢竟，白鹿洞書院是譽為「天下書院之首，海內書院第一」的理宗聖地，一直以來，心底有一種渴望，渴望來到書院親身感受一番，今天終於成行了。

　　車窗外，雨勢漸漸大了起來。雨刮子在拼命地工作也忙不過來，雨水被雨刮子掃得四濺。我心想，今天就是下刀子也要完成這次的白鹿之行，這可是我長埋心底幾十年的一個願望。

　　許是我們的虔誠感動了上蒼，老天也似乎體味到了我們此刻的心情，收斂起暴戾的脾氣，變得溫柔起來。窗外的雨變細了風變小了，正好讓我們便宜趕路了。

　　上午十時，車子停在了白鹿洞書院立在山口的牌坊前。看著鎏金的白鹿洞書院幾個大字，霧雨中輕輕摩挲著牌坊的礎石石柱，眼前彷彿看到了朱子的身影，既有治者的敏睿，更有儒者的風範。心底不由生出無限的景仰之情。

　　順山間公路蜿蜒而下，我們來到了書院的大門。向工作人員說明瞭來意後，一位年近四十的男同志引導我們來到了書院管理處。書院管委會高主任、黎書記，管委會副主任，江西省書院研究會郭秘書長等，非常熱情地接待了我們並給予了極大的幫助。他們幫著翻找史料，查閱院史，對於我的問詢，詳盡地做出解答，盡一切可

能地予我們以方便。他們的行為著實讓我們深受感動。

　　整個查閱過程，讓大家出了一身大汗。在完成了相關的檢索之後，郭主任便邀請我們到書院各處走走看看，這正對了胃口。本來，我就想找個話題提出請求的，這下好了，我們連忙道好並致以謝意。

　　剛才一路匆忙驅車進來倒真的沒有注意到書院的環境，現在手頭上的事情搞好了，真該放下包袱好好的欣賞欣賞，感受一番了。

　　白鹿洞書院，位於江西廬山五老峰南麓，傍山而建，唐貞元時期李渤隱居讀書於此。李渤隱居時曾養一隻白鹿，相當馴順，能聽從驅使，被山民視為神鹿，所以人們便稱李渤為「白鹿先生」。又因此地四山環合，由山間小路進去有數裡之遙，站在山麓，俯看似洞，故而稱此地為白鹿洞。白鹿洞因此而得名。

　　南唐升元四年（西元940年），朝廷於白鹿洞建「廬山國學」，亦稱「白鹿國庠」「匡山國子監」，這便是白鹿洞書院的前身。北宋開寶九年（西元976年），江洲地方人士於白鹿洞創辦學館（亦稱書堂），後經擴建改建為書院，並正式定名為「白鹿洞書院」。這就是白鹿洞書院的由來。

　　白鹿洞書院的建立，是中國學術史、文化史、教育史上的一件大事。書院建成的這一年是一個重要的年份，是中國文化教育史上的一個裡程碑。白鹿洞書院與睢陽書院、石鼓書院、嶽麓書院並稱為中國四大書院。

　　白鹿洞書院真正的揚名海內外，當要歸功於一代理學宗師——朱熹。宋淳熙五年（西元1178年）「朱熹以秘書郎受命差知南康軍。翌年抵任，任後則發榜征詢白鹿洞書院遺址實情。秋，親視書院舊址，決定修復，發牒教授，縣令董其事，並申報朝廷重其事」。由此可見朱熹對於重開書院是何等的迫切和重視。

　　淳熙七年（西元1180年）三月，書院初步修復。朱熹率軍、縣官吏，書院師、生祭祀先聖先賢，舉行開學典禮，並高興地寫下了〈次卜掌書落成白鹿佳句〉，原文如下：「重營舊館喜初成，要共群賢聽鹿鳴。三爵何妨奠萍藻，一編詎敢議誠明。深源定自閒中得，妙用元從樂處生。莫問無窮庵外事，此心聊與此山盟。」此時的朱子心曲可見一斑了。後來，朱熹在白鹿洞書院發揚光大理宗一脈，自成一家。從此，白鹿洞書院聲聞千古，名揚天下。

　　一路行來，蒼松、翠柏、勁竹翁鬱挺拔；館舍、碑廊、殿宇古樸雅致。館舍周圍古木參天，氣宇軒昂，於默立中巍巍勃發凜然正氣，不怒而威。院內翠柏蔥綠，似學子靜立，淡然立於院中，在聆聽師長教誨，從容而謙恭，全沒了世俗的浮躁和虛偽。修竹剛勁挺直，虛懷若谷，婆娑風中，唱一齣笑傲人生的金曲暢抒胸臆。

　　「先賢書院」是古聖先賢們授業的地方，兩側是碑廊。來到這裡，首先闖入眼簾的是一塊青灰石碑，石碑上朱熹的畫像溫文儒雅，威嚴端莊。看得出來，他既有治者的睿智更具學者的風範。徜徉在書院及東西碑廊，我彷彿回到了遙遠的從前，他們的辦學理念和折射出來的理性之光是那麼的輝煌燦爛。

　　在朱子銅像前，默默地傾注他，心中油然而生出無限的崇拜和敬仰之情。半畝方塘一鑒開，天光雲影共徘徊。問渠哪得清如許，唯有源頭活水來。是啊，一個人的思想和觀念，要能跟得上時代的步伐，只有依靠學習，不斷地汲取營養，充實自已，才能解放思想，更新觀念，才不會被時代大潮所淹沒，而立於不敗之地。源頭活水蕩滌塵埃，朱子學說的光彩永耀人環！

　　告別朱熹，我們又來到了周敦頤的銅像前。周老夫子的一曲〈愛蓮說〉羞煞了多少後人也激勵了多少後人。「出汙濁而不染汙漬」，這是人們無比崇尚的人生品格。似乎他在告誡我們要時刻記

住：馨德、修身、養性。看著周老夫子愨厚的面容，沉靜的眼神，不禁讓我的心靈得到了一次淨化，靈臺突然間清明起來。

邁步出館來到澗前，但看澗水湍急狂野，忽見一柱中流，傲然兀立，讓人不禁陡增幾分豪氣。石後不遠有一深潭，潭水清澈，急流入潭中頓時收斂，慢慢溢出，舒緩有致，已完全不見了先前的狂野，代之而起的是寬容和淡然。

踏上歸程，我與夏不禁嘆道：這是個多麼好的地方啊！幽雅、寧靜，怡然。在紛繁的人生大海中遊得累了，便當來此小憩，並細細體悟生活，真不失為一個人生的好去處。

我想，現代社會的多樣性活躍了人們的思想，五彩斑斕的生活會迷失人的方向。一個人身體的修煉，道德的修煉，品行的修煉，都需要一個好的環境。白鹿洞書院就是這麼一個地方，如果能讓那些終日宦海沉浮，紙醉金迷，茫然不知所以的所謂治者們能定時，定期地到這裡來感受一番，領悟一番，沐浴身心，會不會是很有教益呢？這或許會在他們的心靈深處產生共鳴，用理性的篩子過濾他們的魂靈，妳說呢？

鄱陽湖，永遠的豐碑

鄱陽湖，永遠的豐碑。

在地球的東方，中國的中央，江西省的北部，有一座美麗的湖泊——鄱陽湖。她就像一顆美麗，晶瑩閃亮的明珠鑲嵌在地球巨人的皇冠之上，令人嚮往。

鄱陽湖位於江西省北部、長江南岸。地理位置介於北緯28°22′～29°45′，東經115°47′～116°45′之間，境跨南昌、新建、進賢、餘干、鄱陽、都昌、湖口、九江、星子、德安和永修等市縣，是中國第一大淡水湖，也是中國第二大湖泊。

鄱陽湖，是一座不朽的豐碑，永遠的豐碑！

因為鄱陽湖並不僅僅只是四千八百萬贛鄱人民的母親湖，她也是中華民族的母親湖，人類世界的母親湖。足夠的證據表明，她是世界稻作文化的發源地，她解決了世界上六十多億人口，都需要吃飯這麼一個巨大的問題！

鄱陽湖東南岸有個萬年縣。萬年縣位於江西省的東北部，地處樂安省下游。這裡歷史悠久，有著燦爛的遠古文明。早在舊石器時代，人類的祖先就在這塊土地上定居勞作、繁衍生息。經中美農業聯合考古隊多次發掘和採樣研究，境內的大源仙人洞及吊桶環遺址，是迄今為止人類所知的，世界上最早的栽培稻的遺址之一，它們的出現，把世界的稻作起源由7000年前，一下子就上推到了12000—14000年前。這一重大的考古發現被評為中國二十世紀100項考古大發現之一，為世界稻作文化的研究注入了更加深厚的內涵。

在鄱陽湖西岸有個德安縣，這裡民風淳樸，人傑地靈，歷史源長久遠，唐虞三代時叫做敷淺原。敷淺原，敷淺原。其實，她一點也不敷淺，她誕生了一位享譽世界的巨人兒子——袁隆平。

袁隆平，人稱雜交水稻之父，聯合國糧農組織首席顧問。中國雜交水稻育種專家，中國工程院院士。2006年4月當選為美國科學院外籍院士，2011年曾獲得馬哈蒂爾科學獎。袁隆平的雜交水稻成果被稱為中國繼四大發明之後的第五大發明。

從1964年開始，袁隆平著手研究雜交水稻技術，在1973年實現三系配套，1974年培育成第一個雜交水稻強優組合南優2號，1975年研製成功雜交水稻種植技術，從而為全中國大面積推廣雜交水稻奠定了基礎，也為世界性地種植雜交水稻作了良好的鋪墊。

袁隆平的雜交水稻研究，雖然在中國內是具有開創性的，但並非是世界首創。（世界上首次成功的水稻雜交是由美國人Henry hank Beachell在1963年於印度尼西亞完成的，1966年在IRRI，菲律賓國際水稻研究所，培育出奇跡稻IR8。日本新城長友在1965年得到粳稻的三系配套，但可惜的是，以上的研究成果並未能用到農業生產實踐中去）令人值得稱道的是，他所取得的每一項實驗成果都能普遍地應用到農業生產實踐當中，具有巨大的社會價值，並產生了極大的、良好的社會公共效益。

在上世紀90年代後期，當美國學者布朗撰文說到21世紀30年代，中國人口將達到16億，到時誰來養活中國，誰來拯救由此引發的全球性糧食短缺和動蕩危機？拋出「中國威脅論」的時候，中國向世界宣佈：「中國完全能解決自己的吃飯問題，中國還能幫助世界人民解決吃飯問題」。這個嚴正的聲明背後就是袁隆平的雜交水稻在作強力的支撐。

早在1986年，袁隆平就在《雜交水稻的育種戰略》中提出將雜

交稻的育種從選育方法上分為三系法、兩系法和一系法三個發展階段，即育種程式朝著由繁至簡且效率越來越高的方向發展。至今，在生產示範中，全中國已累計種植兩系雜交水稻1800餘萬畝。目前，袁隆平和他的戰友們日夜奮戰，攻克了兩系法雜交水稻難關。經過艱苦的探索，終於在超級雜交稻的小面積試種中又獲得成功。有關專家對48畝創業實驗田的超級雜交水稻晚稻的實測結果表明：水稻稻穀結實率達95%以上，每畝高產847公斤。

這表明袁隆平在雜交水稻研究方面又取得重大突破。標誌中國超級雜交稻育種研究再次超越自我，繼續領跑世界。目前超級雜交稻正走向大面積試種推廣中。

袁隆平對事業的追求就是樂在苦中。他說，搞農業科技工作是很艱苦的，整天在太陽底下曬、在泥田中踩。但是，因為有希望在那裡，會出好的品種，所以就樂在苦中。如果沒有希望，盲無目的，那就不會有樂趣。在世界範圍內推廣雜交水稻，資源共用，不僅會提高我們國家在國際社會上的影響，而且還會讓世界上的人民都能有飯吃，遠離飢餓，於世界和平來說也是具有積極意義的。

袁隆平是中國雜交水稻事業的開創者，也是世界雜交水稻事業的踐行者，是當之無愧的當代神農。五十多年來，袁隆平始終在農業科研第一線辛勤耕耘、不懈探索，為人類運用科技手段戰勝飢餓帶來綠色的希望和金色的收穫。袁隆平的卓越成就，不僅為解決中國人民的溫飽和保障國家糧食安全做出了貢獻，更為世界和平和社會進步建立了偉業，樹起了豐碑。袁隆平不僅是中國的驕傲，也是世界的驕傲。袁隆平是母親湖——鄱陽湖的兒子，是母親湖永遠的驕傲與自豪。

鄱陽湖，不僅是世界稻作文化的發源地，更是稻作文化的繼承與發展先鋒。鄱陽湖，您是不朽的豐碑，永遠的豐碑！

第二輯
詩話鄱陽湖

從唐詩宋詞裡走來的鄱陽湖

　　為了追根溯源，追尋鄱陽湖一名的由來及出處，我們翻看了不少的史料。今天，我們不妨從文學的角度來切入進去，在浩如煙海的中國文學寶庫中去尋覓她的蹤跡，在唐詩宋詞裡去找到她的來歷，並對她加以解讀。另外，再加上一些地理意義上的東西來證明她的歷史變遷之外，還可以借鑒鄱陽湖上的人文傳說來進一步佐證了。

　　首先，我們應該知道，鄱陽湖的前身是彭蠡湖。我們從地質學上考察，彭蠡湖與雲夢澤、洞庭湖一樣，共同起源於一億年前中生代末的燕山運動，在幕阜山、九嶺山與懷玉山之間，產生了兩條近南北走向的大斷裂。燕山運動後期，斷裂之間的地帶逐漸陷落，形成了一個巨大的窪地──地塹型湖盆。到了第三紀末期以來，湖盆曾經出現過多次反復的升降變化，但總的趨勢是處於上升狀態，到了第四紀上的更新世，因普遍的陸地升起而呈現出一片河網交錯的平原地貌。

　　就這樣，一直到了更新世晚期，長江武穴（今湖北廣濟縣）與望江之間的主泓道南移到今天的長江河道上，江北殘存的河段，自全新世以來因處於揚子準地槽新構造掀斜下陷帶處，便逐漸擴展成湖，並與長江水面相連接，這便是進入歷史時期的古彭蠡澤。《尚書・禹貢》揚州：「彭蠡既瀦」；導江：「過九江，至於東陵，東迆北會於匯」；導漾：「東匯澤為彭蠡」。所指正是這一情況。

　　到了西元421年，也即是南朝的永初2年，一場大地陷使彭蠡湖東岸的松門山斷裂、沉陷，致使彭蠡湖水越過松門山，一步一步地

南侵，最後來到了鄱陽城腳下，將鄱陽山浸泡在了水中後，整個鄱陽平原變成了一片汪洋澤國，至此，才開始形成了現代鄱陽湖的雛形。算到今天的2014年為止，現代的鄱陽湖，她的歷史也不過只有1593年而已，所以，我們說鄱陽湖是一個既古老蒼涼而又年輕柔美的泱泱大湖。

我們打開清朝顧祖禹的《讀史方輿紀要》，似乎可以看出絲縷鄱陽湖一名由來的端倪。《讀史方輿紀要》這本書，是清朝初年的顧祖禹獨撰的一部巨型歷史地理著作。內容豐富、地名齊全、考訂精詳、結構嚴密，不但勝於唐代成書的《元和郡縣圖誌》、宋代成書的《太平寰宇記》，而且超越了明代成書的《寰宇通誌》、《大明一統誌》。若是將它與清代的歷史地理巨著、官修的《大清一統誌》相比，也是各有千秋，毫不遜色。所以，它至今仍然成為歷史、地理學者乃至研究歷史、經濟、軍事的學者們必讀的重要參考書。

在書中，是這樣記述鄱陽湖一名由來的：「自隋唐以前，概謂之曰：彭蠡。煬帝時，因彭蠡湖與鄱陽山相接，帝曰：何不名其為鄱陽湖。」這個故事裡講的是隋煬帝在南巡鄱陽湖時，因了鄱陽山是彭蠡湖中的第一高山而禦賜湖名「鄱陽湖」的。當然，這只是一個美好的人文傳說而已，但是，它的確也並不缺少令人可信的一個方面。翻看《饒州府誌》，其上是這樣記載的：「鄱陽湖乃彭蠡澤之東南隅，延袤數百里，隋以鄱陽山所接，故名。從這裡我們不難看出，站在這個節點上看，與時稱煬帝賜湖名以「鄱陽湖」一說，是基本吻合的。只不過，《饒州府誌》上所記述的鄱陽湖，她只是現代鄱陽湖中的南湖區那一部分而已。另有南康府誌載：「鄱陽湖在都昌縣東南二十里，流經縣治，會於左蠡。其湖綿亙三百里，巨浸迷茫。中有雁泊小湖，西接龍興，東抵饒州，北流入於海」。在

地理的意義上來說，南康府誌裡的所指與饒州府誌裡的所指，指的都是同一個地方，現代鄱陽湖的南湖。

到了唐代，一般的人還是通稱鄱陽湖為彭蠡湖的，這無論是在官方還是在民間都無一例外。當然，在這一時期裡，也偶爾有少數人是稱其為鄱陽湖的，關於這一點，我們不妨在《全唐詩》中去找出足夠的證據出來。

翻開《全唐詩》，在這厚厚的一本書中，我們很難找得到以鄱陽湖為題目的作品出來，而真正以鄱陽湖為題目的詩歌只有兩首，第一首是韋莊的〈泛鄱陽湖〉，第二首是釋貫休的〈春過鄱陽湖〉這麼兩首詩作。另外，還有一首徐鉉的〈移饒州別周使君〉詩，詩中有「更向鄱陽湖上去，青衫憔悴淚交流」這樣的一句詩語，是在直接地稱呼鄱陽湖的。到了宋代，就能夠看到大量的以鄱陽湖為命題的詩詞作品了。

我們首先來讀韋莊的〈泛鄱陽湖〉詩，詩的全文是這樣的：「四顧無邊鳥不飛，大波驚隔楚山微。紛紛雨外靈均過，瑟瑟雲中帝子歸。逆鯉似棱投遠浪，小舟如葉傍斜暉。鴟夷去後何人到，愛者雖多見者稀」。從「四顧無邊鳥不飛」來看，到了唐代，鄱陽湖已經是快要成熟的湖泊了，她的泱泱大氣已是初具規模了。

韋莊，約生於西元836年─910年間，字端己，長安杜陵（今陝西省西安市附近）人，中國歷史上的著名詩人韋應物的第四代孫，曾經任過前蜀國的宰相，諡號文靖。他還是唐朝的花間派詞人，善用白描的手法，清麗的詞風，來描寫自身的生活體驗以及上層社會的遊樂生活與離情別緒的哀怨情感，一生著有《浣花詞》流傳於世。

說過了韋莊，我們再來談談貫休的〈春過鄱陽湖〉以及〈鄱陽道中作〉兩首詩作。〈春過鄱陽湖〉是這樣寫的：「百慮片帆下，風波極目看。吳山兼鳥沒，楚色入衣寒。過此愁人處，始知行路

難。夕陽沙島上，回首一長嘆」。從「百慮片帆下，風波極目看」來說，他對鄱陽湖浩瀚與壯闊的描寫與認知，大體上與韋莊一致。再從「吳山兼鳥沒，楚色入衣寒」來看，那時候的鄱陽湖北湖，已經是完整地與南湖有機地連在了一起，形成了現代的鄱陽湖。

貫休的〈鄱陽道中作〉是這樣的：「鄱陽古岸邊，無一樹無蟬。路轉他山大，砧驅鄉思偏。湖平帆盡落，天淡月初圓。何事堯雲下，干戈滿許田。」我們亦不難從詩中讀出他當時對於眼前大湖的稱呼使用的是鄱陽湖一名。從鄱陽古岸邊到湖平帆盡落，他巧妙地將鄱陽湖一名有機地嵌入在了詩作中，提高了詩歌文字語言的張力。

貫休，生於西元823～912年間，俗姓姜，字德隱，江西進賢縣人，唐末五代著名的畫僧。7歲時投和安寺圓貞禪師出家為童侍。貫休記憶力特好，日誦《法華經》1000字，過目不忘。貫休雅好吟詩，常與僧處默隔籬論詩，或吟尋偶對，或彼此唱和，見者無不驚異。貫休受戒以後，詩名日漸譽隆，仍至於遠近聞名，成為唐代著名的詩人，畫家。

討論過了貫休之後，我們再來聊聊另一位詩人徐鉉。

徐鉉，生於西元916年—991年間，是中國唐末五代宋初時期的文學家、書法家。字鼎臣，廣陵（今江蘇揚州）人氏。歷官五代吳校書郎、南唐知制誥、翰林學士、吏部尚書，後隨李煜歸宋，官至散騎常侍，世稱徐騎省。淳化初因事貶靜難軍行軍司馬。曾受詔與句中正等校定《說文解字》。工於書，好李斯小篆。與弟徐鍇皆有文名，世稱「二徐」。

在《全唐詩》中，有徐鉉寫的這樣一首詩：「正憐東道感賢侯，何幸南冠脫楚囚。宛伯臺前收別宴，喬公亭下艤行舟。四年去國身將老，百郡徵兵主尚憂。更向鄱陽湖上去，青衫憔悴淚交

流」。這首詩的題目就叫做〈移饒州別周使君〉，各位看官可以在《全唐詩》中去找來讀一讀的。詩題中的饒州，指的就是過去的鄱陽。在這首詩的最後兩句「更向鄱陽湖上去，青衫憔悴淚交流」來看，詩人表達的是一種面對政治的一種無奈選擇。今天的我，只不過是從這裡又被流放到另外的一個地方去罷了。這首詩，是在徐鉉舒州遭貶之後的保大十四年，即西元956年春，元宗下詔讓他量移饒州時所作的，在這首詩裡，我們可以讀出徐鉉當時無奈又無助的心境來。不過，值得慶幸的是，詩人已經在詩中直言不諱地直接稱呼面前的大湖為鄱陽湖了。他再也沒有了前人那種欲抱琵琶半遮面的羞澀與矜持，完全脫下了頭上戴的面紗，真真切切地將鄱陽湖推到了世人的面前。可見，徐鉉無意在彭蠡湖易名鄱陽湖的過程中起到了劃時代的作用。

這在他的另一首詩〈送表侄達師歸鄱陽〉：「故鄉禾黍世親稀，中表相尋只有師。惆悵離懷向何許，鄱陽湖上葉飛時」中讀得出來。他直接以「鄱陽湖上葉飛時」來直抒抑鬱、落寞，寂寥無助的胸臆，藉助鄱陽湖來寄託他心中的愁緒。徐鉉多次在自己的作品中使用「鄱陽湖」這一稱謂，這在他們的那個時期裡是不多的，是很鮮有的。

在徐炫之後，宋代的著名詩人楊萬里也曾經在他的〈舟次西徑〉一詩中直呼鄱陽湖的。詩是這樣寫的：「夜來徐汊伴鷗眠，西徑晨炊小泊船。蘆荻漸多人漸少，鄱陽湖尾水如天」。全詩通過對他在鄱陽湖泛舟的一番經歷的記述，將鄱陽湖的浩渺煙波及空茫蒼涼表達得一露無遺。

翻開宋代的詩文詞作，我們還可以看到周弼寫的這樣一篇，很難判斷出是屬於詩還是屬於詞類的，以鄱陽湖命題的作品《鄱陽湖報》：「鄱陽湖浸東南境，有人曾量三十六萬頃。我昔乘差渤懈

間，眇視天溟坎蛙井。浪何為而起於青雲之底，日何為而碎於泥沙之裡。太極初分一物無，天水相包若雞子。揚瀾可供李白青州杓，彭蠡付與盧敖洗龜殼。斗大孤山沒處藏，斸取來搘鼎鐺腳。胸中八九吞雲夢，似此蹄涔亦何用。安得快意大荒之東東復東，指麾魚鱉騎蒼龍」。

　　從以上所表述的來看，從西元421年的地陷導致形成了東鄱陽湖，到我們在《全唐詩》中讀到中國文學史上的第一篇，韋莊以鄱陽湖為題目的詩作〈泛鄱陽湖〉止，從彭蠡湖易名到鄱陽湖的過程，大約走了400多年的漫長歷程。因為這可以從韋莊生於西元836年，歿於西元910年的生卒紀年中計算得出來。

　　這真是：彭蠡誕生億年間，唐詩宋詞賦新篇。鄱陽湖上說文事，煙雲浩瀚史無前。這讓我們彷彿看到，煙波浩渺，氣度恢弘的泱泱大湖──鄱陽湖，正在從中國絢麗的文化寶庫深處，從多彩、亮麗、燦爛的唐詩宋詞中向我們走來，走到了時代的最前沿。

山水詩宗與鄱陽湖及都昌

「客遊倦未宿，風濤難具論，洲島驟回合，圻岸屢崩奔。乘月聽哀狖，浥露馥芳蓀，春晚綠野秀，巖高白雲屯。千念集日夜，萬感盈朝昏，攀巖照古鏡，牽葉入松門，三江事多往。九派理空存，靈物郤珍怪，異人秘精魂。金膏滅明光，，水碧綴流溫。徒作千里曲，弦絕念彌敦。」這是中國的山水詩宗謝靈運先生於晉朝永嘉年代因故遭免職其間，旅舟鄱陽湖上，築廬隱居在今都昌縣城的西山石壁之下時所做的一首詩，詩曰：〈入彭蠡湖〉。

在這首詩的字裡行間，我們不難讀出來，謝靈運是在借眼前山川的百般形勝，地域的千種風情，水勢的萬千變化，通過他精確獨到，細致入微的觀察，將他在宦海中的沉浮，結合鄱陽湖上的所見、所想、所惑、所感，用細膩豐富的語言，簡單便捷的筆觸，將心底的情懷抒發了出來。可喜的是，謝康樂萬萬沒有想到，他這種巧借山川形勝，地域風情來寄寓情懷和思想的創作手法，不意創造了中國文化史上的一個奇跡，一個文學流派──山水詩派，從而奠定了他為中國山水詩第一人的宗主之顯位。

謝靈運（385年－433年），漢族，東晉陳郡陽夏（今河南省太康市）人，出生在會稽始寧（今浙江上虞區謝塘鎮）。東晉名將謝玄之孫，小名「客兒」，人稱謝客。又以襲封康樂公，故稱謝康公、謝康樂。他主要的創作活動在劉宋時代，即南朝時期的宋國，他一生最著名的詩作是〈山居賦〉。

謝靈運一生喜歡遨遊在山川天地之間，所以，他也算得上是

中國見諸史冊的第一位大旅行家。謝靈運平生不僅善詩，還兼通史學，工於書法，翻譯佛經。謝靈運曾經奉詔撰寫《晉書》，這從他在都昌南山和西山各留下的一座幡經臺遺跡來看，定是所言非虛的了。這還可以在《隋書・經籍誌》以及《晉書》等史書中收錄的，各種版本的《謝靈運集》中讀得出來。

在謝靈運一生的詩歌創作當中，他尤其喜歡以山水入詩，是中國歷史上第一個大量創作山水詩的詩人，他的詩與顏延之齊名，史稱「顏謝」。謝靈運的詩充滿著道法自然的精神，始終貫穿著一種清新、自然、恬靜的韻味，一改魏晉以來玄言詩的晦澀，把人們的感情強烈地貫注在詩歌當中，給人們帶來了一股清新詩風，但是，他的有些詩裡面的字句，太過於雕琢，描寫的冗長繁瑣，用典、排偶的不夠自然順暢。

總的來說，謝靈運的詩是意境新奇，辭章絢麗，影響深遠。就連後世的李白、杜甫、王維、孟浩然、韋應物、柳宗元等等的大家們，也都曾在詩歌創作中學習謝靈運的寫詩技巧，效法於康樂公。

故此，他一生最大的成就，就是形成了以他為首的，中國文學史上的一代，獨樹一幟的詩風——山水詩風。為此。我們可以說，謝靈運真不愧是中國歷史上傑出的一位偉大的詩人。

謝靈運在都昌隱居期間，築廬在都昌縣城的小南門之外的西山石壁之下，取名曰：精舍。故後人皆稱此地為「石壁精舍」。石壁則後的褐紅色高臺是他平時閱卷釋經的地方，大家稱其為「西繙經臺」，在隔湖而望的南山之上，坐落在半山腰「清隱禪院」左下不遠處的灰褐色高高石臺，就是他來南山詮釋經卷的地方，人們習慣性地稱其為「東繙經臺」。

康熙版都昌縣誌載，謝靈運隱居西山期間還做過〈石壁精

舍還湖中作〉這麼一首詩,詩是這樣寫的:「昏旦變氣候,山水含清暉。清暉能娛人,遊子淡忘歸。出谷日尚早,入舟陽已微,林壑斂暝色,雲霞收夕霏。芰荷疊映蔚,蒲稗相因依,披拂趨南徑,愉悅偃東扉。慮淡物自輕,意愜理無違,寄言攝生客,試用此道推」。

從這首詩中,我們不難看出謝靈運於早晨從西山輕盈地搖著小舟出來,在山水如畫的風光裡,在明亮的太陽照耀下,欣賞著鄱陽湖上迷人的荷翠花紅,水草依依,他懷著愉悅的心情,順著南山的小道去南繙經臺上釋卷繙經。等到天近黃昏時,他愜意地收拾好經書,放下心頭所有的塵念,又駕起小舟回到西山的石壁精舍中去。「披拂趨南徑,愉悅偃東扉」這句,恐怕就是對其來往兩山之間最好的明證了。由此可見,謝康樂醉迷在山水之間,醉迷在鄱陽湖上,過著恬然淡靜的隱居生活,讀經寫詩,吟詠山水,卷釋經詳,是何等的悠遊和超脫啊!難怪他能如此癡迷地遊走在山水之間,與天地山川融為一體,成為了山水的靈魂,所以,也就更不用說,他的詩作以山水見長就是得自天成的事情了。

謝靈運在西山隱居期間,還經常駕舟去廬山,跟當時隱居廬山的陶淵明以及廬山東林寺的名僧慧遠交往,他和慧遠倆人還是忘年的深交。儘管慧遠比謝靈運大五十來歲,但是,他們兩人還是很投緣。在慧遠圓寂後,他特地寫了一篇祭吊慧遠的名文:〈廬山慧遠法師誄〉,以表他對慧遠法師的敬仰之意和崇敬之情。

由於謝靈運隱居在鄱陽湖上,隱居在都昌的西山石壁之下,開創了前無古人的一代詩風,更因為他有較多的詩作是描繪鄱陽湖上的風光形勝的,我們亦不難從他一生成就最高的作品〈山居賦〉中,找到鄱陽湖以及都昌的痕跡,所以,謝靈運及其他留給我們鄱陽湖以及都昌的饋贈是豐富多彩的,他為我們獨具特色的鄱陽湖地

域文化添了濃墨重彩的一筆，他給我們鄱陽湖與都昌的恩賜是豐厚的。

　　且看康樂戲山水，鄱陽湖上漾清風。一派詩宗從此出，靈運都昌萬代誦。

坐擁鄱陽湖，樂悠田園趣

　　在鄱陽湖西岸古柴桑的廬山東林大峽谷內，有中國東晉時期著名的大詩人，辭賦家，不肯為五斗米折腰的「靖節」先生陶淵明曾經在此隱居的草廬，詩人曾經就是在這裡留下了「採菊東籬下，悠然見南山」的千古名句，將一番「樂擁湖水悠田園」的怡然情趣，表達得是淋漓盡致，快意酣暢。一千多年來，他不知影響了多少的文人逸士們去放飛心中的想像，去追求那一份難得的愜意。

　　陶淵明，字元亮，又名潛，號五柳先生。祖籍都昌，名家之後。曾祖為東晉時期著名的政治家、軍事家、大司馬、長沙郡王陶侃，他的祖父陶茂與父親陶逸，曾經都做過太守的官職。陶淵明出生在古潯陽的柴桑（今江西省九江市），是東晉末期，南朝宋初時期的著名文學家；也是中國文化歷史長河中，中國文學史上第一位以田園入詩的傑出詩人。他在東晉時名淵明，進入南朝劉宋王廷之後，方改名為潛，被後世稱之為「隱逸詩人」之宗，田園詩派的鼻祖。

　　在陶淵明的一生中，他的身心和腳步，都走得並不太遠，他的人生軌跡幾乎就從來沒有離開過生他養他的母親湖──鄱陽湖。但是，有一個很奇怪的現象令我們納悶，我們在他的作品中，幾乎找不到他以彭蠡湖或者是鄱陽湖為題的詩文及詞賦作品，這對於後世來說，簡直就像是一個無法解開的謎，一個讓人怎麼猜也猜不透的謎。

　　在陶淵明的一生當中，他的仕途走得不長也不順，算起來，也只有十來年的時光。

　　陶淵明直到二十九歲的時候才出仕為官，但終其一生，他所做的也只不過是些祭酒、參軍、縣丞之類的底層小官，在變幻莫測的仕途上，他不僅無法施展自己滿懷的雄心壯志，而且還不得不小心翼翼地在苟且與迎合中，降節屈誌地在官場上的群體中虛與委蛇，讓他感到渾身好不自在。他三十九歲的時候，仕宦上的庸碌及盲從無為經歷，使他的思想在本質上發生了根本的變化，促使他的心靈開始轉向，以躬耕農桑來達到自給自足，追求自我的田園生活，達到心靈的寧靜與淡泊。

　　此後，他又繼為彭澤縣令，上任才八十餘天，就因不滿督郵的虛妄做派而掛印辭官歸去，從此，結束了他在仕途上的一番努力和曾經對仕途寄予的期望，毅然地終止了在政治上的躊躇與仿徨，義無反顧地走上了隱居川野，自由吟詠的田園之路。那時的陶淵明，年齡也僅只在四十歲左右。

　　也許是古彭蠡湖上的黑風惡浪與仕途上的百般變化與沉浮，有著太多的相通相似之處，雖然，陶淵明一生為官的足跡，並未曾遠離過鄱陽湖，這鄱陽湖，是個既讓他難捨，又令他心中充滿不安的所在，可以這麼說，他雖然坐擁了鄱陽湖，生活在鄱陽湖上，但是他對鄱陽湖，是持了一種熟視無睹的心態，鄱陽湖沒有能將他推到一種政治的風口浪尖上去，讓他有所作為，所以，他才懶得去體會鄱陽湖，書寫鄱陽湖。這就是在他的作品中，見不到他以鄱陽湖為題材進行文學創作的原因。

　　陶淵明在剛剛步入仕途的時候，是一個有著遠大的政治抱負，而且才氣橫溢，睿智聰穎的士子，他的心裡總想著要藉助一個更高級的平臺來表現自己，實現他濟世救民的抱負，可事實上是事與願違，一個連家門都邁不出去的人，怎麼能走到外面的世界裡去呢？怎麼能走到政治舞臺的中心去呢？讓大家接受自己的主張呢？鄱陽

湖上洶湧的波浪，一波又一波，猛烈地沖刷著他的壯志與抱負，將他的壯志與抱負漂洗得是那樣地蒼白與屏弱。他雖然坐擁了一個鄱陽湖，卻沒能夠從鄱陽湖的身上學會沉穩與淡定。

陶淵明出生在仕宦世家，對於官家的規矩與做派，他應該是非常地熟絡的。從他的父親開始往上數，官是愈做愈大，要想到他的曾祖陶侃可是東晉有名的大司馬，不僅是一個軍事家，還是一個出色的政治家。在陶淵明的骨子裡，流動著的自然是一腔高貴的，滾燙的熱血，妳說，他在彭澤令上的時候，能受的了一個小小督郵的窩囊氣麼？他要是不走，那才難怪呢。

陶淵明在少年時期，就曾經立有「猛誌逸四海，騫翮思遠翥」的宏圖大誌。在孝武帝太元十八年，即西元393年，他懷著「大濟蒼生」的願望，出任江州刺史王凝之的祭酒。當時，官場上的門閥制度森嚴，他覺得被人輕視了，就立馬感到「不堪吏職，少日自解歸」。他辭職回家之後，州裡又來召喚他去當個主簿，他婉轉地辭謝了。到了安帝隆安四年，也就是西元400年，陶淵明茫然地到了荊州，盲目地投到了桓玄的門下做起了屬吏。這時候的桓玄，正控制著長江的中上游，窺伺著要篡奪東晉的政權，陶淵明的祖輩是東晉的舊臣，他當然不肯與桓玄之流同流合汙，做野心家的心腹。於是，他便慨然地舍桓玄而去，並言道「如何舍此去，遙遙至西荊。」心中對自己去桓玄帳下做官，有了深深的悔恨之意。也因此，讓陶淵明對俯仰、沉浮由別人來操控的宦途生活，發出了無奈又無助，深長的那聲嘆息。

那天，當我遊走在武山山脈，天山腳下的古彭澤縣衙前，徘徊在洗墨池邊，徜祥在茂林與修竹的綠影之間，在他當年翻耕的田頭、地塊上，我依稀看到了他躬耕的佝僂身形；當我踏著千年的青石小道，翻山越嶺，穿溪過澗，行走在古彭澤的大地上，彷彿是行

走在了歷史的隧道中，穿越了時空，與陶淵明走在了一起，感受到了那一份醉心的田園氣息。難怪他在任上的時候，是那麼毫不猶豫地起身，拂衣離任而去，臉上沒有絲毫留戀與痛苦的顏色。

他知道，他不具備鄱陽湖的深沉與穩健，他更不具備鄱陽湖的蘊涵與沉靜，所以，他不再強求自己，他的身上已不再具備父輩、祖輩的那種血性與霸氣，因此，他體面地退出了，從鄱陽湖的東北岸回到了鄱陽湖的西岸，那生養他的匡廬深處，將自己給隱藏了起來。陶淵明，他發誓要做回一個完整的自我。

回到家裡之後的陶淵明，真正過起了農耕自足的生活。每日於地頭田間，一邊吟哦一邊勞作，自得其樂，樂樂悠悠地將全付身心融化在了趣興盎然的田園之中，阡陌之上。

也就是在這樣的一種境況之下，陶淵明終於徹徹底底地放下了心中所有的羈絆，利用「方宅十餘畝，草屋八九間，榆柳蔭後簷，桃李羅堂前」的農家氣象，寫出了「採菊東籬下，悠然見南山」的千古名句，成就了他一代田園詩宗的美譽；成為了人們追求田園情趣的無上境界；成為了樂悠田園的群體中一個傑出的代表人物。

陶淵明在東晉時的名字是叫「淵明」，他為什麼在進入了南朝的劉宋政權後要改名為「潛」呢？在這裡，我們似乎可以看出他對當下的時局有著太多的不滿與怨憤。他忘不了他們一家是東晉的舊臣，他的曾祖陶侃是東晉的開國元勛。「潛」，就是藏起來的意思，可見陶淵明在對政治絕望了之後，亦復對後來家國的破碎，感到了深深的痛恨，他痛恨自己的無能為力，上不能為家國盡自己的一份綿薄心力，下不能保全自己，做了一個亡國的役民。所以，他最終選擇了歸隱，躲到一個再也沒人知道的地方去，他無顏見父、祖於地下，無顏見舊臣與新寵。每日裡只是借酒澆愁，醉臥在山野之間。這是他的一種無奈的心性表露。關於這一點，我們還可以在

他的〈歸去來兮辭〉一文中讀得出來。在〈歸去來兮辭〉一文中，陶淵明嚴正地表明瞭與上層統治階級徹底決裂，不與骯髒的世俗同流合汙的決心。

陶淵明，他從此坐擁鄱陽湖，蟄居在匡廬，潛在山野事農桑，樂悠田園覓奇趣，在文學的田地裡開創了一片屬於他自己的新天地。

王勃與鄱陽湖及滕王閣

　　如果說，要追根溯源地探究鄱陽湖是從何時起，開始名揚天下的，那我們不妨可以這樣想，這應該是從初唐時的那「一人一閣一文」之後，才開始聞名天下的。那麼，就不免會有人要這樣問我，妳說的那「一人一閣一文」到底是哪一個人？哪一座閣？哪一篇文呢？在這裡，我很欣慰地告訴大家，那個人，就是初唐四傑之首的王勃王子安；那座高閣，就是聳立在鄱陽湖上南昌城頭贛水邊的，由滕王李元嬰任洪州都督時修建的滕王高閣；那篇文章，就是王勃在洪州都督閻伯嶼重修滕王閣落成之時寫的一篇序文：〈滕王閣序〉。

　　王勃，字子安。生於西元650，歿於西元676年。古絳州龍門，今山西省萬榮縣通化鎮人。王勃是中國唐代初期著名的詩人，他與當時文壇上較有影響力的楊炯、盧照鄰、駱賓王三人齊名，被後世稱之為「初唐四傑」。在他們四個人中，由王勃居於首位。在王勃的一生，短短的二十七個年頭當中，他先後寫下了享譽海內外的經典名句：「海內存知己，天涯若比鄰。」（見王勃〈送杜少府之任蜀州〉的詩作）以及千古不朽的名篇佳作，駢體散文〈滕王閣序〉。

　　王勃少年時便才華橫溢，名動朝野。西元664年，王勃上書右丞相劉祥道曰：「所以慷慨於君侯者，有氣存乎心耳」。劉祥道稱讚其為神童，將未及成年的王勃向朝廷表薦，勃因對策高第，被授朝散郎。據《舊唐書》載：「勃六歲解屬文，構思無滯，詞情英

邁，與兄才藻相類，父友杜易簡常稱之曰：此王氏三株樹也。」楊炯〈王勃集序〉上也說：「九歲讀顏氏漢書，撰指瑕十卷。十歲包綜六經，成乎期月，懸然天得，自符音訓。時師百年之學，旬日兼之，昔人千載之機，立談可見。」唐麟德元年，上元二年（675年）或三年（676年），王勃南下探親，渡海溺水而亡，時年27歲。

關於王勃的生卒紀年，史料上有兩種不同的說法。一種是根據楊炯的〈王勃集序〉所述。勃於唐高宗上元三年，即西元676年卒，時年二十八歲。一種說法是根據王勃自己寫的〈春思賦〉：「鹹亨二年，餘春秋二十有二。」鹹亨二年即西元671年。據此，勃當生於唐高宗永徽元年，也就是西元650年。卒於上元三年，西元的676年，時年27歲。乾封元年，西元的666年，王勃被安排在沛王李賢征的府中做了王府的侍讀。兩年後，因戲作〈檄英王雞〉一文，使得沛王和英王之間產生了很大的矛盾，被唐高宗知道後，怒將王勃趕出了王府，隨後，王勃便開始出遊在巴蜀等地。到了唐鹹亨三年，即西元的672年，王勃又通過關係補了一個虢州參軍的官職在身上。再後來，因為有個叫做曹達的官奴犯了罪，不意跑到王勃的家裡藏了起來，年少的王勃缺乏涉世的經驗，就好心地將曹達收留了下來。過了些日子之後，他知道事有不妥，便怕事情敗露出去，自己會受到牽連，於是，王勃在情急之下，就下手殺了曹達。王勃殺曹達之事，最終被別人告發了，這在當時來說可是個天大的死罪。於是，王勃就被官府被判了死刑。幸好在行刑的前幾天，遇上了朝廷的大赦，王勃這才被免去了死罪，廢為了庶民。

本來，他的父親王福畤是官居雍州司功參軍的，因為受到王勃的牽連而被貶了官職，被朝廷貶謫到遠遠的交趾縣去做了縣令。交趾，又名交阯，是中國古代的一個地名，即今天的越南河內那一帶，後世稱其為交州。因父親受自己所累，才到了那遠的地方去做

一個小官，王勃當然於心不忍了，所以，王勃隨後便去探望父親，只是令他沒想到的是，他這一次去看望父親，竟然斷送了自己的性命。王勃在乘船渡海的時候，突然遇上了海上的風暴，他掉進水裡淹死了，當時只有二十七歲。

〈滕王閣序〉，就是王勃在去交趾看望父親的途中，泛舟路過鄱陽湖，在南昌作短暫逗留的那幾天裡，於重陽之日參加都督閻伯嶼在滕王閣擺的落成宴會上，即席即興而作的序文。

王勃在被免去死罪之後，一路上乘舟出川，沿長江而下，經彭蠡湖口，泛舟在鄱陽湖上，悠哉悠哉地來到了當時的洪州府──南昌。一向自恃才高的王勃，便去拜會當時的洪州都督閻伯嶼，正好趕上了閻都督在滕王閣上大擺宴席，慶祝新修的滕王閣落成。閻都督早就耳聞王勃的文名，便請他也參加宴會。於是，王勃就應邀參加了那次盛宴。

原本，閻都督擺出此次宴會，是為了向大家炫耀一下自己的女婿吳子章的才學。他事先讓女婿準備好一篇寫給滕王閣的序文，讓吳子章當作是在席間即興所作的來寫給與會的大家看看的。在宴會上，閻都督先是讓書童拿出紙筆後，假意地請參加宴會的人來為這次的盛會作個序。其實，大家都知道閻都督的真實用意，所以都推辭著不寫，而王勃年少氣盛，竟不推辭，毫不客氣，接過紙筆之後，便當眾揮筆疾書而就。當時，閻都督的心裡很是不高興，竟不過面子地拂衣而起，生氣地轉入到了帳後，進去之後又不甘心，便又叫人去看王勃是寫了些什麼句子。當他聽說王勃開首寫的是「豫章故郡，洪都新府」一句時，閻都督搖頭說道：也不過是老生常談而已。可當他後來聽到「星分翼軫，地接衡廬」之時，便沉吟著不再言語了。再等他聽到「落霞與孤鶩齊飛，秋水共長天一色」此處時，閻都督不得不從心底裡嘆服和稱讚王勃道：「勃真天才也，當

垂不朽矣！」。

王勃為什麼能夠在宴會上即席寫出那麼具有真情實感的文章出來呢？為什麼能夠對滕王閣周遭的無邊風景作出那麼詳實的美好描述呢？為什麼能夠對鄱陽湖上的風光作如此醉人的表達呢？這一切的一切，均來自於王勃泛舟鄱陽湖時，他憑著一個文學家敏銳的，善於發現的眼光，將眼前看到的風物深深地記在了心底，才使得他在臨場作文時有材料可選，有材料可用，才能將滕王閣以及周邊的風物有機地融匯到一起，融景於情，寓情於景，再加上作者將自己的思想與認識統合到文章中去，這才成全了王勃他的這篇千古名篇了。

王勃在深秋時節，由長江入彭蠡湖口之後，便一路逆流而上，由北部的入江水道進入到鄱陽湖的北湖區，轉而進入南湖區，最後由吳城進入贛江的主航道，沿贛江上溯直達洪州城頭。這一路之上，王勃不僅是飽覽了鄱陽湖上山環水合，岸迴水抱，翔魚淺底，鷗飛鷺汩，州平水闊，帆影幢幢，雁叫驚寒，影像斑斕，多姿多彩的絕世風光與美麗畫卷之外，還聽到了沿湖漁船上的漁人們，那高吭嘹亮而又悠揚的漁歌互答之聲。當他到達洪州的碼頭時，火紅的夕陽已經映紅了天際，在他的眼裡，鄱陽湖便如一位待字閨中的芊芊玉女讓人沉醉與癡迷，又一如小家碧玉般地沉靜與柔婉令人依戀不舍，使人不願離去。所以，當他站在滕王閣上盡情書寫序文的時候，贛江兩岸以及鄱陽湖上的美麗風光便一起向他聚攏過來，排著隊任他選擇安排和使用。

因此，在王勃的筆下：這才有了對南昌「星分翼軫，地接衡廬」的由衷稱道；才有了「潦水盡而寒潭清，煙光凝而暮山紫。」、「鶴汀鳧渚，窮島嶼之縈回，桂殿蘭宮，列岡巒之體勢。」、「山原曠其盈視，川澤紆其駭矚。」、「閭閻撲地，鐘鳴鼎食之家；舸艦迷

津，青雀黃龍之舳。雲霄雨霽，彩徹區明。落霞與孤鶩齊飛，秋水共長天一色。」、「漁舟唱晚，響窮彭蠡之濱，雁陣驚寒，聲斷衡陽之浦。」、「睢園綠竹，氣凌彭澤之樽；鄴水朱華，光照臨川之筆。」對鄱陽湖及其贛江兩岸的風光的盡情描述與讚美；才有了「天高地迥，覺宇宙之無窮；興盡悲來，識盈虛之有數」的喟嘆，同時，這也是王勃他對自己過往不羈行為的一種檢視與深刻檢討；「孟嘗高潔，空餘報國之情；阮籍猖狂，豈效窮途之哭？老當益壯，寧移白首之心？窮且益堅，不墜青雲之誌」的，深深的人生感慨。

正是因為鄱陽湖以及鄱陽湖上的迷人風光給了王勃以人生的啟迪，讓他從大自然的饋贈中汲取了養分，這才使得他在一時之間，便很快地寫出了〈滕王閣序〉這麼一篇寓情於景，寓情與理，真情實感充裕，情懷飽滿激烈的文章出來。這才使得文以閣名，閣以文傳，鄱陽湖從此名動天下，名震天下，達到了一種無人不知無人不曉的境地。

每當我們吟誦起「滕王高閣臨江渚，佩玉鳴鸞罷歌舞。畫棟朝飛南浦雲，珠簾暮卷西山雨。閒雲潭影日悠悠，物換星移幾度秋。閣中帝子今何在，檻外長江空自流」這首詩時，特別是朗誦到詩的最後「閣中帝子今何在，檻外長江空自流」那一句時，一種由然的情愫便自心頭升起，將我帶到那種物我兩相忘的美妙感覺中去。

儘管王勃在序文中的「落霞與孤鶩齊飛，秋水共長天一色」是化用了庾信〈馬射賦〉中的「落花與芝蓋同飛，楊柳共春旗一色」這一句，「東隅已逝，桑榆非晚」是化用了《後漢書》中「失之東隅，收之桑榆」。以及「老當益壯，寧移白首之心？窮且益堅，不墜青雲之誌」；「無路請纓，等終軍之弱冠，有懷投筆，慕宗慤之長風」；「非謝家之寶樹，接孟氏之芳鄰」等等的句子，都是有出處有來歷的，但是，這一點也不妨礙和影響到人們對王勃做出的，

他是中國文學史上一代奇才、天才、偉才的評價。

也正是因為有了王勃的〈滕王閣序〉，這才讓沉寂了數百年之後的鄱陽湖文學，才開始步入了她在中國文化史上的第二個發展高峰期。當然，這只是後話，鄙人將在以後的，就有關鄱陽湖文化以及鄱陽湖文學的發展與變遷的專門闡述中，給大家做進一步的解讀。

故此，我在這裡要說的是，王勃的〈滕王閣序〉，並不僅僅是給鄱陽湖文學樹立了一座豐碑，他也是站在了中國文化的一個制高點上，給我們的中國文化樹起了一座不朽的豐碑，一座永恆的豐碑！

當真是：王勃緣來過鄱湖，滕王閣上傾肺腑。錦章妙句動天下，文學王國偉丈夫。

嶺南第一人與鄱陽湖及南昌

　　號稱為嶺南第一人的張九齡，是唐代時期的一位有膽有識、有著卓越遠見的著名政治家、文學家、詩人，中國歷史上的一代名相。

　　張九齡，字子壽。他生於西元678年，卒於西元740年。是韶州曲江（今廣東韶關市）人。開元十四年，也就是西元726年，張九齡剛剛被調回京城，接著遭李林甫等人彈核，於是年秋，再次調任外官，出任為冀州刺史。張九齡便以老母不欲從之任所為理由，上表請求罷去官職。於西元727年的三月，朝廷改任張九齡為洪州（即今天的江西南昌）都督。

　　張九齡在赴任洪州的途中，是由長江坐船入鄱陽湖口，再從鄱陽湖泛舟到洪州任上的。這一次的鄱陽湖之旅，在張九齡的心中留下了深刻的印象，他到了任所之後，寫下了〈彭蠡湖上〉這麼一首詩。詩文是這樣的：「沿涉經大湖，湖流多行汏。決晨趨北諸，逗浦已西日。所適雖淹曠，中流且閒逸。瑰詭良復多，感見乃非一。廬山直陽滸，孤石當陰術。一水雲際飛，數峰湖心出。象類何交糾，形言豈深悉。且知皆自然，高下無相恤。」

　　從「沿涉經大湖，湖流多行汏。決晨趨北諸，逗浦已西日」兩句中，我們可以讀得出來，張九齡是在清晨的時候進入鄱陽湖口的，而等他一路穿過鄱陽湖來到洪州的贛江邊上時，這時候的太陽已經快要西沉了。由此可見，張九齡是由北向南筆直地穿過了鄱陽湖全境。使得他從一開始就對鄱陽湖有了一個較為全面而深刻的認

識。所以，他接著就道出了心中「所適雖淹曠，中流且閒逸。瑰詭良復多，感見乃非一」的人生感慨。鄱陽湖啊，妳雖然從外表上來看，是這麼地浩瀚而又曠達，即使湖中間的水流得再怎麼樣急迫，但它所表現出來的氣度，依然是顯得那樣地閒適與安逸。其實，又有誰知道在妳閒適與安逸的表象下，到底暗藏了多少的陰謀與陷阱啊？至於我們到底應該怎樣地來認識妳鄱陽湖，認知妳鄱陽湖，這就得看每個人對妳的領悟的不同而不同了。讀到這裡，我們就不難讀出張九齡作為一個出色政治家，在面對危難時局的劇變中，他清醒地認識到自己應該學習和借鑒鄱陽湖那種處變不驚的偉岸姿態，以及鄱陽湖那從容不迫的膽量與過人的智慧和深邃的思想。只是當時身處迷惘中的張九齡，是很難從那團迷霧般，玄幻莫測的政局當中完完全全地走出來而已。

從「象類何交糾，形言豈深悉。且知皆自然，高下無相恤」這結尾的兩句來看，說明張九齡他已經從鄱陽湖的身上學到了將世事看穿看透，不再去在乎身外物事的異同。他隱隱地認識到世間一切事物的變化，都應該順應大自然的規律，根本就不用固執地去爭什麼贏了輸了的，因為輸和贏的兩者之間，它們是不會彼此相互憐憫的。

這便是張九齡在初次見到鄱陽湖時，鄱陽湖就給了張九齡一份人生中厚重的見面禮。鄱陽湖的這份慷慨饋贈，使得張九齡很快地增長了智慧，豐富了思想，也讓他的心胸變得更加地廣闊了。

為了印證以上的說法，我們不妨回過頭來看看他的這首〈出為豫章郡途次廬山東巖下〉的詩：「茲山鎮何所，及在澄湖陰。下有蛟螭伏，上與虹蜺尋。靈仙未始曠，窟宅何其深。雙闕出雲峰，三宮入煙沉。攀崖猶昔境，種杏非舊林。想像終古跡，惆悵獨往心。紛吾嬰世網，數載忝朝簪。孤恨自麼托，量力況不任。多謝周身

防，常恐橫議侵。豈匪鶺鴒列，惕如泉壑臨。迨茲刺江郡，來此滌
塵襟。有趣逢樵客，忘懷狎野禽。棲閒義未果，用拙歡在今。願言
答休命，歸事丘中琴」。這首詩是張九齡在坐船從廬山東麓的鄱陽
湖上通過時而專門做的一首詩。

　　他這首詩中的「澄湖」指的就是鄱陽湖。他在詩中以「下有蛟
螭伏，上與虹蜺尋。靈仙未始曠，窟宅何其深」來傾吐對朝政腐敗
的失望與無奈。更以「多謝周身防，常恐橫議侵」來隱喻自己在朝
中遭受到的毀謗與汙蔑。因此，他要「願言答休命，歸事丘中琴」
來跳出是是非非的圈子，過上隱逸的生活。

　　儘管在後來的一段日子裡，張九齡還是沒能從一時的政治陰霾
中徹徹底底地走出來，但是，他的心境已然比起之前來說，已經是
要好得多了。這可以從他在洪州任上寫的二首〈在郡懷秋〉詩中讀
得出來，詩的原文是這樣的：秋風入前林，蕭瑟鳴高枝。寂寞遊子
思，寤嘆何人知。臣成名不立，誌存歲已馳。五十而無聞，古人
深所疵。平生去外飾，直道如不羈。未得操割效，忽復寒暑移。
物情自古然，身退毀亦隨。悠悠滄江諸，望望白雲涯。路下霜且
降，澤中草離披。蘭艾若不分，安用馨香為。另一首是：庭蕪生
白露，歲候感遲心。策蹇慚遠途，巢枝思故林。小人恐致寇，終
日如臨深。魚鳥好自逸，池籠安所欽。掛冠東都門，採厥南山
岑。議道誠愧昔，覽分還愜今。憮然憂成老，空爾白頭吟。他在
詩作中委婉地表達了內心對於「時不能用，憂鬱思歸」的憂傷、
落寞、寂寥的情懷。

　　比如說，張九齡在詩中以「蘭艾若不分，安用馨香為」來表達
自己對朝廷愚忠不辨，正邪不分的滿腹憂憤，乃至於，他不得不從
心底裡生發出「議道誠愧昔，覽分還愜今。憮然憂成老，空爾白頭
吟」的感嘆。我們從這裡可以看出來，張九齡通過對眼前景物的描

述，巧妙地將自己的心境與眼前的物事融會貫通在了一起，便催生出他心中那份早已萌動的歸隱退居的念頭來。

就正在張九齡萌生隱退之念時，張九齡碰巧又走到了他政治生涯的一個新的轉折點上。在開元十八年夏，即西元730年的夏天，朝廷特詔將張九齡從洪州都督的任上改調任桂州都督兼嶺南道按察使攝御史中丞，給張九齡升官了。以下的兩首有關鄱陽湖的詩作，便是張九齡在洪州都督任上轉往桂州都督任上時，在那個時期裡先後所作的。我們不妨通過他的詩作來瞭解他那時候的心境。

他首先寫的是〈湖口望廬山瀑布水〉：「萬丈紅泉落，迢迢半紫氣。奔流下雜樹，灑落出雲天。日照虹霓似，天清風雨聞。靈山多秀色，空水共氤氳」。

詩中吟詠的是在陽光的照射下，香爐峰上生起了紫色煙霞，我站在鄱陽湖口遙望香爐峰上的瀑布，奔騰地流過雜樹頂上，灑落地脫出重雲的包圍，就像一條白色的綢帶，高高地掛在山川之間。急流從天上直下而來，就好像有幾千尺長似的，真叫人懷疑那是銀河傾瀉而落到了人世間。陽光照在騰起一片紫色煙霧的香爐峰上，與鄱陽湖上的氤氳之氣相融合，將遠處的廬山和鄱陽湖打扮得是多麼地美麗啊。

在此，我們不難看出，在張九齡的智慧和思想上，已經發生了根本性的變化，本質上的飛躍。這首詩，每一句都緊扣著瀑布的形象特徵來寫，但每一句都是詩人自我形象的真實寫照。詩人寫瀑布之水來自半天之上，顯然是寄託著自己高遠的理想境界與宏大的政治抱負，以及他要堅決衝破各種阻礙的豪放情懷。由於詩人在吟詠山水中寓意寄興，便使得人和景不著痕跡地溶為了一體，使這首詩的激情充沛，意境深邃。這首詩雖然在表面上只是從不同角度，以不同手法，抓大去微，緣貌求神，濃墨重彩地對瀑布進行了強烈的

描述與渲染，寫出了一幅雄奇絢麗的廬山瀑布遠景圖。但是，作者借寓比寄興，景中有人，畫外有音，詩的節奏與情調，讀來悠揚舒展。正是詩人自己的真實寫照。

這也是一向善於賦予自己筆下的山水景物以一種理想人格光輝的張九齡的山水詩和詠物詩中，都共同擁有的一個具有鮮明個性的思想藝術特徵。

分析過了他的〈湖口望廬山瀑布水〉，我們再來學習他的〈自彭蠡湖初入江〉：「江岫殊空闊，雲煙處處浮。上來群噪鳥，中去獨行舟。牢落誰相顧，委迤日自愁。更將心問影，於役復何求」來看，在這首詩中，張九齡大有一種為國為民，奮不顧身的壯志。「上來群噪鳥，中去獨行舟」說的是儘管在朝堂之上噪聲四起，我依然要堅持自己的信念，走自己的道路。「更將心問影，於役復何求」恰恰表露了他那種無愧於朝廷，剛直不阿的心性。

從以上張九齡寫鄱陽湖的詩作中，我們不難讀得出來，張九齡在洪州任上的那一段時間以及他在鄱陽湖上的幾次行走，可以說是在他的人生當中都留下了難以磨滅的記憶。雄渾壯闊，沉穩深邃的鄱陽湖給予了他無窮盡的智慧，豐富了他作為一個藝術家、政治家的思想寶庫。鄱陽湖的磊落情懷深深地影響了他，使得他渾身彌漫出一種「雄厲振拔」的凜然大氣，大有一種神聖不可侵犯的「骨峻神竦，思深力遒」的曲江文風。

有道是：子壽挫遇赴洪州，鄱陽湖上吐心曲。明明暗暗澄湖水，清清亮亮誌壯酬。

詩仙與鄱陽湖及都昌

　　翻開《全唐詩》，我們不乏讀到中國唐代著名的浪漫主義詩人李白，他吟詠鄱陽湖的不少山水詩作，這讓我彷彿看見詩仙他正踏著鄱陽湖上的風浪，在浪花的簇擁下，神態偉岸地走在波峰浪尖上。他頭戴綸巾，一襲長長的青衫罩體，腰間懸掛著一把長劍，足蹬皂靴，氣度不凡；他面如滿月，晶瑩透亮，神光如電，似能穿透人的心扉；他衣袂飄飄，輕盈飄逸，長袖隨風而舞，自有一股惑人的魅力；他左手高舉著金色的酒樽，右手攬著一部厚厚的詩歌帙卷，氣宇軒昂，風度翩翩地從歷史的人文深處向我微笑著走來，神情是那樣的灑脫與自信。

　　我不由得一下子被他的高大形象給迷住了。這彷彿讓我一下子穿越千年時空，沿著時光隧道就來在了「滄江無雲煙，帆落湖中天」的古老鄱陽湖上，一個幻知幻覺的鄱陽湖上。

　　李白（西元701──西元762），字太白，號青蓮居士。是中國唐朝時期的浪漫主義詩人，被後世尊譽為「詩仙」。他一生存世的詩文只有一千餘篇，另有《李太白集》傳世，享年六十一歲。唐天寶十四年，西元755年，安史之亂爆發後，李白為了躲避兵禍，便來到了廬山隱居，遍遊廬山，泛舟鄱陽湖。因為那時候的他，雜亂的心中始終存在著仗劍濟世與退世避隱兩種不同思想的劇烈交鋒。所以，在那時候他也沒有寫什麼關於廬山和鄱陽湖的詩作。後在永王李璘出師東巡遇到他時，他便應邀進入了永王的幕府，成了永王的政客。

　　由於李璘自小生長於深宮之中，於世事是不甚通曉。當時，他眼見得江淮間每年的租賦都有上億萬兩的銀子，庫房裡面是堆積如山，用之不盡，於是，永王就自以為基礎深厚，就萌生了與肅宗爭奪帝位的念頭。還有一條就是，李璘更架不住他剛勇有餘、謀略不足的兒子，襄陽王李瑒的百般遊說，便起兵奪位，攻取了金陵，接著又引舟師向東，披甲士兵五千到達了廣陵。只是好景不長，不久之後，永王便即被肅宗打敗，最後，連他的去向也成了一個千古不解的謎。是故，李白也因此被永王牽連了進去，身陷在潯陽的牢獄之中，並被朝廷流放去夜郎國。到了西元759年，李白在途中幸逢朝廷大赦，欣然寫下了〈早發白帝城〉一詩。

　　西元760年（肅宗上元元年）李白六十歲。春由洞庭返江夏。秋至潯陽，便再登廬山，決意遊仙學道以度餘年。這時候的李白，輕輕鬆鬆遊蹤廬山，暢享鄱陽湖。他的一些有關廬山和鄱陽湖遊歷的山水詩作，便是他那個時候的作品。

　　李白詩歌的語言，特別是山水詩歌的語言，清新秀美，不拘聲律、格式的拘絆，灑脫豪放，近乎於散文的敘述，但都統一在「清水出芙蓉，天然去雕飾」的自然美之中。這跟他仰慕和提倡康樂公的詩歌創作技法有很大的關聯，更是和他自覺地追求自然的美感有關。

　　李白一生十分崇拜謝靈運，他曾經專程從潯陽乘舟來都昌城南的西山，叩訪謝靈運隱居的「石壁精舍」以及翻經臺，真誠地前來拜謁康樂公，可見他對謝靈運是多麼地景仰有加。這有他的〈入彭蠡經松門觀石鏡緬懷謝康樂題詩書遊覽之誌〉為證：「謝公之彭蠡，因此遊松門。余方窺石鏡，兼得窮江源。將欲繼風雅，豈徒清心魂。前賞逾所見，後來道空存。況屬臨泛美，而無洲諸喧。漾水向東去，漳流直南奔。空濛三川夕，回合千里昏。青桂隱遙月，綠

楓鳴愁猿。水碧或可採，金精秘莫論。吾將學仙去，冀與琴高言。

我們不難從詩中讀得出來，正是因為有了康樂公在鄱陽湖上吟山詠水，他才有了來松門遊歷的趣興。他來看什麼呢？當然是石壁精舍囉。那天，他乘坐一葉扁舟，從廬山腳下的星子登船，一路由鄱陽湖的北湖入江水道逆流而上，來到了松門山島對岸的都昌西山，棄船登岸之後，便尋蹤覓跡地在大山之間找尋謝靈運當年隱居的石壁精舍，並在精舍內作了長時間的停留。「余方窺石鏡，兼得窮江源」以及「吾將學仙去，冀與琴高言」等詩句，就是他在精舍內外及附近流連徘徊時的真情感喟。由此可見，正是因為有了謝靈運隱居都昌西山的緣故，才使得鄱陽湖及其都昌，在詩仙李白的心靈深處佔有了一個重要的位子。

我們再來看看他的〈尋陽送從弟昌峒鄱陽司馬作〉：「桑落洲諸連，滄江無雲煙。尋陽非剡水，忽見子猷船。飄然欲相近，來遲杳若仙。人乘海上月，帆落湖中天。一睹無二諾，朝歡更勝昨。爾則吾惠連，吾非爾康樂。朱紱白銀章，上官佐鄱陽。松門拂中道，石鏡回清光。搖扇及於越，水亭風氣涼。與爾期此亭，期在秋月滿。時過或未來，兩鄉心已斷。吳山對楚岸，彭蠡當中州。相思定如此，有窮盡年愁。」在詩中，「爾則吾惠連，吾非爾康樂」這句，便是李白效法謝靈遠之喚族弟謝惠連，稱昌峒為從弟的由來。「松門拂中道，石鏡回清光」這一句說的是，老弟啊，妳此次由潯陽去鄱陽，到了松門山才只是走了一半的路程，松門那裡有謝公的石壁精舍在啊，如果妳能夠去拜謁的話，會有祥瑞呈現給妳的，那真是一件妳人生中的大幸事矣。這首詩雖然著筆寫的是兄弟之間的情感，但描繪的卻多是沿途的景色，渲染的是淋漓盡致、有聲有色，情景交融，讀來令人倍感親切和形象生動，同時，於詩中隨處可見李白對謝靈運的崇敬是何等地令人感懷。

　　還有一首〈下尋陽城泛彭蠡寄黃判官〉的詩，是他在鄱陽湖上泛舟時寫的，是寫給他的一位好友黃判官的。詩的原文是這樣的：「浪動灌嬰井，尋陽江上風。開帆入天鏡，直向彭湖東。落景轉疏雨，晴雲散遠空。名山發佳興，清賞亦何窮？石鏡掛遙月，香爐滅彩虹。相思俱對此，舉目與君同。」

　　「開帆入天鏡，直向彭湖東」一句，描寫的就是鄱陽湖的浩瀚與壯闊，在水天一色之中，他要去東鄱陽湖遊歷，因為那裡有他牽掛的人文遺跡。他牽掛什麼呢？「石鏡掛遙月，香爐滅彩虹。相思俱對此，舉目與君同」兩句，便把他的心事吐露無遺了。詩人的心裡，始終記掛著鄱陽湖上謝公靈運的石壁精舍呢。

　　再就是李白在廬山寫他的雲水謠時，心中也還是念念不忘謝靈運；念念不忘鄱陽湖；念念不忘鄱陽湖上的都昌縣；鄱陽湖畔都昌西山上的石壁精舍和東西翻經臺。他在〈廬山謠寄盧侍御虛舟〉一詩中是這樣寫的：「我本楚狂人，鳳歌笑孔丘。手持綠玉杖，朝別黃鶴樓。五嶽尋仙不辭遠，一生好入名山遊。廬山秀出南斗傍，屏風九疊雲錦張。影落明湖青黛光，金闕前開二峰長，銀河倒掛三石樑。香爐瀑布遙相望，回崖踏章凌蒼蒼。翠影紅霞映朝日，鳥飛不到吳天長。登高壯觀天地間，大江茫茫去不還。黃雲萬里動風色，白波九道流雪山。好為廬山謠，興因廬山發。閒窺石鏡清我心，謝公行處蒼苔沒。早服還丹無世情，琴心三疊道初成。遙見仙人彩雲裡，手把芙蓉朝玉京。先期汗漫九垓上，願接盧敖遊太清」。

　　「好為廬山謠，興因廬山發。閒窺石鏡清我心，謝公行處蒼苔沒」。在這裡足以說明，李白他雖然是身在廬山，思前想後，一生的漂泊，到最後，他的心卻是在鄱陽湖上，在鄱陽湖上的都昌，在都昌西山的石壁。這也足以說明此刻的李白已沒有了先前仗劍天下的昂揚鬥志而變得多愁善感，銳意盡失了。他要學靈運謝公，專心

遊歷山水，尋仙覓道，避世隱蹤，浪跡在天涯海角之間。

這首詩，詠嘆的雖然是廬山奇絕的風景；他飄然的遊歷之態；欲想學道成仙的強烈願望，但是，我們可以從他借謝靈運的故事來抒發自己浮生若夢，盛事難再，寄寓那種超脫現實的無奈心境。李白的這首詩想像豐富，境界開闊，讀來給人以一種雄奇無比的美妙享受。

由此我們知道，李白幾乎是在寫鄱陽湖的每一首詩作中都有意識地寫到了石壁精舍，都聯想起了謝靈運，可見鄱陽湖與謝靈運以及康樂公的石壁精舍，是在李白的心裡深深地紮下了根，成為了李白有限的生命中不可分割的一個部分。

不過，令人惋惜的是李白在離開潯陽之後，於第二年便客死在安徽的當塗，他的族叔李陽冰的家中。李白在臨終之際，著有絕筆〈臨終歌〉一首，並將平生所著統統託付給其族叔李陽冰。

當真是：李白乘舟入松門，拜謁康樂觀石鏡，都昌城頭西山好，鄱陽湖吟山水魂。

劉長卿風雪芙蓉山

　　大唐興元年間的秋天，淮西節度使李希烈私欲暴漲，擁兵自重，竟然不肯接受朝廷的節制，擅自在淮西之上割地稱王，要做皇帝。於是，在遼闊的兩淮大地之上燃起了一片殘酷的烽火狼煙，濃濃的狼煙遮天蔽日，如沉重的愁雲壓在了廣大人民的頭上。

　　在那個烏雲深沉，秋風蕭瑟的秋天裡，李希烈終於按耐不下日益膨脹的私欲與狼子野心，置黎民百姓生命於不顧，盡起淮西數十萬精兵與朝廷軍隊在兩湖一帶展開了激戰，無情慘烈的熊熊戰火遍地燃起，一時之間，在吳楚之間的廣袤地區，以摧枯拉朽之勢席捲而去，將那片土地上是燒得一片枯焦狼藉。山野田間，道頭地旁，到處是屍殍遍地。兵匪過處，生靈塗炭。滿目一片蒼夷，民不聊生。直叫人不忍卒睹，空自悲號。

　　這場戰火，不久便燒到了素有「漢襄咽喉」之稱的隨州。那時候，剛剛被朝廷任命為隨州刺史的劉長卿還沒有到任。就在他赴任隨州刺史的途中，被離難的民眾裹挾著一起離開了隨州。劉長卿離開隨州後，便一路沿漢水南下，來到了吳頭楚尾的江州——潯陽，也就是我們今天的江西省九江市。

　　其實，早在上元元年，即西元的760年春，劉長卿被貶為潘州南巴（今廣東電白）尉，離開蘇州轉道到洪州待命。在赴洪州途中，曾經逗留在鄱陽湖東岸的餘干，與當時的大詩人，號稱為詩仙的李白相遇。李白當時在流放夜郎途中遇赦放還後，便沿長江直下，來到了廬山，來到了鄱陽湖上。李白留戀於鄱陽湖上的山水之

秀美,流連往返其上,不肯離去。劉長卿能於此時道中遇到李白,自是欣喜異常,不忍卒別。而當時他又想到自己將要遠行南嶺之外,頓時愁腸滿懷,憂思百結,終日難以排解,便寫下了一首〈將赴南巴至餘干別李十二〉的詩作送給了李白:「江上花催問禮人,鄱陽鶯報越鄉春。誰憐此別悲歡異,萬里青山送逐臣。」

其實,這一次劉長卿終是沒有到南巴去任職。他於次年途中的秋天,也就是西元的761年,他又接到了朝廷要他回轉蘇州的詔令,在蘇州接受了「重推」的一個職位。

上元二年,即西元761年,劉長卿從南巴經江西返回來之後,一段時期裡,就旅居在江浙一帶。這時候的江南大地上,剛剛經歷過了劉展的叛亂,本來繁華富庶的吳地一帶,在戰亂中被搞得破敗不堪,滿目蕭條。上元元年,西元760年的十一月,時任都統淮南東道、江南西道和浙西道三道節度使的劉展與其弟劉殷一起,發動了兵變,對抗朝廷。劉長卿也曾經有詩〈自江西歸至舊任官舍〉紀其事:「空庭客至逢搖落,舊邑人稀經亂離。」到了唐代宗大歷五年,也就是西元770年以後,劉長卿又歷任轉運使判官,知淮西、鄂嶽轉運留後。至唐德宗建中二年,亦即是西元的781年,劉長卿再次受任隨州刺史。故後世遂稱其為「劉隨州」。

那一年的冬天,劉長卿自江州出發途經星子,一路沿鄱陽湖遊歷,往鄱陽、萬年、餘干那邊的鄱陽湖東岸而去,因為餘干有著他太多的牽掛,他永遠也不會忘記他與李白在餘干相逢的那一幕,所以,這次他便再次踏上了去餘干的行程。這天,他在漫天大雪傾覆下的日暮時分,終於來到了鄱陽湖北岸的都昌縣城城北的芙蓉山下,借宿在山中的一戶人家。

他站在芙蓉山口的山嶺之上,看天地之間的萬物均被漫天大雪所覆蓋,天地間一派蒼茫、幽寂與空遠,只見夕陽下,天邊的遠

處，鄱陽湖西南邊的廬山，雖然是高聳而立，亦不過似一道綿延的長嶺，橫亙在茫茫的大雪深處，若隱若現，給人一種遙遠而又不可及的印象。近處的小山村裡，一座座茅屋被大雪遮掩了身形，顯得是那麼地寂寥和無助，就連炊煙也不見升起來。這給身在寂寞旅途的詩人，平添了無限的憂思與傷感。是夜，他寄宿在山民的家中，想到自己這一路走來的坎坷與顛沛，不由得思緒滿懷，愁情湧動，輾轉反側其間，夜不能寐。突然在夜半時分，聽得村裡村外先後傳來了幾聲長長短短的狗叫聲，狗叫聲一直來到了它所借住的茅屋前，在吵雜的狗叫聲中，他真真切切地聽到了院門被推開的響聲。他知道，這是他所借居人家的屋主人，在這風雪之夜的夜半時分回到家裡來了。

　　於是，此刻睡意全無的劉長卿乾脆從床上披衣坐了起來，按耐不住胸中蓬勃的詩情與對人生的真切感慨，吟誦出了那一首名動天下，婦孺皆知的五言絕句〈逢雪宿芙蓉山主人〉：「日暮蒼山遠，天寒白屋貧。柴門聞犬吠，風雪夜歸人。」詩人用極其凝煉的筆觸，描畫出了一幅以寂寞孤旅於雪暮之夜投宿山寨人家，聞聽的風雪夜半主人歸來的寒山夜宿圖。也沒有用過多的筆墨去說明他心中的感想，而是通過透露山居得荒寒之感，由此來觸發人們對孤旅靜夜之情的慨嘆。

　　對於以上這些歷史性背景的陳述，就是我想要還原當年劉長卿創作〈逢雪宿芙蓉山主人〉一詩的歷史追述與想像的原貌。同時，我們由此可見，在詩人劉長卿的一生當中，他曾經是與鄱陽湖，更是與鄱陽湖上的都昌，都昌城北的芙蓉山結下了深深的不解之緣，留下了他的千古名篇詩作〈逢雪宿芙蓉山主人〉。從此，芙蓉山得以名揚天下，成為了中華文化的歷史長河中，一個永久的文化符號，一座永恆的文學豐碑。

王守仁與他的〈鄱陽戰捷〉

　　翻開心學大師王陽明的詩集，發現其中有關江西的詩歌錄了一個專輯，專輯收錄詩歌一百二十餘首。專輯裡的開篇之作便是他的〈鄱陽戰捷〉一詩。

　　詩的原文是這樣的：「甲馬秋驚鼓角風，旌旗曉拂陣雲紅。勤王敢在汾淮後，戀闕直隨江漢東。群醜漫勞同吠犬，九重端合是飛龍。涓埃未遂酬滄海，病懶先須伴赤松。」

　　這首〈鄱陽戰捷〉詩，吐露了王陽明在鄱陽湖上平定了寧王朱辰豪的叛亂之後，那種居功忘忑，情懷黯然，複雜而又矛盾的心理狀態。他已從皇帝的言行中察覺到了某種不確定的因素。他雖然知道自己已經有了像汾陽郡王郭子儀那樣的勤王平天下的赫赫戰功，但是功高可以蓋主，禍從福來，因此，他毅然決然地，一股腦兒地將平叛的功勞，全都推在了武宗皇帝的身上，一身輕鬆地效法漢相張良追隨赤松子，隱蹤仙野，塵絕世俗與功名。

　　在明正德十四年，亦即是西元的1519年，明宗室寧王朱辰豪於六月在南昌起兵，一心要爭奪皇位，因此，在明王室內部，爆發了一次大規模的叛亂。

　　事情的起因是這樣的：明正德二年，寧王朱辰豪先後賄賂太監劉瑾及其佞臣錢寧、伶人臧賢等人，瞞著朝廷在府中豢養亡命之徒，建立起自己的王宮衛隊，隨心所欲地殺戮和放逐、幽禁地方上的一些文武官員，強取豪奪官民的田土地產，弄得怨聲載道，影響極壞。他還暗中命人劫掠商賈，窩藏盜賊，密謀起兵造反，並且，

還企圖將自己的兒子過繼給武宗皇帝，借兒子入嗣皇帝，換來太子之位的手段來謀得皇位。

當時，有太監張忠、御史蕭淮等人，先後在武宗處告發寧王朱辰豪的樁樁劣跡，武宗聞奏之後，遂下旨收編寧王的衛隊，解散其護衛，並著令寧王歸還所奪官民之全部田產，不得據為己有。朱辰豪得知這一消息後，便於正德十四年六月興兵，殺了江西巡撫孫燧、江西按察副使許逵，革除武宗皇帝的正德年號，自立為皇帝。他以李士實、劉養正為左、右丞相，王綸為兵部尚書，集十萬之眾，並發檄文至各地，斥責朝廷。於七月初，留下部將守南昌，親自率舟師出鄱陽湖口，沿江東下，攻打安慶，意欲奪取金陵。時任汀贛巡撫、僉都御史的王守仁聞變之後，立即傳檄文於諸郡，舉兵勤王。王守仁在會齊了各地軍兵之後，於七月二十日便攻克了南昌，搗毀了朱辰豪的老巢。朱辰豪聞訊之下，趕緊撤了安慶之圍來回救南昌。七月二十四日，朱辰豪率兵馬與王守仁軍相遇於南昌東北，鄱陽湖上的黃家渡，一番激戰之後，朱辰豪敗退到了一個叫做八字塔的地方。第二日又被王守仁軍打得大敗，無奈退保到了樵舍。朱辰豪到了樵舍之後，下令自己的各部，均聯舟為陣，以拒王守仁軍。沒想到，在二十六日那天，王守仁軍借用火攻，攻其連舟之陣，叛軍遭火焚及溺斃的將士有近三萬餘人，朱辰豪與其世子、郡王，及李士實、劉養正、王綸等人，也盡皆被擒獲了。

八月份，王守仁的平叛奏報來到了京城，大喜之下的明武宗朱厚照，卻仍然自稱奉天征討威武大將軍鎮國公，在八月二十二日動身，親率萬餘官兵南下，以親征平叛為名，一路南遊作樂而來，直到另年的十二月，才班師回到通州（今北京通縣），武宗回到通州之後，立即處死了寧王朱辰豪，並借機解除了寧王之藩，永絕後患。

在上述的故事中，我們不難看出王陽明的擔心並不是多餘的，這還可以在他接下來的〈書草萍驛二首〉中讀得出來。他在詩的題記中這樣寫道：「九月獻俘北上，駐草萍，時已暮。忽傳王師已及徐淮，遂乘夜速發，次壁間韻紀之二首」。

其一、一戰功成未足奇，親征消息尚堪危。邊烽西北方傳警，民力東南已盡疲。萬里秋風嘶甲馬，千山斜日度旌旗。小臣何爾驅馳急？欲請回鑾罷六師。

其二、千里風塵一劍當，萬山秋色送歸航。堂垂雙白虛頻疏，門已三過有底忙。羽檄西來秋黯黯，關河北望夜蒼蒼。自嗟力盡螳螂臂，此日回天在廟堂。

我們不難在「一戰功成未足奇，親征消息尚堪危」以及「羽檄西來秋黯黯，關河北望夜蒼蒼。自嗟力盡螳螂臂，此日回天在廟堂」等詩句中讀出王陽明清澈明白的學者心境。

縱觀大明王朝數百年的歷史，我們不難發現，大明王朝似乎與鄱陽湖之間有某種難以割捨的情結。在大明王朝的建立與統治過程中，在鄱陽湖上曾經發生了兩次規模宏大的戰爭。第一次是朱元璋對陳友諒在鄱陽湖上的那場戰鬥。那一次，朱元璋最終以一戰定乾坤，使得大明王朝在一夜之間便聳立起了在鄱陽湖上，成就了朱明王的千秋霸業。第二次的戰爭，就是以大明朝三百年來的第一人，以王守仁為首的勤王之師，在鄱陽湖上平定了寧王朱辰豪叛亂的那場戰爭。王守仁原本是一個思想家、教育家，是一個「心學」大師，是一個哲學家，在這場戰爭中，王守仁以學者的柔弱之軀戰勝了朱辰豪的剛勇之體。在鄱陽湖上的這兩場爭戰中，老朱家的人一勝一敗。朱元璋打敗了陳友諒，王陽明戰勝了朱辰豪。

從這兩次的戰爭中，我們清楚地看到，陳友諒是輸給了大明朝智勇兼備的開國皇帝，他輸得一點也不冤；朱辰豪是輸給了大明

朝三百年來，最具智慧的第一人，他輸得半點也不枉。令人感到好奇的是，這兩次的戰爭，竟然都是發生在鄱陽湖上，在這同一個地方，這對於大明王朝來說，冥冥之中，是不是有著太多的淵源糾結在這浩瀚的雲天深處，廣袤的鄱陽湖上，這，讓我們百思而不得其解。

王守仁生於明朝中葉，一生的事功，亦然是赫赫在史之冊。無奈，他所處的時代政治腐敗、社會動盪、學術頹敗，因此，他試圖力挽狂瀾，拯救人心。於是，在他的後半生裡，努力於弘揚「身心之學」，「倡良知之教，修萬物一體之仁」。

王守仁是宋、明時期的心學集大成者。他與儒學的創始人孔子、儒學的集大成者孟子、理學集大成者朱子一起，被後世並稱為孔、孟、朱、陽明四子。

回過頭來，我們再來看看他在平定了寧王的叛亂之後，鄱陽湖上的這一場慘烈的惡戰，在王守仁的內心深處到底留下了什麼樣的刻骨印象，又生發出了哪些的真實感慨呢？這在他的〈寄江西諸士夫〉一詩，「甲馬驅馳已四年，秋風歸路更茫然。慚無國手醫民病，空有官銜靡俸錢。湖海風塵雖暫息，江湘水旱尚相沿。題詩忽憶並州句，回首江西亦故園」中，很明白地表露了出來的。「慚無國手醫民病，空有官銜靡俸錢」。說的是他面對朝政腐敗，無力回天，難救百姓於水火之萬一的萬般無奈心境，他恨自己白白地浪費掉了朝廷不少的俸祿，無顏面對天下蒼生的那種萬分愧疚的心情。「湖海風塵雖暫息，江湘水旱尚相沿。」則是他身系家國，憂國憂民情懷的真實表達。

有道是，「陽明征戰捷鄱陽，祈願江山萬古長。嗟無良策拯家國，奈何疆場認故鄉」。可見，在王守仁的思想深處，鄱陽湖以及鄱陽湖上的那場爭戰，對他的影響是空前的，是刻骨銘心的。

罡風儒雨鄱陽湖

　　罡風熱掃蕩陰霾，儒雨潤催化世外。劍戟沖天向敵寇，一壺茅酒自開懷。

　　劉錡，字信叔。是將門之後，中國宋朝時期的名將。其父劉仲武，宋熙寧時初任補官，後曾因功受到宋徽宗的召見，受皇恩披拂，家中的九個兒子都跟著受到了皇封，進而悉數為官，步入仕途。劉仲武一共生育有劉鎮、劉銳、劉鍔、劉醇、劉錫、劉鐺、劉網、劉釗、劉錡九個兒子，在這九個兒子當中，當以劉錡最為著名。

　　翻開明正德十年的《南康府誌》卷六〈人物〉篇，有這樣的一段文字記載：「劉錡，仲武之子，字信叔，仕至開府儀同三司，贈少傅，諡武穆。公因官寄居秦州成紀。兄釗，除長寧知府，奉母還都昌，葬二都耘溪田舍」。接著翻看《彭城劉氏會源宗譜‧劉彥誠》篇，上面是這樣記載的：「公自鄱陽遷居都昌，以漆排門為號，故曰排門大夫」。「敕葬都昌治東六十里黃金鄉二十都杏花園木瓜墩留誌橋北去丙水十二仗」。接下去再翻開《彭城劉氏會源宗譜‧劉仲武》篇，我們可以看到「排門，其舊宅也。」往下看，還有「錡，字信叔。江東路南康軍都昌縣黃金鄉二十都排門村人」。在正德版《南康府誌‧陵墓》篇中記載，「劉彥誠墓在黃金鄉杏花園留誌橋北」。在此誌的〈人物〉篇中是這樣記載的：「劉仲武，列宅二十四，號排門，遺址見存。」又據清同治版《都昌縣誌‧橋渡》篇記載，「七里橋，在治東七十里古排門，即留誌橋。」綜合以上的資料來看，劉錡是劉彥誠的曾孫，他們家的第四代傳人。由

此，我們可以得出這樣的一個認識，劉錡的祖居之地，便是今天的鄱陽湖上都昌縣的鳴山鄉七里橋村。

劉錡年少受封之初，一直隨父從軍征戰在疆場。後官至涇原經略使。建炎四年，也就是西元的1130年，他率麾下的涇原軍參加了富平戰役。在富平一戰之後，南宋出現了多名將領帶兵投降金主的現象。劉錡隨之奉都招討張浚之命前去討伐叛軍將領，在戰事中，因後援沒有跟上，被迫撤了下來，回來之後，遂遭到了降職的處分。後被召回臨安府（今浙江杭州），任權提舉宿衛親軍。建炎十年，改任為東京副留守。他率八字軍等近兩萬人及全軍家屬沿水路北上，到順昌府（今安徽阜陽）時，得到金朝又已毀約犯我朝廷，並且重新占領了東京（今河南開封）的消息。於是，劉錡就和知府一起做出了守城禦敵的決定。金軍統帥完顏宗弼以大軍進攻阜陽，劉錡用計大敗金軍於阜陽城下。十一年，又奉調增援淮南，與王德、楊沂中等軍在廬州（今安徽合肥）東南的拓皋鎮大敗金軍。

紹興三十一年，即西元的1161年，金主又調60萬大軍南犯宋庭。在出發前分配作戰任務時，攻打宋軍各部將領的任務都一一落到了實處，唯有攻打劉錡一部的作戰任務，全軍無一人敢於應承下來。金主完顏亮氣得咬牙切齒，決定親自帶領大軍與劉錡決戰。當時，劉錡擔任江、淮、浙西制置使，節制諸路軍馬，總指揮部設在清河口。金兵這次不敢怠慢，採用毛氈裹船運糧，劉錡則派游泳好手潛入水中鑿沉金人的糧船。金軍一面留精兵與劉錡相對抗，另以重兵轉入淮西。屬劉錡節制的大將王權卻被金大軍嚇倒，不聽調遣，不戰而逃，徹底破壞了劉錡的作戰佈署，使得戰事落敗，劉錡不得不暫時退守揚州。金軍派萬戶高景山尾隨而來進攻揚州，兩軍在皂角林經過一番激戰，金將高景山被宋軍消滅了，同時，宋軍還俘虜了數百名的金兵，取得了不小的勝利。可惜的是，劉錡在此戰

時的重要時刻，竟突然身染重病，一病不起。他只得下令侄兒劉記率1500人扼守瓜州渡口，擔當守軍；命部將李橫率8000人在揚州城頭固守；自己則暫赴鎮江去治病。

這時候，宋廷聞訊之下，只好暫時任命知樞密院事葉義向來做江淮戰役的總指揮。葉義向首先來到了鎮江，他見到劉錡已經病重不起，就臨時任命李橫代理劉錡的指揮權，可是，當金兵直逼瓜州時，劉記首先敗退，李橫孤軍不能抵擋，左軍統制魏友、後軍統制王方戰死，劉錡一手訓練而又身經百戰的一支鐵軍就這樣幾乎全軍覆沒。劉錡本人被召還京城後，被安排在試院內閒住，等待接受朝廷的處置。次年，也就是在紹興三十二年，即西元的1162年的閏二月，劉錡突然「嘔血數升而卒」。劉錡死後，皇帝追贈他為「開府儀同三司」，後謚「武穆」。

在紹興十一年的四月，宋高宗與秦檜先後罷免了韓世忠、張俊、嶽飛三大元帥的兵權，劉錡因而便自請隱退閒居。七月，儘管樞密副使嶽飛請求朝廷不要罷免劉錡的兵權，但劉錡的兵權還是仍然遭到了罷免，罷免之後的劉錡，被外放到荊南府（今湖北江陵）做了知府。至紹興十七年，劉錡以宮觀之職退隱賦閒了下來，一直到了紹興二十五年，才再度被朝廷重新起用為潭州知州。

劉錡在掛印歸隱，寄居湖南湘潭期間，曾經寫過一首詞牌叫做〈鷓鴣天〉的詞：「竹引牽牛花滿街。疏籬茅舍月光篩。琉璃盞內茅柴酒，白玉盤中簇豆梅。休懊惱，且開懷。平生贏得笑顏開。三千里地無知己，十萬軍中掛印來」。

劉錡在湘潭歸隱期間，由於平時沒有留下什麼積蓄，所以在歸隱後的那段日子裡，生活是過得非常地拮据。成天衣衫不整，緇衣垢面，一副窮困潦倒的模樣。他經常到村中的小店裡去吃酒，店中人因為不認識劉錡，便屢屢對他吆五喝六的。劉錡無奈地悲嘆道：

「百萬番人，只如等閒。如今卻被他們誣罔。」實在是感覺好笑而又無可奈何，無處發泄心中的怨憤，他便作了此詞來聊侃自己，藉以舒暢心情。

在這首詞中，深深地表達了劉錡在歸隱之後那一種甘願寂寞，不復求聞名於鄉裡的恬淡心境，這的確是值得所有的人們欽佩的。沒有哪一個人，能逃得脫在盛名之下的春風驕縱、誌得意滿，以及一種樂意享受的感覺。但是，盛名之後的寂寥與無名，卻是沒有多少人可以做得到淡然面對的。畢竟，這是兩種截然相反的生活狀態。在名利場中，有多少人看得透這一層呢？他們至死不敢放棄手中的權力。因為，他們接受不了失去權力後的門庭冷落。詞中的「休懊惱，且開懷」，不啻在告訴人們，不妨試著去換一種心境來看待外面的世界，去看待生活。其實我們會發現，每一個人的人生當中，都會有他的快樂色澤與悲憤情愫。

關於這一點，我們還可以從朱熹對劉錡的評價中讀得出來。宋朝時，一向很少瞧得起武將的朱熹，對劉錡也是推崇備至的。他曾經在文章中提到劉錡說：「信叔本將家子，喜讀書，能詩，詩及佳，善寫字」。這句話的意思是說，劉錡不但是喜歡讀書，而且還能夠做詩，並且他的詩還做得非常漂亮。劉錡不僅會做詩，他還善於寫字，並且字也寫得很好，的確不愧是「今代詩書帥」，「真的是有一代儒將之風範」。

從以上的敘述中，我們不難看出，劉錡不僅是一位驍勇善戰，足智多謀的鋼鐵戰將，他還承繼了父祖身上的鄱陽湖人遺風，是一位心胸曠達，經綸滿腹的飽學之儒。他渾身上下無不透射出鄱陽湖人的剛毅與堅韌性格，同時，還彌散出鄱陽湖人的瀚闊與悠遠情懷。

這正是：鄱陽湖上起罡風，擎天一柱似勁松。願灑熱血酬壯志，儒文化雨情意濃。

黃山谷與南山清隱禪院

　　鄱陽湖上都昌縣。在縣城南門外的鄱陽湖邊上，有一座纖巧靈秀的小山，人們都管她叫做南山。山腰上有一座寺廟，叫做清隱禪院。廟側的碑廊裡，存留著一塊石碑，碑曰《清隱禪院記》，是中國北宋著名的文學家，號稱詩書雙絕的江西詩派的開山鼻祖——黃庭堅，黃山谷黃老先生的書法真跡。

　　《清隱禪院記》的碑刻原文是這樣的：「發豫章下流，略鄱陽之封，居彭蠡上游，距南康軍之落星灣輿行一宿，舟行百里，有大聚落，是為古之鄡陽，今為都昌縣治所。山悠而水遠，能陰而善晴。升南山而望之，如李成、范寬得意圖畫。蓋南山之於都昌，如娟秀人直其眉目清明處也。其東則謝康樂繙經臺，其西則石壁精舍，見於康樂之詩。石壁之灣洄，古木怪石，又陶桓公之釣臺也。野老巖之下，盤折為隈隩其上，泉甘而繁松竹。曰清隱寺者，唐泰陵皇帝所賜名也。其後，縣令陳臬用鹹通敕書，改築於南山之陽。自爾餘百年，閱廢興多矣。守者非其人，至無用苫，風雨以食。熙寧甲寅，令王師孟初得廬山僧建隆主之，遂為南山清隱禪院。乙卯丙辰而隆卒，長老惟是自廬山來，百事權輿，願力成就。而僧太琦實為之股肱。於今八年，宮殿崇成。凡所以安眾作佛事者，靡不斬新。松竹欣欣，安樂雨露，而無斧斤。引高泉以致日用，器械奇巧，如人血脈周流於百體也。陰房蘚壁。戶牖通達，昔者，蟲蛇之寢廟，虎豹之燕居，無不奮築丹堊，糞其寬衍，以為園蔬。老者有所休，壯者有所遊，少欲而常足，無聚祿而果人之腹。余得意於山川以來，隨食南北二十年矣，未嘗不愛樂

此山之美。故，嘉嘆清隱之心，賞風月而同歸清隱。曰：吾與子，同與不同，付與五湖雲水，惟是艱難，以至燕樂。強為我記之。清隱出福清林氏，飽諸方學，最後入浮山圓鑒法遠之室。浮山臨濟之七世孫，如雷如霆，觀父可以知子矣」。

黃庭堅，洪州分寧（今江西修水）人。生於西元1045年，歿於西元1105年。字魯直，號山谷道人，晚年號涪翁，黔安居士，八桂老人。北宋時期著名的詩人，書法家。

黃庭堅在碑文中，用「發豫章下流，略鄱陽之封，居彭蠡上游，距南康軍之落星灣輿行一宿，舟行百里，有大聚落，是為古之鄡陽，今為都昌縣治所」的寥寥數語，就將置縣都昌的來歷以及都昌歷史的沿革，向人們介紹得清楚明白。接著，在通過對南山及四周的湖光山色，做出了一番細致詳盡的描述之後，便很自然地帶出了清隱禪院的前身，清隱寺以及清隱寺一名的由來。原來清隱寺是拜唐朝的泰陵皇帝所賜而得名的。爾後，由唐鹹通時期的都昌縣令陳杲，其將寺廟改建在了城外南山的南邊山腰處。此後，又歷經了百十餘年的光景。在那過去的一百多年裡，一直也沒有合適的人選來主持清隱寺的寺務，致使寺廟備受風雨的侵蝕，逐漸變得荒蕪、頹廢殆盡。

就這樣，一直到宋熙寧甲寅年，也就是西元的1074年，當時的都昌縣令叫做王師孟，他請了個法號叫建隆的方丈來清隱寺做住持，於是，從那時候開始，遂將清隱寺改名為清隱禪院。建隆方丈來了不到兩年的時間，還沒等他將寺廟重新修葺一番，便在熙寧的乙卯還是丙辰年間，亦即是西元的1075至1076年之間，就故去了。從那時候以後，有個叫做惟是的長老，他從廬山委迤而來，到清隱寺當了住持。惟是長老來了之後，大興土木，重修廟宇。這在當時，寺裡有一個叫做太琦的和尚，跟著惟是長老跑前跑後，積極地協助長老重修禪院，在整個重修的過程中，他成了惟是長老的左

膀右臂，得力幹將。終於在西元的1082年，也就是宋神宗的元豐五年，將清隱禪院重新修建落成了。

寺廟落成了以後，惟是長老便請當時尚在吉州太和縣當知縣的、名聞天下的大詩人，禪宗外修弟子黃庭堅，來給寺廟重修這件事作個記，於是，黃庭堅便應惟是長老之邀，來到了都昌，遊歷了鄱陽湖上的南山。

在這裡，我覺得就有必要說明一下，我為什麼說黃庭堅是禪宗的外修弟子呢？

在黃庭堅的一生當中，他的詩歌創作過程，基本上是可以分為以下的三個階段：從黃庭堅的青年時期到元豐八年的五月，也就是在他40歲左右的時候，可以看做是他文學創作的第一個階段；自元豐八年的六、七月份開始到元祐八年時止，也就是詩人已經到了知天命的年紀時候，可以看做是他文學創作的第二個階段；從紹聖元年，也就是西元的1094年，到崇寧四年，即西元1105年，也就是說一直到黃庭堅去世時為止，這是他的第三個階段。

元豐三年時，36歲的黃庭堅被朝廷外放到了吉州的太和縣當縣令，他在途經舒州（今安徽廬江）的三祖山山谷寺石牛洞時，一時之間，驟然喜歡上了那裡，便自號為山谷道人。也可以這麼說，就是從那時候開始，黃庭堅算是正式皈依了禪宗，成了禪宗的一個外修弟子。

所以，在元豐六年的時候，惟是長老請黃庭堅前來給禪院作記，作為一個禪宗的外修弟子，他便很欣然地來到了都昌，來到了南山之上，來到了清隱禪院。

來到了清隱禪院之後，黃庭堅看到南山之上「老者有所休，壯者有所遊，少欲而常足，無聚祿而果人之腹」的祥和氣象，遂從內心發出了「余得意於山川以來，隨食南北二十年矣，未嘗不愛樂此

山之美」的由衷贊嘆。更何況惟是長老是飽諸方學，福清林氏的後代，如今又入了浮山圓鑒法遠禪師的門下，做了法遠禪師的弟子，是何等地有幸了。要知道，法遠禪師可是一個「其名如日中天，其聲如雷貫耳」的浮山臨濟公的第七代傳人，觀其先祖，便可當知其是當世一個不可多得的有道高人了。

　　在清隱禪院的逗留期間，黃庭堅還做了一首〈贈清隱持正禪師〉的詩作，送給了惟是長老。他盛贊惟是長老是一個持正、清明的得道之人。詩的原文是這樣的：「清隱開山有勝緣，南山松竹上參天。擘開華嶽三峰手，參得浮山九帶禪。水鳥風林成佛事，粥魚齋鼓到江船。異時折腳鐺安穩，更種平湖十頃蓮」。

　　我們不難在「清隱開山有勝緣」，「參得浮山九帶禪」，「水鳥風林成佛事，粥魚齋鼓到江船」這些詩句中讀得出來。他認為惟是長老在南山重建清隱禪院是禪界的一件大事，一件盛事，廣播佛法的一件緣事。而清隱禪院，也一定能在禪宗浮山一派的門人手裡，一代一代地發揚光大，香煙旺盛，燈火長明不滅。與此同時，我們還不難看出詩人對惟是長老在南山清隱禪院的辛苦作為，是感到由衷地欽佩和稱讚的，更可以從詩中看得出來，黃庭堅早就認為禪宗的浮山一脈，在他的心中，是他仰慕的一道高峰了。

　　由此，我們不難看出黃庭堅和惟是長老倆人之間，是有著濃濃的，深厚的情誼的。但也同時告訴我們，黃庭堅的那一次都昌南山遊歷，讓他深深地從心底裡愛上了「山悠而水遠，能陰而善晴。升南山而望之，如李成、范寬得意圖畫」的都昌南山，喜歡上了「嘉嘆清隱之心，賞風月而同歸清隱」，「吾與子，同與不同，付與五湖雲水」的清隱禪院。

　　這正是：山谷緣來歷南山，碑留清隱禪院間。文鐫字刻長相憶，雲天深處盡美談。

余靖與他的〈松門守風〉

　　最近幾日，在康熙版的《都昌縣誌》上，我偶爾翻讀到了北宋余靖的〈松門守風〉一詩，被他在詩中對鄱陽湖上的風雲，百般變化的細致描述深深地打動，讓我有了一種欲罷不能，手不願釋卷的感覺。

　　余靖，名希古，字安道，號武溪，生於宋真宗鹹平三年，西元1000年；歿於英宗治平元年，西元1064年。北宋韶州曲江，今廣東韶關人，享年六十五歲。余靖的啟蒙老師就是他的舅父黃正，他從小就性情聰慧，能過目不忘，後來，再師從林和靖和張伯端二位先生。自從拜師林浦（即有梅妻鶴子之稱的那位）和張伯端之後，余靖的學業得以大進。於天聖二年，即西元的1024年，跟自己的啟蒙老師，舅父黃正一起，同科高中進士。進士及第之後，一路官至朝散大夫，守工部尚書，集賢院學士，知廣州軍州事兼廣南路兵馬都鈐轄經略安撫使，柱國，始興郡開國公，贈刑部尚書。英宗治平元年，余靖在回京述職途中，路過南京時，偶染風寒，一病不起，卒於江寧府上的秦淮亭。英宗聞訊之後，心下惻然，遂輟朝一日，以示哀悼，並追贈余靖為刑部尚書，諡曰「襄」。後世遂尊稱余靖為忠襄公。

　　余靖的這首〈松門守風〉詩，是在他被貶監筠州酒稅的時候，一路由北而下過彭蠡湖，經南昌至筠州，坐港都昌西山湖灣，躲避風浪時的有感而作。筠州，即我們今天的江西省上高縣等地。

　　那一年，范仲淹因彈核宰相呂夷簡專權和任人唯親，從而進

獻《百官圖》給朝廷，向朝廷舉報他的妄行，沒想到范仲淹反被呂夷簡倒打了一耙，呂夷簡誣陷范仲淹勾結朋黨、越級越職、目無尊長、私相奏報、離間朝中君臣之間的關係。隨後，將范仲淹貶逐饒州偏遠之地，外放做了知州。並且，皇帝還專門下詔「戒百官以越職言事」。一時之間，朝廷上下，人人自危，更沒有人敢於站出來為「忠亮讜直」的范仲淹範大人說一句公道話。就在這時後，一向與范仲淹並無私交的余靖，卻是第一個挺身而出，向皇帝直陳道：「陛下自親政以來，屢逐言事者，鉗天下之口，恐非太平之政。請追改前命。」這一下，可徹底惱怒了皇帝，隨即將余靖與尹洙、歐陽修等一幹替范仲淹鳴不平的人，一齊貶出了朝廷，降職到筠州當一個監筠州酒稅的小官。

　　就在余靖赴任筠州的途中，他從鄱陽湖上泛舟經過都昌湖面的松門山時，遇上了鄱陽湖上極為惡劣的天氣，船不能行。無奈之下，他只好將船泊在松門山下的湖港裡避風。讓他真切地見識到了那氣象萬千的鄱陽湖上，風雲變幻莫測的神祕與幽暗，一時風雨一時晴，跌宕起伏的自然風光，令他不由得想到了自己當下的艱難處境，以及面對前途茫然無措而又無可奈何的人生狀態，想到了政治的殘酷與仕途的險惡，於是，在情懷的洶湧澎湃之下，他寫下了他的這首〈松門守風〉詩。詩的原文是這樣的：「彭蠡古來險，湯湯貫侯衛。源長雲共浮，望極天無際。傳聞五月交，茲時一陰至。颶風生海隅，餘力千里疀。萬竅爭怒號，驚濤得狂勢。湧恐楚山拔，聲疑夏鼎沸。妖蜃吐濃煙，層臺誇壯麗。奔雷鳴大車，連鼓聲粗厲。豈誠陰陽爭，長憂天地閉。孤舟一葉輕，飄如斿在綴。所以沂沿人，未嘗貪既濟。逆猶上阪丸，順比飛鴻翅。直待浮雲收，乾坤廓然霽。湖光百里平，波色連天翠。然後榜蘭橈，以避蛟龍害。進退甘遲留，克保無只悔。我願修身者，體此操舟態。動靜惟時幾，

畏慎存纖芥。跬足雖平易，盡心防曖昧。長如履險時，終身不危殆。」

儘管這首詩作，在表面上看，寫的都是些鄱陽湖上令人難以琢磨的陰晴變化，山水風景，但實際上，作者表露的是自己對朝廷的不滿和不理解。同時，也深深地表達了詩人面對政治風暴過後的一種謹慎，如履薄冰的人生心態。關於這一點，我們不難從詩的結尾處「我願修身者，體此操舟態。動靜惟時幾，畏慎存纖芥。跬足雖平易，盡心防曖昧。長如履險時，終身不危殆」幾句中讀得出來，詩人在剛剛經歷了一場鄱陽湖上的風雲突變之後，便很自然地聯想到了朝廷上的龍爭虎鬥，詩人借經過了鄱陽湖上的風浪之險後的感受，來暗示自己在經歷了一場政治風暴的突變之後，更能深層次地領略到風平浪靜時的那種難得的愉悅與寧靜。

詩人耽坐舟中，眼觀無窮變化的鄱陽湖上氣象，他大有一種，自己猶如一葉扁舟獨行在政治波濤的中央，因風來聲怒，濤惡風猛，身自如舟，飄蕩在茫茫的雲天深處，孤立無依，時刻都會有傾覆的危險，然而，一旦雲散風住，轉危為安，躁動不安的內心，便也就由緊張、不安、畏懼而逐漸地歸於平靜，能以更加好的姿態面對未來的風雨以及萬千的變化。

詩人靜坐舟中，靜靜地看著漂浮於鄱陽湖上的松門山，體味著她的傲岸與堅毅，她的沉靜與平穩，面對大千世界風雲變幻的靜穆與從容，他覺得自己要學的東西太多了，他應該像這鄱陽湖上的松門山，要練就一副鐵打的身板，要經得住任何風雨的考驗，做人當如山。

由此，我們不難想見，余靖這一次的鄱陽湖上遊歷，在他的內心深處留下了刻骨的記憶，對他後來的人生影響頗深。鄱陽湖的浩瀚深沉與狂放不羈的雙重性格，給了詩人以深長的人生啟迪，打開

了他的心智。

難怪在西元的1064年，余靖死後，大文學家歐陽修曾經在撰襄公余靖道碑時這樣寫道：「公為人資重剛勁，而言語恂恂，不見喜怒」。原來是這廣袤深沉的鄱陽湖，以及鄱陽湖上橫亙的松門山在影響了他的思想，壯闊了他的情懷，讓他最終進入到了那種「言語恂恂，不見喜怒」的無上境界。

這真是：余靖遭貶鄱陽湖，松門守風知有無。但叫塵心蕩碧水，家國動念偉丈夫。

朱熹與都昌朱門四友

　　宋淳熙五年，也就是西元的1178年，史浩東山再起，再度為相之後，他極力地向朝廷推薦了朱熹。朝廷於是派朱熹出任南康府知軍（即今天的江西星子）。朱熹初時，是屢辭不屬，後迫於朝廷的壓力，才於翌年到任。朱熹剛上任不久，南康府一帶就發生了很大的災荒，朱熹便給朝廷上疏，要求減免南康一帶的賦稅並開倉濟民。同時，還請求朝廷要著力興修長江大堤，一方面要解決長江大堤久未修築維護的問題，另一方面還可以雇用饑民來做工，借此解決饑民們缺少糧食的那個大問題，這樣的話，既幫饑民們解決了吃飯的問題，也解決了廣大饑民的就業問題，因此，他的這一舉措得到了廣大饑民的無比稱讚。

　　朱熹在出任「知南康軍」一職之後，儘管是重入仕途，但是他卻未忘記自己是一個學者的身分。朱熹在公務之餘，深入到唐代李渤隱居在廬山的舊址，白鹿洞書院遺址去察看，察看過後，朱熹這個智者大儒，面對殘破的山河，雖然是身在半輪如血的殘陽裡，他也要盡去頹廢，力倡理學，拼全力復興白鹿洞書院的規制，親自擔任洞主，置學田、編課程、訂學規、聚圖書、聘大師，並將書院的情況向朝廷報告，懇請朝廷撥專款重修白鹿洞書院，用來進行講學，為國家培養人才。與此同時，他還親自動手制定了一整套的學規：「父子有親、君臣有義、夫婦有別、長幼有序、朋友有信」的「五教科目」來開展教學活動。

　　朱熹在重開白鹿洞書院之初，曾經在任上發出過這樣一道榜

文，〈知南康榜文〉：「本軍。土瘠民稀，役煩稅重，民力日困，深可哀憐。今管下士人，父老僧道，軍民諸色等人，有能知得利病根源，次第合作。如何處置，可以寬恤，並請仔細開具著實事狀，不拘早晚，赴軍披陳。切待面加詢問，多方措置。庶幾戶口歲增，家給人足。」號召治下民眾，隨時都可以來到知軍府交流和探討學問和修身之良策，向民眾宣明讀書、教化的重要性。

此榜文一出，便立即引起了南康本府轄屬的都昌文士黃灝、彭蠡、馮椅、曹彥約等人的重視。他們先後帶著自己的論著與學術疑難來找朱熹，謙恭地要拜朱熹為師，向他請教學問，或者是直接來白鹿洞書院讀書，接受朱子的教誨。

馮椅曾經手執自己解讀的經書前往拜見朱熹，並自動行了朱門正修弟子禮。馮椅的誠摯心意感動了朱子，朱熹不肯以師禮受之，堅持要以朋友之禮相待。此後，他們經常在一起相互切磋，領悟經義，探討治學之道，並共同提出了「註疏經書，考證古籍」的讀書主張。朱熹曾經在讀過馮椅的某些著作之後，給馮椅寫了一封信：「某衰晚，疾病待盡，朝夕無足言者。細讀來示，備詳別後進學不倦之意。世間萬事，須臾變滅，不足置胸中，惟有致知、力行、修身俟。

死為究竟法耳？余正文、博學、強誌，亦不易得。禮書中間商量多未合處，近方見其成編，此舊無甚改，易所謂獨至無取者，誠然，然渠亦豈容它人之取也。

此間所集諸家雜說，未能如彼之好，然儀禮、正經，斷落、註疏，卻差明白，但功頗多。而衰病耗昏，朋友星散，不能得了耳。商伯時下得書，講論精密，誠可嘉尚。李敬子堅苦有誌，尤不易得。近與諸人皆已歸，只有建昌二呂在此，早晚講論，粗有條理，足慰岑寂也。」

　　從朱熹在信中說到的「世間萬事，須臾變滅，不足置胸中，惟有致知、力行、修身而已」這段話來看，朱熹與馮椅之間的交流是放在平等的立場上的，而態度是誠懇與真摯的，一點也沒有那種居高臨下，儼然一副高高在上的師尊味道。

　　朱熹同時還在信中提到了馮椅的同鄉黃商伯（黃灝）近來寫的一本書「商伯時下得書，講論精密，誠可嘉尚」。告訴馮椅說，妳可以看看他的書，在一起就近切磋學問，提高自己。

　　黃灝，字商伯，南康府都昌縣人。幼時敏悟強記，肄業於荊山僧舍三年，後入太學，擢進士第。朱熹知南康軍時，經常伴隨朱熹出遊而自稱為弟子，質疑問難於朱熹左右，常自言「不敢輕為人師」。朱熹便告訴他說「以所知語人可也。」因此，黃灝每與朋友在一起講學時，遇到了有疑問的地方，就先放在那裡，過後，就必然要手持書本，親身往來鄱陽湖上，行走於廬山的石泉之間，不管是風雨霜雪，他都要到白鹿洞書院去向朱熹討教，藉以來解除心頭上的疑惑。即使是在黃灝辭官歸裡之後，他也一刻都沒有放鬆學習。黃灝還會不定期地去到朱熹遠在武夷山修建的「武夷精舍」之中，去聆聽朱熹的教誨，跟著朱熹一起研究學問，他一心要從朱熹那裡接過傳播理學的重任。對於這一點，我們可以在朱熹的〈答馮奇之椅書〉一文中讀得出來。

　　彭蠡，字師範，號梅坡。在家庭的薰陶下，他是從小刻苦攻讀，並且興趣廣泛，多才多藝，涉獵多科，大凡詩文、音樂、書法等，尤其對樂律研究頗有造詣。朱熹知南康軍時，彭蠡經常慕名從遊在朱熹身側，或是泛舟於鄱陽湖上，或是暢遊匡廬山中，每日裡詩詞唱和，相聚相交甚歡。朱熹在遊鄱陽湖時，曾經寫過一首這樣的詩：茫茫彭蠡杳無地，白浪春風濕天際。東西捩柁萬舟回，千歲老蛟時出戲。少年輕事鎮南來，水怒如山船正開。中流蜿蜒見脊

尾，觀者膽墮予方咍。衣冠今日龍山路，廟下沽酒山前住。老矣安能學飯飛，買田欲棄江湖去「。這首詩，朱熹並不僅僅只是對鄱陽湖上變幻不定的景象進行了單一的描述，我們還不難從「老矣安能學飯飛，買田欲棄江湖去」這句詩中，可以隱隱窺見到朱熹心中透露出來的絲縷憂憤與無奈、感傷的痕跡。

在白鹿洞書院建成後，朱熹特意聘請彭蠡為白鹿洞書院的經諭，負責講解儒家經典中的《四書》和《西銘》。彭蠡在白鹿洞書院教授時，經常在與朱子釋難問答時，總能夠辨析疑義、見解精僻，因此，彭蠡的才學深得朱子的賞識，所以，我們可以這麼說，彭蠡不光是朱子的學生，也是白鹿洞的先生。朱熹在調離南康軍後，對彭蠡仍然是念念不忘，時刻記掛在心頭。有一次，朱熹的老友甘叔懷來遊廬山時，朱熹曾經寫了一封書信給甘叔懷，請甘叔懷代他自己過鄱陽湖去看望彭蠡，他在信中說：「吾友彭師範勝士，在隔江都昌，可為一訪。」

由此，我們不難看出朱熹與彭蠡兩人之間，結下了無比深厚的情誼。

曹彥約，字簡甫，號昌谷。他是都昌朱門四友中唯一的一個，朱熹在白鹿洞的親傳弟子，正宗的門生。南宋淳熙八年，西元1181年，曹彥約高中進士，歷任建平縣（今安徽郎溪）尉、桂平軍（今湖南桂陽）錄事參軍、司法參軍，知樂平縣，江西安撫司京湖宣撫司主管機宜文字，權知漢陽軍事。開喜年間，金兵「重兵圍安陸，遊騎闖漢川。」而郡兵寡弱，形勢危急。曹彥約登高一呼，積極組織地方武裝，招募鄉勇，加強水陸防禦，制定周密作戰計劃。他先派趙觀迎戰金兵，在漁民大力配合之下，「斬其先鋒」，「焚其戰艦」。接著又遣黨仲升偷襲金營，殺敵千餘，「民賴以安」。

曹彥約不但是一位幹練的將才，他還是一位政治家和著名的詩人。

在慶元元年到慶元三年，即西元1125年到1128年間，曹彥約擔任常侍，每每於講筵之上，「殫心啟沃」，以太祖、太宗、真宗三朝事跡為寶訓，反復闡明，以為效法。他將所講內容輯為一書，名為《經幄管見》，共計四卷（已收入《四庫全書》史部史評類中）。他「旁證經史而歸之於法誡。」《四庫全書總目》對他的評價很高：「其間奏議，大都通達政體，可見施行。所論兵事利害，尤確鑿有識，不同於摭拾遊談。

曹彥約還是一位詩人。他的名字名已經收入在《江西歷代文學藝術家大全》一書中。在〈偶作〉一詩中這樣寫道：「此天然處不亦妙，費盡思量卻不到。有時父召急趨前，不覺不知造淵奧。此時合勒承認狀，從古癡頑可不曉」。他教人要讀聖賢之書，信孔孟之說。他在〈贈楊伯洪〉詩中這樣說道：「扁舟下峽七經年，猶憶西民困備邊。已病一夫空有議，誤謀元帥本非賢。公朝慮蜀天常近，之子憂時火未燃。遇合卻留經濟用，此行應不愧登仙。」寫出了自己當時的情狀和心中的憂慮。在一些迎來送往的題贈詩作中，卻充滿了情義和友誼。比如他在〈祭劉仲明文〉這樣悲嘆道：「二十餘年，手足弟兄。有財共用，有田共耕。」、「生不同姓，居不同州」。「慰我寂寥，問我窮愁。別久不見，貽書置郵。」馮椅辭世時，曹彥約就寫了〈親友馮儀之運幹挽章三首〉的詩來祭奠馮椅。關於這個軼事，我已在前面的篇章裡有過陳述，就不再展開了。

由此可見，曹彥約不愧是一位真文士，真名士，真俠肝義膽的豪傑也。

我們從朱熹與都昌朱門四友之間的關係來看，都昌不愧是一個文風學風繁盛的地方。難怪後來的元代大儒吳澄先生在寫給都昌先賢祠的〈先賢祠記〉一文中這樣寫道：「南康，偏壘也。傳道二大賢，嘗過化焉。都昌，南康屬縣也。疇昔仁風之所披拂；教雨之所

沾儒，流芳遺潤，世猶未泯，社而稷之，屍而祝之也。」他說都昌
是一塊「先儒過化之地」是的確非虛的了。

　　據清同治版都昌縣誌記載說：「都邑匯彭蠡之奇觀，鐘南山之
秀色，前朝名輩林立，為人文淵藪。而北控潯江，東連饒郡，水陸
衝要。所以誌其險隘形勢者，不特修文教也，抑具備武略焉。」可
事實卻恰恰與誌載的相反，正如曾經的邑令陳嗣清說的：「登著述
之堂，搜理學之藪，而知士有宗盟；吊止水之魂，溯開辟之勛，而
知人多正氣。況為國未過化之屬也，則流風善政具在。且宦遊於斯
者，又皆鴻儒碩彥。」

　　都昌，也就是從朱熹知南康軍的那個時候開始，在朱熹的幫扶
下，走出了與朱熹亦師亦友的文化名家黃灝、彭蠡、馮椅，走出了
名重一時的，朱熹的弟子曹彥約，後世稱他們為都昌的朱門四友。
在他們的帶動下，都昌呈現出了一派興旺強盛的讀書之風，使都昌
開始真正地走上了一個文化的繁榮昌盛時期，並得以在後來的一千
多年裡，還能夠保持了下來，致使都昌這塊肥沃的土地上，各門類
出色的人才輩出，不勝枚舉。

　　朱熹有緣知南康，重修白鹿立學堂。都昌文風自此盛，朱門四
友美名揚。

鄱陽湖上讀書畈

　　三十年前的某個金秋的一天，我背上背著沉重的被褥等物件，手裡提著一大網兜的日常生活用品，徒步走了十幾公里的小路，來到了位於都昌縣與鄱陽縣接壤，緊鄰鄱陽縣蜻蜓畈、曼家湖的，一座叫做大山的深處的一所小學校──大山高小教書。到了學校之後，我被安排在學校後排正中間的房間裡住了下來。

　　這裡雖說是所學校，其實，整個建築只是一座舊時的簡單廟宇罷了。聽同事告訴我說，這廟原是座家廟，人們都叫他五老爺廟。而廟後，則是一個叫做讀書畈的，有著百多戶人家的馮姓小村莊。

　　之後，我便在這裡一待，就待了兩個學年，前後三年的時光了。雖說這深山裡的教書生涯，真的是清貧了些，甘苦了點，寂寥與孤獨難再，但是，這段生活卻也在無意中給了我極大的饋贈。

　　在大山高小的那幾年裡，我得以有時間坐下來好好地讀了一些書，還做了不少的讀書筆記，寫下了數十篇十幾萬字的心得筆記，在這段時間裡，我也終於弄明白了我所存身的這座五老爺廟，是讀書畈村人的家廟，廟裡供奉的就是他們的先祖馮椅以及馮椅的四個兒子，他們父子五人都曾經為官做老爺，並深得鄉民愛戴，所以，後人們便將他們父子五人一殿供奉，所以，人們習慣性地稱這座廟宇為五老爺廟了。

　　馮椅，字儀之，一字奇之，號厚齋。南宋著名的學者、教育家。江西省都昌縣南峰鄉讀書畈人。曾經受業於朱熹，是宋代有名的「朱門四友」之一。馮椅自幼聰明敏捷，一生喜愛讀書，尤其精

於經術。他在紹熙四年，即西元1193年高中進士，繼而被放任為德興尉，一個相當於現在的政法委書記的官職。隨後，又被朝廷調任為江西運幹，一個協助運使的副官。在馮椅從政的那些年裡，他慢慢地開始厭倦官場上的那一套迎來送往，爾虞我詐，轉而退職歸家，閉門課子，潛心讀書，專肆著述。

不過，很可惜的是，我並沒有從他的家譜上找出他準確的生卒紀年來，因此，這對於我以及他的後人們來說，真的是留下了一份深深的遺憾橫亙在心頭，讓人甚覺不爽。

馮椅在課子期間，家教甚嚴，督課亦緊，對於他的四個兒子，老大馮去非，老二馮去辨，老三馮去弱，老四馮去疾幾人，從小就是嚴格要求，每日裡授之以四書五經之義，傳之以忠信孝悌之道，要促使他們日後德才兼備，有益於世人。最後，他的四個兒子果然不負父親的期望，個個都有出息。老大馮去非，宋理宗淳右元年（1241）進士，曾任淮東轉運司幹辦。後學其父，不欲為官，歸隱松竹之間，安心讀書。這有他的「八聲甘州」一詞為證：「買扁舟，載月過長橋，回首夢耶非。問往日三高，清風萬古，繼者伊誰。惟有茶煙輕揚，零露濕蒓絲。西子知何處，鴻怨蛩悲。遙想家山好在，正倚天青壁，石瘦雲肥。甚拋奇秀，猿鶴互猜疑。歸去好，散人相國，迥升沉，畢竟總塵泥。須還我，松間舊隱，竹上新詩」。從詞中「遙想家山好在」、「歸去好」、「須還我，松間舊隱，竹上新詩」的表意來看，馮去非身上頗有五柳先生陶公「不為五斗米折腰」的遺風之象。

次子馮去辨，宋寧宗嘉定十三年（1220）由征辟進入仕途，官至侍郎。三子馮去弱，宋理宗寶慶二年（1226）也應征辟，後知寧國府。幼子馮去疾，號磊翁，天資聰慧，學識過人。嘉定十三年（1220）進士及第，入直徽猷閣，曾任溫州府教授，後遷升知興國

軍（今湖北陽新），曾於興國滄浪亭刻《興國本四書》。淳右八年（1248）為提舉江西常平茶鹽。在任期間，曾於臨川創立「臨汝書院」，並聘請知名學者程若庸為山長。當時，「臨汝書院」雲集了全中國眾多的文人學子，成為當時在全中國頗有影響的一所書院。

到了淳熙年間，朱熹知南康軍（治所在今江西星子）時，發布了〈知南康榜文〉，提出了宣明教化的主張。馮椅聞聽之後，便手執經書前往南康府拜見朱熹，並且行朱門正修弟子禮。朱子感其誠意，堅持以朋友之禮相待，師友之間相互切磋，領悟經義，探討治學之道。他們都主張要「註疏經書，考證古籍」，因為那是教化天下，必不能少的一項重要工作。朱熹在寫給馮椅的信中說：「世間萬事，須臾變滅，不足置胸中，惟有致知、力行、修身而已。」在朱熹的影響下，他力排干擾，潛心讀書著述，一生的著作有《太極圖》、《孟子圖》、《孝經輯說》、《厚齋易學》、《尚書輯說》、《喪禮小學》、《西銘輯說》、《孔子弟子付傳》、《馮氏詩文誌錄》等計二百餘卷，可謂是一個著作等身的學者宿儒，一代名儒，令後世景仰。

馮椅辭世後，朝廷特贈予其尚書銜。並昭祀於都昌鄉賢祠，白鹿洞書院宗儒祠、紫陽祠、朱子祠。與他一起並稱為「朱門四友」的同鄉曹彥約，就寫有〈親友馮儀之運幹挽章三首〉的詩：其一，「聞道江西使，賓筵隕德星，失聲歸士友，短氣動朝廷。屢選非無意，遲行若有靈。忍令清燕處，我輩尚談經」。其二，「子也吾嘗友，天乎獨異渠。仕無通籍祿，家有厚齋書。講說來匡鼎，風騷藉子虛。爭榮森寶桂，訓不負菁莪」其三，「有學關時用，無心與物馳。已稱黃髮老，猶似彩衣時。世道空機窄，襟期自坦夷。只今風月夜，猶足想清規。」藉以來悼念馮椅先生，在這一組詩中，我們不難看出曹彥約先生對馮椅的一生，特別是在馮椅的品德與功績方

面給予了高度的概括和評價。

讀書畈村，坐落在江西省都昌縣南峰鄉東北邊界的大山之上，北與中館鎮緊鄰，南銜蘇溪鄉，東與鄱陽縣的蜻蜓畈，曼家山接壤。是典型的紅土丘陵地區，雖則名其為山，實則是長滿了馬尾松林的較大丘陵而已。這裡環境清幽，林木深茂，地沃田豐，山藏水隱，正是一個讀書明理的好地方。馮椅當年選擇隱居在這裡，在這裡閉門課子讀書，講經佈道，著書立說，真可謂是得天時地利之大助也。

妳們看，馮椅只要東出鄱陽，即可泛舟鄱陽湖上，觀雲天氣象的萬千變化。西走南康，便即立朱門之側，悟理學哲思的百般妙諦。即使就是閒坐在家中，也可以悠遊於泉林之間，聽松風、覓濤影，自得其樂。難怪他寧可有官不為，一心只要回家課子，潛心讀書呢。他曾經做過這麼一首「詠歸亭」的詩：「弓轉寒溪月一灣，下臨虎豹踞斑斕。林煙開處飛層閣，雲市窮頭獲遠山。衿佩光陰弦誦裡，舟梁人物畫圖間。紅塵堆案那能到，只有漁舟自往還」。由此可見，他對於隱居在讀書畈這麼一個地方，全身心地做著自己喜愛的事，是多麼地怡然自得啊。

馮椅在讀書畈閉門讀書期間，曾應好友黃灝之邀約，在本縣清化鄉（今北炎）蕢裡湖的石潭精舍──盛多園學館執教，為家鄉培養有用的人才。針對教學中產生的困惑，馮椅通過認真地思考，大膽地提出了「弟子擇師習其學，師擇弟子傳其功」的倡議，也就是說，學生可以自由地選擇自己的老師來因人而學，老師也可以自由地選擇自己的學生來因材施教，開啟了中國自宋代以來，一代新型的教風和學風，為中華民族文化的傳承與傳遞，建立了不滅的功勛。

鄱陽湖上讀書畈，名儒馮椅居此間。山呈靈秀湖增色，彭蠡山水非等閒。

范仲淹與鄱陽湖及鄱陽

　　每當我們捧讀〈岳陽樓記〉這一千古名篇時，就會很自然地聯想到文章的作者范仲淹老先生，被他在文章中所表達的「先天下之憂而憂，後天下之樂而樂」的廣闊胸襟及高尚情懷所感動、所激勵、所鼓舞的了。

　　〈岳陽樓記〉這篇文章是范仲淹在宋仁宗慶歷六年，亦即是西元的1046年寫成的。不過，從文章中所表述的內涵來分析，則是范仲淹在貶謫饒州期間的思想認識與精神建樹的寫照。

　　宋仁宗景右二年，范仲淹看到宰相呂夷簡廣開後門，任人唯親，將朝政弄得腐敗不堪。便在景右三年，也就是西元的1036年，根據調查所得來的結果，他繪制了一張呂夷簡用人的「百官圖」，呈遞給了仁宗皇帝，對宰相的用人制度提出了尖銳的批評。不料，遭到了宰相呂夷簡的嚴重反撲，呂夷簡反過來譏笑范仲淹這人太過迂腐，不明白事理。范仲淹便接連向皇帝上了四道奏章，斥論呂夷簡的狡詐與圖謀。呂夷簡更是在皇帝面前極力誣衊范仲淹在暗地裡勾結朋黨，離間君臣關係。其實，在當時的朝廷中，范、呂之間的是非曲直，有不少的人都是看得清楚分明的，可偏偏那時候，老謀深算的呂夷簡，善於巧妙利用君主之勢並籠絡人心，最終將范仲淹貶謫出了朝廷，放任做了外官，取得了鬥爭的勝利。

　　就這樣，宰相呂夷簡的從旁中傷，最終促使仁宗皇帝在這年的深秋，奪了范仲淹的待制職銜，將他貶到了饒州做知州。那時候的饒州就是我們今天的鄱陽，而饒州府的治所之地，便是我們今天的

鄱陽縣城。就這樣，范仲淹在鄱陽一待就待到了景佑四年年底，亦即是西元的1037年。從范仲淹於西元1036年被貶赴鄱陽任上起，到西元1037年年底離開鄱陽時至，共有一年半的時間。在這一年半的時間裡，他除了處理手頭上的政務之外，大部分時間用來與友人唱和賦詩，再就是穿梭在鄱陽與廬山之間，遊歷在鄱陽湖上。在這段時間裡，范仲淹創作了不少的詩歌，其中最有代表性的當屬〈郡齋即事，饒州作〉以及〈芝山詩〉、〈遊廬山〉等等的一些作品了。

我們不妨來粗略地學習一下他的幾首詩作。

首先，我們來看他的〈郡齋即事，饒州作〉詩文如下：「三處變成鬢如絲，齋中蕭瑟過禪師。每疏歌酒緣多病，不負雲山賴有詩。半雨黃花秋尚健，一江明月夜歸遲。世間榮辱何須道，塞上衰翁也自知」。這首詩，作者用短短的幾十個字，就將他在饒州任上的經歷交代得清清楚楚，並且強烈地表達了他自己窮且益堅的凌雲壯志以及對人世間禍福不定的徹悟。其實，在這首詩的背後，他所表達的還是一個「憂」字，他在憂慮朝政，憂慮天下蒼生。

其次，我們再來分析他的〈芝山寺〉與〈升上人碧雲軒〉這兩首詩作。他的〈芝山寺〉是這樣寫的：「樓殿冠崔嵬，靈芝安在哉。雲飛過江去，花落入城來。得食鴉朝聚，聞經虎夜回。偶臨西閣望，五老夕陽開」。這首詩是范仲淹在芝山寺內的碧雲軒寫的，從詩中我們可以看出范仲淹雖然身處逆境，但是，他能夠靜得下心來忘卻煩惱，以禪意佛性的智慧悟出自樂的坦然心境。

芝山，初名北岡山，又名土素山，位於江西省鄱陽縣城西北。山頂上建有一亭，名喚：芝亭。每到晴朗之日登上此亭，並不僅僅只可飽覽近處的湖光山色，並且還能夠遠眺西北深處的廬山五老峰，因此，芝亭還有個名字叫做「五老亭」。在芝山的南麓建有芝山寺。寺後有「碧雲軒」，是范仲淹在任知州時讀書歇息的地方。

從「樓殿冠崔嵬，靈芝安在哉」這一句來看，他將塵俗間的過眼浮華，借用唐朝龍朔年間「三莖靈芝」的故事來加以趣說，可見他的胸襟之開闊無人能比。「得食鴉朝聚，聞經虎夜回」一句，是說佛的法力之大，就是連烏鴉，老虎之類動物聽了佛經都能夠被其感化。由此，我們不難看出范仲淹的身心是不是已經達到了佛仙的境地？他已經在強迫自己把世間的一切榮辱與爭鬥統統拋在腦後，一心只嚮往並追求「只應虛靜處，所得自蘭芬」的人生境界。

以下是他的〈升上人碧雲軒〉詩文：「愛此詩家好，幽軒絕世紛。澄宵半床月，淡曉數峰雲。遠意經年就，微吟並舍聞。祇應虛靜處，所得自蘭芬」。這首詩從表面上看，好像是表達了范仲淹的某種閒適情懷，而事實上，詩的背後依然透露出他的心頭上那一個大大的「憂」字。他不是在憂慮自己的前途，他憂慮的是國家和民族的前途與未來。

這樣的一個「憂」字，同樣在他的〈遊廬山作〉一詩中讀得出來：「五老閒遊依舳艫，碧梯雲徑好和途。雲開瀑影千門掛，雨過松簧十里鋪。客愛往來何所得，僧言榮辱此間無。從今愈識逍遙旨，一聽升沉造化爐」。在這首詩裡，看起來范仲淹是將自己置於山水之間而自得其樂，而其實是他把自己憂國憂民的悲戚與憤懣以及滿腔的報國情懷，統統都化作在了「從今愈識逍遙旨，一聽升沉造化爐」那一句詩裡了。

以至於到了寶元元年，也就是西元的1038年，西夏國調集了十萬軍馬來侵犯我大宋朝廷之時，范仲淹便又立馬奉旨披掛上陣做了副元帥，當上了陝西經略安撫招討副使，保家衛國，血戰疆場。可見，在范仲淹的心裡，國與家，國與民，是他心頭總也放不下的牽掛。

縱觀范仲淹在鄱陽期間寫的〈和謝希深學士見寄〉、〈鄱陽酬泉州曹使君見寄〉、〈酬葉道師卿學士見寄〉、〈依韻酬黃灝秀

才〉、〈望廬山瀑布〉、〈瀑布〉等等的一系列詩作，無不充分體現了范仲淹心頭上懸著的那個巨大的「憂」字。

所以，當他在鄧州接到滕子京請他為嶽陽樓作記的時候，他借為嶽陽樓作記的機會，便將自己對事業對社會，對國家對人民的那一腔遠大抱負，憂國憂民的思想給吐露了出來。

范仲淹靖邊之後，受到了朝廷的重用。慶歷三年，西元1043年的九月，仁宗連日催促范仲淹等人，拿出措施，改變局面。范仲淹、富弼和韓琦，連夜起草改革方案。特別是范仲淹，認真總結從政28年來醞釀已久的改革思想，很快呈上了著名的新政綱領〈答手詔條陳十事〉，提出了十項改革主張。這就是中國歷史上有名的「慶歷新政」。

只是令人沒有想到的是，在慶歷五年，也就是西元1045年的年初，曾經慷慨激昂，一心想要勵精圖治的宋仁宗突然下詔廢棄了慶歷新政的一切改革措施，將范仲淹和富弼同時撤去了軍政要職。實行僅一年有餘的慶歷各項新政，紛紛被取締。范仲淹革除弊政的苦心孤詣不僅在轉瞬間便被付之東流了，而且他還差點因為石介和富弼的案子再次受到牽連。所以，在那個時候，他被允許移到稍暖的鄧州（今河南省鄧州市）去做了知州。而與他交好的富弼已貶知青州（今山東省益都一帶），歐陽修貶知滁州（今安徽省滁縣等地），滕宗諒，也就是滕子京被貶知嶽州（今湖南省嶽陽一帶）。

滕子京在知嶽州後的第二年，便大興土木，重修嶽陽樓，修好之後，寫了一封信給范仲淹，請他為嶽陽樓作記。隨信還附上了一幅《洞庭晚秋圖》給范仲淹看，目的是讓范仲淹借圖來瞭解嶽陽樓四周的壞境與形勝，便於他寫作。

由此可見，范仲淹在寫作〈岳陽樓記〉時，他並未親身登臨嶽陽樓，而只是憑藉著自己對《洞庭晚秋圖》的一點粗略印象而寫

出來的〈岳陽樓記〉。慶歷六年，亦即是西元1046年的9月14日夜晚，他把《洞庭晚秋圖》掛了起來，看著圖上的嶽陽樓放開了思緒，凝神構思起文章來。於是，這些年來，一連串的人生際遇令他感慨萬千，他想到了流放，想到了戍邊，想到了慶歷革新變法的失敗，總之，他想到了很多很多，因此，他便很快地下筆一揮而就，將〈岳陽樓記〉寫了出來。

之所以他將〈岳陽樓記〉寫得那麼地好，那麼地情景交融，這其中有一個鮮為人知的原因，那就是范仲淹完全得益於他在鄱陽的那一段經歷；得益於他在鄱陽湖上的那一段遊歷；得益於他在那一段時間裡，對鄱陽湖的充分認知與細致解讀。

關於這一點，我們還可以從他的〈岳陽樓記〉原文中去找出它的破綻來。例如，從原文中范仲淹對洞庭湖的描述「北通巫峽，南極瀟湘」一句來看，他就把四至的方向搞錯了。站在嶽陽樓上四顧，應該是南極瀟湘，北眺漢楚，西連巴蜀，東接皖贛的形態。所以，巫峽是處在洞庭湖的西面而非北面。范仲淹在寫作〈岳陽樓記〉時，他不知不覺地將自己置身在鄱陽，置身在鄱陽湖的東岸，因此，萬千氣象的鄱陽湖就很自然地從他的心底走了出來，於是他便將鄱陽湖當做了洞庭湖，將鄱陽湖北入長江，溯通巫峽的情形在文章中寫了出來。故此，我們在這兩相的比對之下，就不難發現在〈岳陽樓記〉這一千古名篇中，是不是有著太多鄱陽湖的痕跡在裡面了呢？

當然，也有學者認為〈岳陽樓記〉是范仲淹寫於嶽陽的。例如，中國著名學者朱東潤先生就認為范仲淹是在到了嶽陽之後才寫的〈岳陽樓記〉。他說，如果寫一篇優秀的文章，作者沒有親臨現場，怎麼會寫出文章中的氣勢，又怎麼能夠將感情熔鑄到文章中去呢？」

在這裡我要提醒大家的是，對於散文的寫作，我們可以採取虛構和非虛構的創作手法來運用，所以，在進行虛構狀態下的寫作時，作者完全可以憑著自己的想像進行寫作。更何況，范仲淹在寫作〈岳陽樓記〉的時候，他的眼前不但是有一幅《洞庭晚秋圖》可以借鑒，更為可喜的是他的內心深處保留了一幅實實在在的，鮮活的，鄱陽湖的四時美景圖畫。

自初唐以來，文人雅士對於洞庭湖和鄱陽湖的表述，向來把他們一個比作是男性，而另一個比作是女性。洞庭湖具有的是一種野性的豪放與粗獷，而鄱陽湖則是溫婉和柔美。范仲淹在〈岳陽樓記〉的「波瀾不驚，上下天光，一碧萬頃；沙鷗翔集，錦鱗游泳；岸芷汀蘭，鬱鬱青青。而或長煙一空，皓月千里，浮光躍金，靜影沉璧，漁歌互答」的如此表述中，明顯地將鄱陽湖的氣質與風韻，嫁接給了洞庭湖，是典型的散文在場主義寫作方法的運用和體現。

所以，我們更加有理由相信，范仲淹在鄱陽的一段日子裡，鄱陽湖的沉靜與溫婉，壯闊與柔美，感染了范仲淹，促使他想通了很多很多人生中的道理，也讓范仲淹從憂鬱中悟出了與命運鬥爭，奮發向上的誌氣與勇氣，樹立起來了襟懷天下，心寄蒼生的遠大抱負。

當范仲淹派人將〈岳陽樓記〉送到嶽州後，滕子京看了大為感動，即命人刻石立碑，鐫刻於上。其中那兩句「先天下之憂而憂，後天下之樂而樂」的名言，更是不脛而走，迅速在全中國傳誦開來。就是在宋仁宗聽聞此事之後，亦是不由得慨然地稱頌起范仲淹來。

「先天下之憂而憂，後天下之樂而樂」，既概括了范仲淹一生的追求，也是他一生之中做人的準則，是他憂國憂民思想的高度精確概括。如今，「先天下之憂而憂，後天下之樂而樂」的思想，已經熔鑄成為中華民族的傳統美德，影響了千千萬萬的人民，成為了

我們中華民族乃至世界人民的寶貴精神財富。他「先憂後樂」的奉獻精神，已成為中華民族歷史上一座不朽的豐碑，高高地樹立在海內外炎黃子孫的心中。

范仲淹勤奮，正直，為國為民的精神激勵了一代又一代中國人。而「先天下之憂而憂，後天下之樂而樂」的品格也成為了中華民族的品德代表。「是進亦憂退亦憂」這一看似平淡的句子，雖然是范仲淹寫在自己饒州任後的鄧州任上，但卻是他在饒州（鄱陽）任上時的智慧與思想的結晶，是他一生精神的真實寫照。

這正是：範公因貶放饒州，鄱陽湖上將心逐。去國懷鄉憂思遠，但叫精神永不朽。以上便是范仲淹與鄱陽湖以及鄱陽、廬山之間的一段，千古不了的曠世情緣。

蘇氏昆仲與鄱陽湖及都昌

　　我們翻開宋代蘇轍的《欒城集卷十三》，可以讀到他的這麼兩首詩作，〈題都昌清隱禪院〉和〈除夕夜泊彭蠡湖遇大風雪〉。讀著他的這兩首詩中，不由得讓我從歷史的人文深處，找到一些蘇轍與他的哥哥蘇軾兩人與鄱陽湖及其都昌之間，那一段鮮為人知，蛛絲馬跡般的故事來。

　　在蘇轍因烏臺詩案被朝廷貶知袁州那段時間裡，某年的晚春，蘇軾曾經攜愛妾碧桃，一路乘舟順長江而下，由鄱陽湖口進入鄱陽湖，他要橫穿浩瀚無邊的鄱陽湖，遠赴袁州去看望受他牽連的弟弟蘇轍，沒想到在途經都昌水面時，突然遭遇上了鄱陽湖上極為惡劣的壞天氣，在狂風惡雨的威逼之下，他只好無奈地將船兒就近停泊在了都昌縣城南門之外，南山腳下的灣港裡躲避風浪。正所謂，人不留客天留客，世事偏偏就是有那麼巧。蘇軾因了那次的躲避風浪，才得有機緣下船來遊歷都昌的南山，於仙蹤浪履之間，寫下了那首「鄱陽湖上都昌縣，燈火樓臺幾萬家。水隔南山人不渡，東風吹老碧桃花。」歷經千年而傳唱不衰的〈經都昌〉動人詩篇。

　　那天早晨，蘇軾攜愛妾碧桃下船登岸，沿著湖邊的黃泥土路，高一腳低一腳地走上了通往南山的棧道，來到了南山之上，在南山清隱禪院一個叫做「淨因」的齋室裡見到了禪院裡的惟空長老。當惟空長老得知眼前來的是當朝名聞天下的大學士蘇軾蘇東坡時，他真的是情不自禁，喜出望外了，蘇學士的到來，這真是禪院的一大盛事，令禪院蓬蓽生輝啊。於是，惟空長老便懇請蘇軾攜其小妾

在禪院之中小憩幾日，他亦借機陪同蘇軾他們在山上轉開了，並於此同時，還將南山上發生的不少神奇故事以及各種傳說，都詳詳細細，認認真真地給蘇學士講述了一遍。蘇東坡聞聽之下是趣興高漲，逸致盎然。他吩咐碧桃取來筆墨，欣然於南崖之上題寫「南山」二子，於野老泉邊的石壁之上題寫了「野老泉」三個遒勁大字。當蘇軾帶著碧桃與惟空長老一起盤桓在謝靈運的東縫經臺上，隔著東湖眺望不遠的對岸都昌縣城裡鱗次櫛比的屋宇，還有街道上的一派繁華氣象，回過頭來看著腳下的泉水潺潺，繽紛的落紅片片隨流水而去，再看看自己身邊已是兩鬢蒼白的碧桃，自己這一路走來的坎坷，不由得心中是愁緒萬千，感概萬端，他無以言說之際又文思泉湧，提筆難耐，當即在謝靈運的東縫經臺上潑墨抒豪，寫下了不朽的千古名篇〈經都昌〉。

其實，早在蘇軾來都昌之前，他已經在宋神宗元豐七年，西元1084年的夏天，在送長子蘇邁去汝州赴任的旅途中，曾途經鄱陽湖口，並於月夜泛舟，對石鐘山的得名由來進行了深入的考察與探究，只是由於舟行的目的和所行的路途不同，他只是從鄱陽湖邊上過了一下，而未能深入到鄱陽湖中去。之後，他寫了一篇考察性的遊記文章，叫做〈石鐘山記〉。他在文章中耐心地告戒我們，在對事物的認知上，一定要本著實事求是的態度去認識事物的真相，必須做到「耳聞目見」，切忌作主觀上的臆斷的忠告。

袁州，是宋代的一個州府所在地，即今天的江西省宜春市袁州區。地理位置在江西省的西部，袁河的上游，是東連新餘西臨萍鄉，南界安福北接萬載、上高和湖南瀏陽的那一塊地方。

蘇轍（西元1039─1112年），字子由，自號潁濱遺老。眉州眉山（今四川眉山）縣人。嘉右二年，也就是西元1057年，蘇轍與其兄蘇軾同登進士科。神宗朝時，任制置三司條例司屬官。後因反對

王安石的變法運動，被貶出任河南推官。到哲宗時，又召為秘書省校書郎。元右元年起，歷任右司諫、歷官、御史中丞、尚書右丞、門下侍郎等官職，元豐二年，即西元1079年，因其兄蘇軾以作詩「謗訕朝廷」罪被捕入獄，史稱「烏臺詩案」。他上書請求以自己的官職為兄贖罪，朝廷不但不準其請，反而將蘇轍貶出朝廷，出任監筠州鹽酒稅的一個官職。到了紹聖元年，也就是西元1094年，他又上書反對變法，因而忤逆了哲宗及元豐諸大臣們的意願，再次被貶出朝廷，出來時，初任汝州知州，不久後，再貶筠州知州，又知袁州、繼責授化州別駕、雷州安置（官制用語，宋朝對犯罪官員的一種處分），最後又再次被貶謫到循州等地。徽宗登基後，他被徙放永州、嶽州，繼又降居許州。到了崇寧三年，即西元1104年，蘇轍終於脫離了仕途的羈絆，在潁川（今河南省禹州市）定居下來，築室曰「遺老齋」，過起了陶淵明式的田園隱逸生活，專肆讀書著述，默坐參禪，藉以來打發冗長的日子。

　　無獨有偶，冥冥之中，老天似乎就是註定了要鄱陽湖與都昌跟蘇氏兄弟結緣，似乎兩者之間有著一段解不開的緣分。

　　就在蘇轍再次遭貶離開袁州的時候，他同樣在途經鄱陽湖都昌水面時也遭遇上了險風惡浪，為了躲風避浪，蘇轍亦將船灣泊在了南山之下的港汊裡，並且也和他的哥哥一樣，登上了南山去遊歷。這從他的〈題都昌清隱禪院〉一詩中讀得出來：「北風江上落潮痕，恨不乘舟便到門。樓觀飛翔山斷際，松筠陰翳水來源。升堂猿鳥晨窺坐，乞食帆檣莫繞村。誰道溪巖許深處，一番行草認元昆」。

　　從「北風江上落潮痕「以及「樓觀飛翔山斷際」兩句，我們可以理解他們是在橫過鄱陽湖的中心湖面都昌段時，遭遇了狂野的北風而泊船南山的。站在南山的清隱禪院前的高臺之上，只見鄱陽湖

上游動的松門山已經被巨浪打翻了。由此可見當時的鄱陽湖上的環境是多麼地惡劣啊。

而「誰道溪巖許深處，一番行草認元昆」這句，卻是他驚奇地發現，原來他哥哥蘇軾先前也曾來過了此地的真實心情寫照。因為蘇轍是在遊歷南山的時候，看到了蘇軾題寫的「南山」以及「野老泉」等處的墨痕時，才知道哥哥蘇軾於他之前也到過這鄱陽湖上的都昌南山的。

在人們慣有的意識裡，鄱陽湖是溫婉柔美的，是小家碧玉似的水靈女子，缺少了洞庭湖那壯漢般的蒼涼、雄渾與大氣。而這樣的感覺，在蘇氏兄弟的眼裡是絕然不同的。鄱陽湖是具野性的，是狂野不羈的，是讓人害怕的。

從蘇轍寫的另一篇詩作〈除夕夜泊彭蠡湖遇大風雪〉：「暮發鄡陽市，曉榜彭蠡口。微風吹人衣，霧繞廬山首。舟人釋篙笑，此是風伯候。劃舟未及深，飛沙忽狂走。晴空轉車轂，滰水起岡阜。眾帆落高張，斷纜已不救。我舟舊如山，此日亦何有。老心畏波瀾，歸臥寒窗牖。土囊一已從，萬竅無不奏。初疑邱山裂，復恐蛟蜃鬥。鼓鐘相轟武，戈甲互磨叩。雲霓黑旗展，林木萬弩彀。曳柴眩人心，振旅擁軍後。或為羈鶯吟，或作蒼兕吼。眾音雜呼吸，異出殊圈臼。中宵變凝冽，飛霰集飛糅。蕭騷蓬響乾，晃蕩窗光透。堅凝忽成積，澎湃殊未究。縞紵鋪前洲，瓊瑰琢遙岫。山川莽同色，高下齊一覆。淵深竄魚鱉，野曠絕鳴鴝。孤舟四鄰斷，餘食數升糗。寒齏僅盈盎，臘肉不滿豆。敝裘擁衾眼，微火拾薪構。可憐道路窮。坐使妻子詬。幽奇雖雲極，岑寂頗未覯。一年行將除，茲歲真浪受。朝來陰雲剗，林表紅日漏。風梭恬已收，江練平不縐。兩槳舞夷猶，連峰吐奇秀。同行賀安穩，所識問腰瘦。驚餘空自憐，夢覺定真否。春陽著城邑，屋瓦凍初溜，艱難當有償，爛漫醉

醇酊」來解讀蘇轍的話，他在鄱陽湖上遭遇惡劣天氣的次數還不少呢，這也足以證明，蘇轍對鄱陽湖的瞭解和認識是客觀而真實的。

　　從「暮發鄡陽市，曉榜彭蠡口」來看，蘇轍是傍晚在都昌起錨出航的，走了一夜的路才與黎明時分趕到了鄱陽湖口。詩中的「劃舟未及深，飛沙忽狂走。晴空轉車轂，淥水起岡阜。眾帆落高張，斷纜已不救。」說的是船行還沒多遠，湖面上已經是沙飛水走，黑壓壓的一片險象環生了。晴空裡突然遭遇天氣的變化，穿上的帆纜都被大風給吹斷了。「初疑邱山裂，復恐蛟蜃鬥」一句，更加是將鄱陽湖上的黑風惡浪描寫的淋漓盡致，活靈活現。由此可見鄱陽湖上的風浪之兇險惡劣，是人們去無法預知的，是不可預測的。鄱陽湖同樣具備了洞庭湖的豪放與蒼邁氣概，一點也不比洞庭湖遜色。所不同的是，鄱陽湖要比洞庭湖更加的沉穩，更加的老練罷了。

　　從以上的詩作中，我們不難理解，蘇氏兄弟在鄱陽湖上的遭遇是空前的，是別人無法去理解的，所以，我們不無欣慰地這樣想，多虧了鄱陽湖上那無法預知的惡劣環境，才使得鄱陽湖在蘇氏兄弟的心底烙下了深深的印痕，讓他們終生不忘鄱陽湖上的遭遇，用文字將他們與鄱陽湖和都昌緊緊地聯繫在了一起，成為了我們鄱陽湖以及鄱陽湖人永遠的精神財富。

　　有道是：蘇賢昆仲過都昌，巧緣覓蹤遊南山。鄱陽湖裡風波惡，翻經臺上等閒看。這便是蘇軾與蘇轍兄弟兩人在同一時期的不同時間段裡，泛舟路過鄱陽湖上的都昌水面時，先後與鄱陽湖及其鄱陽湖上的都昌縣，結下的千古奇緣和神話傳說般的故事。

李夢陽與鄱陽湖及都昌

　　李夢陽（1473年—1530年），甘肅安化縣（今慶城縣）人。字賜，又字獻吉，號空同子，生活在明朝的成化、嘉靖年間。他少年清姿玉表、相貌堂堂，18歲參加陝西鄉試便考取曉解元，翌年得中進士。歷任戶部郎中，江西提學副使等職。他一生慷慨負氣，剛毅不撓，多次因直言進諫而惹禍上身，先後五次入獄。他一生最大的成就在於文學，為明朝弘治、正德年間（1488－1521）的文學流派「前七子」的領袖。

　　李夢陽自幼家貧，10歲時，便舉家隨父徒居開封。其父時任封丘周王府教授，頗受溫和王信賴，夢陽也深得器重，「入飽出嬉」，學業長進。弘治六年（1493年）進士及第，授「觀政於通政司」。因他的父母先後去世，回慶陽守制，寓居華池三年。弘治十一年（1498年）任戶部主事，後任郎中。先後奉命監收通州國儲，去三關監稅，寧夏餉軍，因忠於職守，招致權奸怨恨，含冤系獄，據理辯駁，不久獲釋。

　　明朝正德年間，李夢陽出任江西提學副使。他在江西提學副使的任上，曾經多次乘船下贛江，來鄱陽湖上的都昌縣進行督學。他每次來到都昌，都要泛舟在鄱陽湖上飽覽鄱陽湖上風光。有一次，他站在都昌縣城的南門樓上，放眼城樓不遠處的鄱陽湖，清粼粼、籃瑩瑩，猶如一位靜默純情的處子，著實惹人喜愛，便不由心中情懷激蕩起來，當即賦詩一首〈鄱陽湖〉：漢水亦太急，江渾只恁流。何如彭蠡澤，清瑩解人愁。

　　詩的大意是說，漢水只因為流得太急匆，所以江流渾濁、狂
野，他哪裡比得上這清澄靜美的鄱陽湖啊，清瀲瀲的湖面，籃瑩瑩
的湖水，惹人歡喜，解人愁煩。從詩中，我們不難看出李夢陽的內
心深處，對鄱陽湖有著無比的熱愛與喜悅之情。李夢陽的這首〈鄱
陽湖〉詩，似乎是迄今為止，中國古代文人所做的第一首，以鄱陽
湖名為題的詩作。這首詩寫出了鄱陽湖小家碧玉式的溫婉、柔媚與
清純。與孟浩然筆下「氣蒸雲夢澤，波撼嶽陽城」的八百里洞庭湖
的磅礡大氣，形成了鮮明的對比。

　　這亦可以讓我們在他的〈泛鄱湖〉一詩的字裡行間讀得出來。
李夢陽在詩中曾經這樣寫道「匡廬彭蠡曲相連，伐鼓蠻歌赴進船。
屏見雲橫石壁淨，鏡開日破流花圓。漁樵山澤堪時給，盜賊干戈枉
自纏。遣帥已添新節制，指揮行見掃風煙」。這裡的「屏見雲橫石
壁淨，鏡開日破流花圓」。一個屏字、一片雲橫、一面壁淨，多麼
恬靜的畫面，一旦被風吹皺，便鏡開、日碎、萬朵浪花銀光閃閃。
多麼恰到好處地將鄱陽湖的柔美表述了出來啊。

　　李夢陽在江西提學副使的任上，曾經多次來都昌督查儒學。並
先後在都昌留下了〈騎登謝址復舟觀於石壁〉與〈泛左蠡〉兩首鮮
為人知的詩作。給鄱陽湖以及都昌的人文歷史增加了豐富而厚重的
內涵。他也曾經在鄱陽湖上遇到過風急浪高的惡劣天氣，令他心情
振奮，豪情勃發。李夢陽在〈泛左蠡〉的一詩中，就是這樣吟誦他
在鄱陽湖上的別樣感受「辭山意不悅，水泛暫可樂。微風逗帆席，
日竟展光耀，揚歌蕩溟昧，鼓枻極窈窕。指顧異晨暮，俯仰改觀
眺。素輕左蠡險，今覬石壁峭。謝屐久已蕪，陶磯寂誰釣。解吟松
門詠，令人發悲嘯。」

　　他的「素輕左蠡險」以及「令人發悲嘯」兩句，充分地說明
瞭他悔恨自己對事物的認知不全面，沒有從不同的角度出發對同一

件事物作細緻的觀察與思考，表露了一個文化學者對學識的認真負責，以及廣博坦蕩的人文襟懷。

李夢陽在都昌督學其間，也曾覓蹤康樂，尋跡石壁，拜謁山水詩派的鼻祖謝靈運先師，這有他的〈騎登謝址復舟觀於石壁〉為證：「奮鵠有奇翰，古鐸無追鄉。遊雲跡易滅，鳴世情難忘。昔吟瞻眺詠，今覯湖中賞。松門既岑崎，川水深以廣。昏旦候自變，伊人竟焉往。巖劃徒空嵌，堂基鞠為莽。扉徑不可識，愉悲異今曩。石壁屹寒岸，葛崖嘯魑魅。攬馭意已極，登舟祇彌惘。抱茲久延佇，遶諸路回枉」。

從以上的詩作中，我們不難看出李夢陽幾次三番泛舟鄱陽湖上，以及來到都昌督學、遊學、講學，可見，在他的內心深處與鄱陽湖以及鄱陽湖上的都昌有著一份深深的，難以割捨的，難以言及的情緣，竟然是那樣地純，那麼地清，那樣地濃，那麼地醇，醇厚得醉倒了鄱陽湖，醉倒了他自己，更醉倒了生活在鄱陽湖上的人們。

其實，李夢陽並不僅僅是一個多情的詩人、學者、重臣，也是一位詼諧幽默，風趣爽朗的人。曾經有一次，他在督學過程中，巧遇一名士子與他同名同姓，他便對這個士子戲謔道：「汝不聞吾名，而敢犯乎？」士子回答他道：「名命於父，不敢更也。」李夢陽又說道「我且出一對試汝，能對猶可恕也。」遂出對：「藺相如司馬相如名相如實不相如」。士子略加思考即應道：「魏無忌長孫無忌彼無忌此亦無忌。」夢陽高興地笑著稱頌了士子一番之後，便讓他離去了。

由此，我們亦能夠知道李夢陽是一個心思無羈的性情中人。李夢陽的一生工詩賦，重文章，詩尊李社，賦承屈賈。他秉承史家筆法，美惡具列，不勸不懲，思如湧泉，文從兩司馬，氣勢磅礴，不

愧是中國文化史上的一代文學大儒，值得令萬世景仰。

　　獻吉情鍾湖鄱陽，獨愛水瀚與懷廣。詩詠彭蠡著文史，夢中依然向都昌。

王阮與都昌

　　近日，偶然讀到宋代王阮寫的一首詩作〈都昌沿檄黟歙遇春〉：「忽忽年華換，悠悠客路長。春聲先水響，山氣欲花香。何補公家事，空隨吏役忙。白雲知此意，一片直都昌。」

　　王阮，字南卿，江西德安人。宋孝宗隆興元年（1163）進士，調南康府都昌主簿，後移永州教授。淳熙六年（1179），知浙江新昌縣。到了光宗紹熙中期，改任安徽豪州知州，後又改任江西撫州知府。寧宗慶元初期，韓侂胄當政朝野，久聞王阮之名，特命王阮入奏朝廷，同時派人誘以高官厚祿，對王阮進行拉攏，王阮並未受其誘惑，堅辭不受。韓侂胄大怒，批旨予王阮為祠祿官，將王阮開置了起來。於是，王阮借此機會辭官不做，回家後歸隱於廬山。嘉定元年卒。一生著有《義豐文集》一卷。在《宋史》第395卷，明嘉靖年的《九江府誌》13卷上，均載有他的傳略。

　　當年，宋孝宗剛剛即位時，欲成就高宗之誌，雄心滿滿。首次下詔就以經理好建業為策，以圖進取，而朝中的大臣們只管求得一時之安，畏縮不前，從而導致皇帝的決策最終落了空。

　　西元1163年，是朝廷的科舉之年。是年秋天開科取士，王阮參加了禮部舉辦的貢試，他在答題時的文章是這樣寫的：

　　「臨安蟠幽宅阻，面湖背海，膏腴沃野，足以休養生聚，其地利於休息。建康東南重鎮，控制長江呼吸之間，上下千里，足以虎視吳、楚，應接梁、宋，其地利於進取。建炎、紹興間，敵人乘勝長驅直搗，而我師亦甚憊也。上皇遼養時晦，不得與平，乃駐臨

安，所以為休息計也。已三十年來，闕者全，壞者修，弊者整，廢者復，較以曩昔，倍萬不侔。主上獨見遠覽，舉而措諸事業，非固以臨安為不足居也。戰守之形既分，動靜進退之理異也。

古者立國，必有所恃，謀國之要，必負其所恃之地。秦有函谷，蜀有劍閣，魏有成皋，趙有井陘，燕有飛狐，而吳有長江，皆其所恃以為國也。今東南王氣，鐘在建業，長江千里，控扼所會，輅而弗顧，退守幽深之地，若將終身焉，如是而曰謀國，果得為善謀乎？且夫戰者以地為本，湖山回環，孰與乎龍盤虎踞之雄？婿潮奔猛，孰與乎長江之險？今議者從習吳、越之僻固，而不知秣陵之通達，是猶富人之財，不布於通都大邑，而匣金以守之，愚恐半夜之或失也。儻六飛順動，中原在蹠步間，況一建康耶？古人有言：「千里之行，起於足下。」人患不為爾。

王阮的文章直面指出了當時的朝廷樂於偏安，不思進取之弊端，是對當時朝政的有力鞭撻和當頭棒喝。主考官範成大在讀了王阮的文章之後，由衷地稱讚王阮道：「真是個傑出人才也。」

於是，在這次的貢院考試中，王阮一舉高中進士，在朝中嶄露了頭角。翌年，也就是西元1164年，他被朝廷授予了都昌主簿的官職，被派往南康府都昌縣赴任。

可是，令人萬萬沒有想到的是，王阮的〈都昌沿檄黟歙遇春〉這首詩，卻是他在臨安掛冠回家途中，途徑安徽歙縣巧遇立春之日時，似覺渾身輕鬆，大有逃離樊籠，得以解脫自己的感覺，便掩飾不住內心的喜悅而隨意，率性吟誦出來的詩句。

這首詩的題目是：都昌沿檄黟歙遇春。這個題目的意思是說，我身上帶著朝廷任命我為奉祠官，要我離朝休養的文書，我便正好借機辭官不做，回歸故里。沒想到一路之上，來到了黟歙之地，竟然不意巧遇了立春這麼一件大事，令我大有感慨。王阮走在路上想

啊想啊，他想到自己初入仕途時，一朝功名在手，不禁躊躇滿誌，信心滿滿，大有一展鴻圖之誌。沒想到，到最後自己為保住自己的氣節，不為功名利祿，榮華富貴所動、所誘、所惑，從而得罪了當朝的權貴，竟至被佞臣所害，無奈辭官歸鄉。如今前途已惘，心下亦甚淒涼，不由感從中來，悲憤之情洶湧澎湃，便借詩以抒懷。

整首詩的意思是這樣的：多少年來，年華易逝，時光荏苒，我已經不覺在外漂泊了很多年了。今天在立春之時，聞得春雷震天，山間的溪水潺潺，山風吹來，似乎聞到了花香的味道。想想自己這些年來，一直窮於忙著那些官場上的應酬，於家、國沒帶來一點兒的益處，倒是白白地浪費了幾十年的大好時光。如今我一身輕鬆，沒有了束縛，就像那天上的白雲，自由自在，了無牽掛，終於可以靜下心來做自己願意做的事了。我現在最大的心願就是回到家鄉去，哪裡才是我最後的歸宿。今天，我已經來到了黟歙之地，很快就會趕到下一個驛站去，下一個驛站就是鄰近我家鄉德安縣的都昌縣了。

王阮初入仕途，在都昌主簿任上，就以政廉之名而聲聞於朝野，不久，便被朝廷調永州府學當教授。在永州教書期間，王阮獻千言書給皇帝，請求朝廷罷免吳、楚兩地的牧馬之政，要求積馬於蜀茶馬司，以省往來綱驛之費、歲時分牧之資。他的建言得到了皇帝的首肯和朝廷的重視，於是，在紹熙中期，改任豪州知府。他在豪州知府任上，又大膽請求朝廷恢復曹瑋方田、種世衡射法，每日與官兵講述守備之道，與邊民官兵討論守境事宜。最終，由於因為有王阮在豪州御守，才使得金兵不敢南侵，保得邊境平安。王阮豪州任後，旋即改任撫州知府。

「韓侂冑宿聞阮名，特命入奏，將誘以美官，夜遣密客詣阮，阮不答，私謂所親曰：吾聞公卿擇士，士亦擇公卿。劉歆、柳宗元

失身匪人，為萬世笑。今政自韓氏出，吾肯出其門哉？對畢，拂衣出關。佗冑聞之大怒，批旨予祠。阮於是歸隱廬山，盡棄人間事，從容觴詠而已。朱熹嘗惜其才智、勇氣、謀術、韜略過人，而留滯不偶云」。

我們可以從王阮「吾聞公卿擇士，士亦擇公卿。劉歆、柳宗元失身匪人，為萬世笑。今政自韓氏出，吾肯出其門哉？」那句話中看出王阮身具剛正不軻的秉性和凜然不可侵犯的氣節。充分展現了鄱陽湖人的獨有豪邁與坦蕩襟懷。

縱觀上下，我們不難由此可以看出，在王阮的人生道路上，都昌，並不僅僅是他人生走向輝煌的第一站，也是他仕途沒落、終結，退而轉為專肆著述，書寫他第二人生的開始，平生著有《義豐文集》一部。所以，都昌在他布滿創傷的心靈上留下了刻骨銘心的記憶，這才導致在他詩作中，最後的一句是這樣吟道：一片直都昌。在他憤憤不平的內心，對當朝的無望與絕望裡，不由自主、默然地在情感的歸屬上，將都昌當做了自己的故鄉。

王阮與都昌，聚散不迷惘。一片白雲下，癡情歸故鄉。

晚泊蓀溪

　　大明嘉靖年間，一個秋天的傍晚，時任南康府丞的安徽懷寧人氏黎民貴黎大人，大聲地呼喊漂在湖中船上的艄公，將泊蕩在蓀溪村頭湖汊裡的烏蓬船撐到岸邊來。艄公聞聽得黎大人的高聲喊叫，急忙將船撐過了岸來，穩穩地泊靠在了湖岸上。當船兒停妥之後，艄公他迅速地架起了上船的跳板，用腳踩住跳板，讓黎大人他們上船。黎大人一行幾人，踩著跳板，魚貫地上了烏蓬船之後，便吩咐艄公將船搖開了去，他們這是要沿著湖岸，在蓀溪村前的湖面上前前後後，上下左右，四處漫遊開來。

　　原來，這黎大人一行是專門來都昌進行巡視、體查民情、民生等情況的。他們一行幾人，已經微服在沿湖的鄉村裡轉悠好幾天了。今天，他們一路坐著烏蓬船，沿著南鄱陽湖的北岸而來，於是日中午時分，來到了這號稱為徙途聞蓀、居而擇溪，鄱陽湖深處的半島寶地──蓀溪，微服私訪，瞭解這裡的民俗以及鄉裡各方面的風物、習慣。

　　他們幾人在這裡下船登岸之後，便在蓀溪以及周圍的東灣、西灣、聲揚、麻園、南壟、老庵等村莊裡靜靜地轉悠開了。

　　當他們一行在蓀溪村裡及其附近的村落裡四處走走，在四外的原野上到處看看時，村民淳樸的臉上蕩漾著的熱情，讓他們感受到了這裡的祥和；蔥翠碧綠的田野上，蓬勃興旺的莊稼，讓他們看到了人們生活的美好前景；散落在村前村後的柴垛以及部屋、雞舍，讓他們感受到了這塊土地上深蘊著無限生機；放眼鄱陽湖上的空范

與悠遠，更讓他們深深地懂得，這裡的人民，是有著無比寬廣的胸懷的。

當黎大人他們一行在沿岸的幾個村上巡視了一圈之後，回到船上的時候，天色已然快要黑下來了。此時的他們，已不可能再趕去下一個巡檢的地方過夜，所以，黎大人就吩咐艄公將船泊在蓢溪村前的湖上，泊晚在蓢溪，待天明之後，他們好繼續去往下一個鄉村巡檢。

黎大人站在搖晃不停的烏蓬船頭上，便嘗試著，想要站在這湖水之上，再來好好地，仔細地看一看眼前的蓢溪村，感受一番在陸地上不能感受到的，那不一樣的風景與氣象了。

是晚，銀白的月光如水般地流瀉而來，將空濛中的蓢村與鄱陽湖籠罩在了一起，讓人分不出哪裡是湖，哪裡是岸，哪裡是村莊。整個蓢溪沿岸的村落，都靜若處子般地橫臥在鄱陽湖上，是那樣地沉靜、安穩與祥和。燦爛的星空下，星點的漁火閃爍在蒼茫的湖面上，給如水的夜色平添了無盡的生機。漁人們的晚歌聲，悠揚地在湖面上飄蕩，是那麼地清脆而又動聽，直直地沁入人們的心靈深處。也將岸上與水裡人家的某種情愫緊緊地融匯在了一起，蜜不可分。湖汊兩岸的村莊裡，不時地傳來三三兩兩的狗們，那「嗚，汪……」的淒厲叫聲，無端地帶給人們一種淒楚無奈的感慨。鄱屋裡的牛們，它們的鼾聲似乎是震天價地在響，彷彿要攪亂了這湖裡湖外的一湖安寧才罷休。

黎民貴黎大人，靜靜地佇立在船頭之上，默默地享受著來自鄱陽湖上的清風披拂，看蒼茫空闊，蘊涵深沉的鄱陽湖，不由感從中來，情思悵惘，愁絲頓結。眼前的幽靜畫面，在不知不覺中勾起了他心中那一縷鄉思的情懷。他環顧著湖上湖下閃爍的漁火與燈火，眨動的星光與搖曳的波光，霧靄中沉睡的村莊，突然之間，他的心

裡詩意湧動，詩情高漲。不由朗聲吟誦出：「月色東溪好，清風待夜吹。漁歌連野岸，犬吠隔山籬。蔀屋醑牛犢，鯗村衛虎罷。煙波惆悵望，一葉系秋思」一首〈晚泊鯗溪〉的詩來。詩罷，他似乎意欲未盡，睡意全無地披一身夜色，站立在船頭與鯗村同在，與湖天同在。

是啊，好月好景好鯗溪，清風夜過掠心扉。漁歌悠揚夜色起，湖上湖下和聲飛。牛哞犬吠穿竹籬，隔岸燈火伴星輝。悵惘煙波如秋思，一葉扁舟身何系？鄱陽湖上鷗鷺泣，遊子心中歸意急。豈懼征程萬里遙，惟願得轉家鄉回。

黎民貴黎大人，一時之間，沉浸在對故鄉的思念之中，深陷在對故鄉的追憶深處。他按耐不住心中的潮湧，徘徊、徜徉在烏篷船頭，夜色中的鯗村，彷彿成了他日思夜想的故鄉，他將一腔濃濃的鄉思情結，義無反顧地傾注在鄱陽湖邊的鯗溪，這塊富饒而又美麗，令他無限留戀的土地上，傾倒在鄱陽湖中，隨著滾滾東流的逝水，流到他的家鄉懷寧去，帶去他一路的牽掛悠悠，情恨綿綿，將身陷落在一世的相思情網之中。

這真是：晚泊鯗溪起秋思，府丞巡檢鄱陽湖。鄉情難舍愁情在，卻把征途作歸途。

鹿鳴履泰

呦呦鹿鳴，朗朗書聲。鹿騰廬山，縱橫履泰。

這是我在白鹿洞書院求證曹履泰與書院相關史料後的一番真切感受。

曹履泰，原名曹昕，派名敏政，字樹珊，號泰履後改名履泰，乾隆庚戌年（1790）──咸豐辛酉年（1861），今江西省都昌縣蘇溪鄉湖下曹家村人。清道光辛巳年（1821年）舉於鄉，登癸巳年（1833年）經會試列第一甲第二名進士。這就是人們常說的登科及第中的狀元、榜眼、探花中的榜眼，與狀元彭澤人汪鳴相是同榜。初授翰林院編修，國史館纂修，咸豐帝師，後升任陝西道監察御史。因父喪丁憂歸家，復起時遷兵科給事，不久即為掌印官。咸豐改元，即擢為鴻臚寺少卿，月餘，即著任廣東惠潮嘉兵備道，隨後又共署雷瓊兵備道誥授中憲大夫。身後，葬今之波陽縣響水灘魏姓屋背。

履泰一生性格剛毅，為人大度，遇事敢言，略無瞻顧。抵任之後，關心體貼下屬，「謹巡防嚴，考察尤念，為治首在得人」。他認為要治理好一方首在用人得當，「凡英奇魁傑之士，無不憚拂試而磨礪且試用之，從善如流，薦揚如前。」江蘇巡撫丁日昌對其更是褒賞有加，「甲寅年（1854年），逆匪陳阿亮嘯集潮郡對河之東津鄉，履泰提兵進剿，賊敗走揭陽，隨督隊窮追，亮被擒，屍諸市。餘黨分別處置如法。事平，當敘功。乃獨以丁日昌名登之薦牘，雖親故子弟無毫發私焉。其任京秩時，身負山積，猶歲有饋贈

於友，毫不吝嗇。官粵時，師友謝世，則厚待其子，執友依然。」
後因與粵督有隙，效法陶公植菊東籬，歸隱田園，回到原籍。「泰
事母至孝，母亦督教維嚴，既貴不少假，偶於母怒，必長跪請罪，
俟母霽顏乃已。」「歸籍後不久，母故。泰心甚傷，逾年也卒。鄉
人皆言其為母盡孝去矣。」由此可見曹履泰其人是文韜武略，胸懷
寬廣，更兼具善良、忠孝的性情。

到這裡也許有人要問，曹履泰與白鹿洞書院到底有什麼關係
呢？這正是我此番來書院考證的原因。

據李才棟先生《白鹿洞書院史略》載，道光二十二年
（1842），都昌進士曹履泰捐修白鹿洞書院。但因史料不全，其所
捐數目不詳。但在履泰的家鄉卻盛傳一個其與白鹿洞書院有著極深
淵源的軼事，百多年來歷久不衰。

史料記載，道光十七年丁酉春，都昌貢生余秀泰赴郡送考，
見學宮各處塌損，即呈請太守王公，願獨立捐修。是年四月興工於
十八年八月工竣，費錢二千餘緡。旋見白鹿書院殿宇樓閣，號舍牆
屋，傾圮朽蠹，復呈請太守王公，願獨立新修。於十八年九月朔望
之日興工至十九年八月竣工，這在書院的發展史上是不多見的（見
余成教的《重修白鹿洞書院記》碑刻，今存書院東碑廊）。書院屢
經廢興，有眾力共修者，有捐修一二堂者，其獨立全修者罕有。那
麼是誰促成秀泰全面捐修書院的這項義舉呢？這個人就是曹履泰。

那年，曹履泰於任上回家省親，恰逢同科狀元汪鳴相亦回到了
家鄉彭澤，曹履泰便致函邀約汪鳴相，還有同科探花（資料不詳）
來家鄉蕀溪小聚，二人均如約來到。有一天，履泰偕二人去蕀溪麻
園村去拜望娘舅，泰的娘舅是本地的一名飽學宿儒，開明鄉紳，在
當地有著崇高的威望。

恰逢這天，趕上履泰娘舅的鄰裡好友，景德鎮陶業巨富余秀

泰新房上樑，大排宴席，以示慶賀。娘舅隨攜履泰三人一同赴秀泰家祝賀並參加庭宴，秀泰見一時家裡來了狀元，榜眼，探花三位進士，欣喜有加，慌亂中忙請入席。履泰笑而答說：世伯，我等三人今天是趕得巧了，未能帶賀禮，不忙入席，敦請狀元和探花二兄為世伯題一匾額，妳意下若何？秀泰歡喜之餘，聞言樂極，遂命家人備好四寶獻與三人。

於是，三人當庭揮毫著墨，龍飛鳳舞，於庭前筆走龍蛇，一揮而就（匾額在文革中不知去向，內容不詳）。庭前眾親友，親見天下狀元榜眼探花同場題匾，無不稱羨，均贊秀泰好運氣，同時得到了三塊人們夢寐難求其一的三塊匾了。秀泰心想，這可真是花再多的錢也買不到的禮物啊！環顧之餘，看身旁兒孫個個文不成，武不就的樣子，遂思：我要這百萬家財何用？倒不如三個讀書人功成名就，光宗耀祖。於是便有了興學，助學之念。

接下來就有了道光十七年余秀泰捐修白鹿洞書院的義舉，後四年，鵝湖書院山長余成教為余秀泰獨資捐修白鹿洞書院作記一篇，由都昌榜眼曹履泰書丹刻碑，以表彰余秀泰的義舉。碑刻的落款為：賜進士及第翰林院編修，國史館編修，前任掌陝西道監察御史，都昌曹履泰敬書。原碑已損毀，僅存照片，現存東碑廊的碑刻為當世之重修時補刻者也。

由此可見，曹履泰不僅自己尊師重教，捐資助學，而對他人的助學善舉也鼎力支持並為之叫好。履泰捐修白鹿洞書院時在院生童僅四十餘人，書院陷入前所未有的困境之中，曹履泰的捐修與余秀泰的義舉無疑給書院增添了無窮後勁，煥發了生命的活力。使書院朝著健康、興旺的方向發展。朗朗書聲和著呦呦鹿鳴，響徹了廬山之巔，聲聞千古，名震四海內外。

在清末這多事之秋來說，曹履泰授廣東惠潮嘉兵備道，繼又共

署雷瓊兵備道，足以看出朝廷對其是何等的倚重，可說是真正受命於危難之時，在此等情形下，他尚憂心國學興廢，慷慨捐修，並為秀泰義舉書丹，足見其對書院的赤子情深。此一時期，白鹿洞書院的振興，曹履泰功不可沒。

第三輯
鄱陽湖及其文學

我認識的鄱陽湖

　　我出生在鄱陽湖畔的一個小漁村裡，是喝著鄱陽湖的水，戲著鄱陽湖的水長大的。幾十年過去了，我由伢伢稚語到天真童年，進而少年、青年、壯年的這一路走過來，真的是未有一天離開過鄱陽湖──我的母親湖。假若有朋友要問我認識鄱陽湖麼，我想我是會毫不猶豫地回答說，我是認識她的。如果我說不認識，這還能說得過去麼？

　　畢竟我來到這個世界上，睜開眼睛首先看到的風物就是門前的鄱陽湖了。但是，如果妳要刨根究底地問我認知鄱陽湖、瞭解鄱陽湖麼，我的回答是肯定不能讓妳滿意的。因為我知道，雖然我認識鄱陽湖，但是我對她的瞭解並不夠多，懂得的也很膚淺，認知不夠深，所以我作為一個鄱陽湖人，是深感慚愧的。為了彌補我的這一缺憾，我翻閱史料，查調各門類文卷，以期對鄱陽湖有個整體的認知輪廓，終於，蒼天不負有心人。今天，特作此文以饗朋友和讀者以及關心、支持我的人們。

　　鄱陽湖位於江西省的北部、長江中下游南岸，是中國最大的淡水湖泊。據〈幼學瓊林地輿〉篇載，「饒州之鄱陽湖一名彭蠡，一名揚瀾。闊四十里，長三百里，巨浸瀰漫，西抵南昌，東抵饒州，北流入於江。」與「嶽州之青草湖，潤州之丹陽湖，鄂州之洞庭湖，蘇州之太湖」，號稱為天下之五湖。並且，鄱陽湖位列五湖之首。鄱陽湖承納贛江、撫河、信江、饒河、修河五大江河及清豐山溪、博陽河、漳田河、土塘水、候港水、潼津河等區間來水，經調

蓄後由湖口注入長江，是一個過水性、吞吐型的湖泊。鄱陽湖水系流域面積16.22萬km²，約占長江流域面積的9%。鄱陽湖為季節性湖泊，突出表現為：高水湖相，低水河相。素有「高水是湖，低水似河」之說。並且，鄱陽湖她還擁有其「洪水成一片，枯水見一線」的獨特自然景觀。

鄱陽湖水位變化受五河及長江來水的雙重影響，每當洪水季節，水位攀升，湖水漫灘，湖面寬闊，碧波蕩漾，蒼茫一片；枯水季節，水位下降，湖水落槽，湖灘顯現，湖面變小，蜿蜒一線與河道無異。洪、枯水時的湖體面積、湖體容積相差極大。據查證，湖口水文站歷年最高水位22.59m（為1998年實測最高洪水位，吳淞高程系統；本報告未特別標註者均為吳淞高程系統）時，湖面面積約為4500km²，相應容積為340億m³；湖口站歷年最低水位5.90m時湖平均水位為10.20m，其相應湖體面積僅約146km²，相差31倍，湖體容積僅4.5億m³，相差75倍。

以松門山為界，鄱陽湖分為東（南）、西（北）兩部分。東（南）部寬闊，湖水較淺，為主湖；西（北）部狹窄，為入江水道區。全湖最大長度173km，最寬處70km，平均寬度16.9km，入江水道最窄處的屏峰卡口寬度僅約3km，湖岸線總長約1200km。湖盆自東向西，由南向北傾斜，高程一般由12m降至湖口約1m。鄱陽湖湖底平坦，平均水深約6.4m，最深處在蛤蟆石附近，高程為−7.5m；灘地高程多在12～17m之間。鄱陽湖湖區地貌由水道、洲灘、島嶼、內湖、汊港組成。鄱陽湖水道分為東水道、西水道和入江水道。贛江南昌市以下分為四支，主支在吳城與修河匯合，為西水道，向北至蚌湖，由博陽河注入；贛江南、中、北支與撫河、信江、饒河先後匯入主湖區，為東水道。東、西水道在諸溪口匯合為入江水道，至湖口注入長江。

　　鄱陽湖在古代曾有過彭蠡澤、宮亭湖等多種稱謂，經過漫長的歷史年代，在地質、氣象、水文等復合作用、長期發展下，彭蠡澤向南擴展，湖水越過松門山直抵鄱陽縣附近，因而易名為鄱陽湖。在湖水南侵之前，松門山以南原本是人煙稠密的鄡陽平原，也稱做鄱陽湖盆地。在這塊土地上，並存著古鄡陽及古海昏的兩個縣治。隨著湖水的不斷南侵，鄱陽湖盆地內的鄡陽縣和海昏縣便先後被淹入了水中，成為了人們永遠的傷痛和深處的記憶。所以歷史上曾有「沉鄡陽泛都昌、落海昏起吳城」之說。目前，在都昌縣周溪泗山挖掘出來的鄡陽古城遺址，一座在今永修縣境內出土的南朝時期沉入鄱陽湖水底的古城——海昏縣古糧倉遺址的出現，便是對這一傳說的最好註腳。

　　煙波浩渺、水域遼闊的鄱陽湖，經過漫長的地質演變，形成南寬北狹的形狀，在距今約一千六百年前左右形成了現代鄱陽湖的雛形。於其形來看，如果說萬里長江如飄揚著的長長玉帶，那麼，鄱陽湖就是繫在這玉帶上的一隻巨大的寶葫蘆，吸納來自東南西北各方的靈秀聚於一身，向人們展示她美妙動人的身姿。高水位時，妳還可以把她比做一位腹大腰圓的雍容紳士，謙然而不失高貴。甚或是把她比作是一個體態豐腴的美少婦，端莊而獨具風韻。如果說入江水道是她的頭頸，那麼贛江主支與修河便是她的一雙玉手，緊緊地把九嶺山脈與幕阜山脈掌握在了手心裡。而撫河與信江則是她修長的兩條玉腿，風情萬種，讓人遐想翩翩。由於受到帶有大量水蒸氣的東南季風影響，鄱陽湖的年降雨量都在1000毫米以上，從而形成了「澤國芳草碧，梅黃煙雨中」的濕潤季風型氣候，並使鄱陽湖成為著名的魚米之鄉。

　　在中國的湖泊中，鄱陽湖是唯一的一個古老的斷陷湖盆，約1.35億年前沉陷成巨大的盆地，距今六七千年前積水成為湖泊。具

有最大的淡水水產養殖的水域，是長江中一些珍貴魚類漫遊、產卵與育肥的場所。水域中有魚類122種、浮游植物50種。鄱陽湖還有200萬畝草洲，水草豐美，每年10月至翌年3月，有數十萬只珍禽候鳥來這裡越冬。1983年6月，江西省政府在永修縣吳城鎮建立了鄱陽湖候鳥自然保護區；1988年5月經中國國務院批準成為國家級自然保護區。這個保護區是目前世界上最大的越冬白鶴群體所在地，白鶴種群約占全球的98%以上，也是迄今發現的世界上最大的鴻雁群體所在地，鴻雁數量達3萬隻以上。保護區棲息著54種國家級保護動物，有13種鳥類被國際鳥類保護組織列為世界瀕危鳥類。都昌周溪是全中國最大的淡水珍珠養殖基地，都昌亦被人們譽贊為淡水珍珠之鄉。

以上的這些，還只僅僅是停留在對鄱陽湖的形體及具象的表述上。關於鄱陽湖的傳奇還遠遠沒有開始呢。

我的家就座落在東鄱陽湖的北岸，與鄱陽縣毗鄰，真正的是處在鄱陽湖的最豐滿盈碩的部位。我從童年開始到長大成人，沒有哪一天不是在伴著鄱陽湖的濤聲，聽著鄱陽湖的故事，哼著湖區獨有的南詞小調，在饒河戲的鑼鼓聲中，在唱著鄱陽湖道情的愜意快樂中度過的。而以上所提到的，這些物質文化和非物質文化的東西，也只僅僅是存在於我的這個生活區間裡表象上的東西。還有許許多多我們所不知道的、潛藏著的財富，有待於那些志者、智者們去努力地挖掘，並將其呈捧在世人的面前。

不過，假如有人問我說，鄱陽湖給妳帶來的是快樂多些還是苦痛多些時，我自然會鄭重地告訴他，當然是快樂多於苦痛。雖然從表面上看，她帶給我的是痛少快樂多，但她每帶給我一次的痛都是刻骨銘心的，痛徹肺腑的。當我們無憂無慮地在湖上盡情揮灑著童年的時候，當我們攏網起網，收獲滿倉的時候……我們感覺不到鄱

陽湖有多麼地溫情和慷慨。每當我們被洪魔驅趕得無處安身，蕩滌得一窮二白的時候，當她不知稼穡之艱難，侵害得我們顆粒無收，饑寒交迫的時候……妳說，她能不讓我們痛得銘心刻骨麼？能不讓我們深深地鑴刻在記憶深處麼？這就應了像一首流行老歌唱的那樣，我這心裡是「痛並快樂」著的！

與此同時，鄱陽湖本身從側面向我們反饋了這麼一個資訊：難怪在這一千多年的歷史長河中，在人才輩出的贛鄱大地上，就真的沒有一位名家，更沒有人能主動地站出來給她豎碑立傳，謳歌讚美呢。不由捫心叩問，為什麼一千多年以來，鄱陽湖怎麼從來就唱不響呢？這是一個從文化層面值得我們大家去思考的一個話題。

其實，早在北鄱陽湖還沒有穿過松門山南侵之前，那時的鄱陽湖不叫鄱陽湖，一叫彭蠡澤彭蠡湖，一叫揚瀾湖，還有一個更好聽的名字，叫做宮亭湖。不過，那時人們對湖的稱謂用得最多的名字還是彭蠡湖多些。也許大家不知道，早在那時候的彭蠡湖邊就已經悠閒地住著兩位幾乎是同一時期的文學大家：謝靈運與陶淵明。

謝靈運，創中國山水詩派的開山鼻祖。他一生致力於開拓、創新，倡導以寄情山水的詩歌新境界來進行詩歌的藝術再創造。他也曾經一度隱居在鄱陽湖上都昌縣城外的西山石壁下的精舍內，這有他的〈入彭蠡湖〉及〈石壁精舍還湖中作〉詩作以及唐代詩仙李白的〈入彭蠡經松門觀石鏡緬懷謝康樂題詩書遊覽之誌〉等詩作為證。他雖著有零星的關於鄱陽湖的詩歌留傳了下來，但終究不是能代表他在詩歌創作上的，達到藝術顛峰的作品，所以這就導致了人們在關注他的時候，就很輕易地忽視了鄱陽湖的存在。因此，也就導致了鄱陽湖沒能隨著他的名字在詩歌領域裡產生深遠的影響，故而沒能起到廣泛宣傳鄱陽湖的效果。開一代中國田園詩歌之風的陶潛老先生淵明，他也許是長期生活在鄱陽湖邊被肆虐的洪水

欺侮夠了，被它的淫威欺辱得怕了，他一生就從來沒有拿鄱陽湖來說過事。雖然他是中國田園詩派的鼻祖，卻也沒能為鄱陽湖盡過什麼力，用他的聰明才智與文學靈感替鄱陽湖說過半句好話。試想，他是真的被洪澇侵害怕了吧？要不然，像他這種情感這麼豐富的人是不可能不情傾母親湖的，不替母親湖說上幾句好話的。為什麼他後來乾脆躲進了廬山腳下的深山溝裡去墾荒拓地食山溪水度日，再也不願見那魔鬼樣的鄱陽湖呢？這其中是肯定有原因的。以至於他在後來的日子裡，就只曉得天天閒在家裡養養菊花，坐著搖椅看南山，把個人都搖得惰性十足了。呵呵，這無非是說句笑話，朋友們千萬別當真啊。

　　還有就是關於鄱陽湖的其他一些人文傳說的故事。人們大可不必把目光只駐留在元末明初，朱元璋與陳友諒爭戰的那短短的十幾年的時空裡，更不要總是津津樂道地去盯著某一個人或者是某一件事。其實，鄱陽湖流域自古以來是中國經濟較為發達的富庶地區。在中國歷史上就有很多傑出的人物，例如徐稚徐孺子、林士弘、劉恕、洪適、江萬里、朱耷等就曾在湖區裡生活過。這裡又發生過許多威武雄壯的英雄事跡，譬如周瑜在星子操練水師迎戰赤壁，曾帥鎖江困湖，還有禹王治水的傳奇故事等等。鄱陽湖是古代人們從北方進入江西的唯一水道，發生在鄱陽湖上的文人軼事和民間傳說則更是難以勝數。初唐詩人王勃在〈滕王閣序〉中的名句：「漁舟唱晚，響窮彭蠡之濱」，描述的正是鄱陽湖上的漁民捕魚歸來後的歡樂情景。宋代詩人蘇軾在〈李思訓畫長江絕島圖〉詩中時寫的「山蒼蒼，水茫茫，大孤小孤江中央」，描寫的也還是鄱陽湖的勝景。更有李烈鈞在湖口發起的「二次革命」，抗日戰爭期間的湖口保衛戰、阻擊戰，解放戰爭中的渡江戰役，無不烙上了鄱陽湖深深的歷史印記。這些都是我們當代的人們可以去書寫的。

　　為什麼一千多年以來，鄱陽湖就從來沒有被唱響呢？當然，這跟古代的那些文化人有關。為什麼站在文化的平臺上，鄱陽湖沒有洞庭湖唱得響呢？這跟過去生活在鄱陽湖邊的那些大家們沒有作為是脫不了幹系的。雖然，王勃曾在〈滕王閣序〉中唱出了「漁舟唱晚，響窮彭蠡之濱」的絕響，但那也只是小家碧玉式的贊美，根本就沒有把她湖天浩闊的大氣唱出來。還有後來唐宋八大家之一的蘇老先生東坡居士，雖然寫下了讓都昌人引以為自豪，並且也永遠記住了的「鄱陽湖上都昌縣，燈火樓臺一萬家」的〈過都昌〉小詩，但那也只是他的無病呻吟，一點也沒有唱出鄱陽湖的渾厚壯美。

　　倒是唐代孟浩然的〈望洞庭湖贈張丞相〉的詩：「八月湖水平，涵虛混太清。氣蒸雲夢澤，波撼嶽陽城。欲濟無舟楫，端居恥聖明。坐觀垂釣者，空有羨魚情」一詩中的「氣蒸雲夢澤，波撼嶽陽城」唱出了三楚洞庭的大氣磅礡。更有宋代大文學家范仲淹的〈岳陽樓記〉，以一種浩瀚的胸襟，自成大我的氣勢，唱出了「銜遠山，吞長江，浩浩湯湯，橫無際涯；朝暉夕陰，氣象萬千」的壯麗圖畫，更以一種「居廟堂之高，處江湖之遠」「先天下之憂而憂，後天下之樂而樂」的為國為民情懷，自覺地承載起對國家、對民族、對歷史的責任擔當，唱出了八百里洞庭湖的神彩。

　　綜上所述，於文化的內涵來說，鄱陽湖與洞庭湖比較起來，從深度與廣度來說就差了很多。站在歷史的角度，鄱陽湖顯得碌碌無為，平淡沉寂。而洞庭湖卻承載起了歷史的責任擔當，就像一位巨人，勇敢地挺起了自己，站立在世人面前，大有一種無畏的英雄氣概。由此可見，以前鄱陽湖邊的那些大家們，既沒能讓鄱陽湖從他們身上走出去，更沒能夠為她在文化的領域裡奠定她所站立的位置。在今天來說，真是鄱陽湖的一大憾事。因此，今天的我們要痛定思痛，迎頭趕上去。我們也大可不必被孟浩然的「氣蒸雲夢澤，

波撼嶽陽城」的洞庭氣勢所蒙蔽，也不必懼畏范仲淹老先生的不可追，更不要看不清自己這腳下的漫漫征路了。

　　江山終是代有才人出，各領風騷數百年。在此，我呼籲眾多的本土作家們以及廣大的文學愛好者們，踴躍拿起手中的筆，趕緊行動起來吧。從靈魂深處把鄱陽湖唱出來吧！

　　當代畫家林美嵐的連環畫圖書《夜闖鞋山湖》，讓無數的少年兒童知道了中國有個鄱陽湖。著名作家陳世旭先生的《天鵝湖畔》，影視劇作家王一民先生創作的電影文學劇本《鄉情》等開創了以鄱陽湖為載體的鄱陽湖文學新風，並且，也把大家的眼球開始吸引到鄱陽湖上來了。讓人們能從直觀與感性的兩個層面來認知鄱陽湖，瞭解鄱陽湖。接下來，終因身單力薄未能形成更大的氣勢，產生更大的，異乎尋常的影響。雖然在後來他們身邊聚集了一批有誌於以鄱陽湖為創作題材的文學愛好者，也有了諸如〈水賊〉、〈鄱湖風〉在一些期刊上的露臉並與之呼應，但終因曲單和寡而沒能湊到什麼效果。再後來，又添了求索的〈鄱湖三女傑〉、〈神仙寨〉、〈松山廟〉以及《鄱陽湖報》文學報等的加入進來，但最終還是因力量不夠，未能開創出一個以鄱陽湖為載體的文學創作的繁榮局面。今天，隨著鄱陽湖生態經濟區的建設上升為國家戰略，鄱陽湖終於又掀開了她生命中燦爛的嶄新一頁。今年三月，我與身邊周圍的一些有誌於鄱陽湖文學創作的志者們一起創辦了《鄱陽湖文學》季刊（電子版），並配發了創刊詞，今後將視情況而為，將它轉為實體版。因此，我希望讓我們大家精誠團結起來，並以此為楔機，為開創一個以鄱陽湖為載體的繁榮、興旺的文學創作局面而共同努力！

　　當滔滔彭蠡湖水瘋狂南侵，越過松門山後，便狂奔狼突，使整個鄱陽平原頓時成了一片汪洋澤國。湖水漫過盆地直抵鄱陽城下，

滔滔一片。因此，後來的人們便給彭蠡湖易名為鄱陽湖。這就是湖名鄱陽的由來。借此一說，我所居的東鄱陽湖才是真正的鄱陽湖，地地道道的鄱陽湖。原本是一片人煙稠密，物產豐饒、富庶的稻米之鄉——鄡陽盆地，隨著湖水的南侵被淹入了水中，所以歷史上這才有了「沉鄡陽泛都昌，落海昏起吳城」的神奇傳說，這也是早就被泗山的鄡陽古城遺址和海昏縣古糧倉遺址所證明非虛了。

這就是我印象中的鄱陽湖，我僅認識的鄱陽湖。由於我的所學不深，對鄱陽湖的瞭解甚是膚淺，整個湖區還有許多我無法去涉獵到的東西，更不可能去探究得到，因此也就無法贅述，只好請朋友們原諒了。

鄖陽置縣時間的糾探

　　前些時日，不才參加了由都昌縣委縣政府舉辦的，中共都昌縣委宣傳部、都昌縣文聯承辦的〈都昌賦〉徵文活動，縱觀活動結束後的賦作展示，我們不難發現存在這麼一個問題，那就是關於鄖陽在何時置縣的問題上頗有異議。

　　其中，有一部分人說是在漢高祖6年的那一年置縣鄖陽的，也有人說是在漢高祖11年那年置縣鄖陽的。為了摸清事實，去偽存真，我用心翻閱了部分史料，特別是翻看了《史記・黥布列傳》，因為這裡詳細記載了英王黥布的一些史實。更因為漢代置縣鄖陽一事，亦與鯨布有關，故才有以下的糾探。

　　《史記・黥布列傳》：英布（生年不詳──西元前195），中國秦末漢初名將。六縣（今安徽六安）人。秦朝時為布衣，因犯法而被刺黥面，故後人稱其為黥布。被官府捉住後，被罰往驪山的秦始皇陵工地上服勞役。由於他在工地上聚眾抵抗官府，遭鎮壓時，被迫逃亡至長江下游躲了起來。陳勝起義時，英布舉兵響應，繼而轉投項梁，再臣項羽。巨鹿之戰時，英布受命率2萬人為前鋒，先渡漳水，截斷秦軍糧道，為項羽大軍隨後渡河圍殲秦軍作出了重要貢獻。漢王元年（西元前206）二月，因軍功卓著，被項羽封為九江王。在以後的楚漢成皋之戰中，被劉邦拉攏，舉兵反叛楚霸王，從南面鉗制項羽，為大漢朝的建立立下了汗馬功勞。隨後，他跟隨劉邦轉戰各地，因功勛卓著，被漢高祖封為淮南王。漢高祖五年，英布率舊部與劉邦、韓信、彭越會師於垓下，圍殲西楚霸王項羽於

垓下（今安徽靈璧南），一舉奠定了大漢朝的百年基業。高祖十一年七月，因韓信、彭越相繼被朝廷所殺，英布心懷疑懼，遂舉兵反漢。於次年十月，戰敗後被殺於番陽（同鄱陽，今江西景德鎮西南的都昌縣周溪鎮泗山）。

再查《漢書》和《資治通鑑》等史書，不難發現，淮南王黥布就是在番陽被殺的。漢高祖十一年，韓信、彭越接連被誅。黥布心恐，遂舉兵反。劉邦帶兵親征，鯨布與百餘人敗走江南。劉邦令別將追之。番君吳芮曾將女兒嫁給鯨布。吳芮之子長沙成王吳臣是鯨布的妻弟。在鯨布兵敗，漢將窮追的情況下，吳臣假意要和黥布亡走東越。鯨布信而隨之，結果被吳臣殺於茲鄉民田舍。茲鄉，《史記索隱》註釋為「鄱陽，鄡鄉縣之」。

據《史記‧高祖本記》所載，書中記為「追得斬布鄱陽」。可見，英布被斬殺在鄱陽是沒有錯的事了。我們要注意到《黥布列傳》中還寫道「於次年十月，英布敗，殺於番陽（今江西景德鎮西南）。這個次年應該就是高祖12年。

於是，朝廷在高祖12年追滅鯨布以後，為了向天下揚威，讓後世記住剿滅英布之史實，典誌其事，便從鄱陽和彭澤兩縣中各劃出了一部分土地，新置一縣，名為鄡陽之地。梟指梟首，梟即為斬殺；陽是頭首，陽即為頭。鄡陽，亦指英布被斬殺頭顱的地方，這就是鄡陽置縣的經過和由來。

探究至此，所查閱的史料一起把時間的節點指在了漢高祖12年上，由此，我得出這麼一個結論：鄡陽置縣的具體時間節點就是在漢高祖12年的那一年。

由於我個人的疏忽，之前，我在撰寫〈都昌賦〉的過程中，只注意到漢高祖11年英布謀反，而沒有注意到其是在次年被斬殺於鄱陽的，這才導致我寫出了「高祖十一，鯨布剿亡。漢誌其事，載入

史章」的誤書。今天，我在此向廣大的讀者朋友們致以深深的歉意！

　　由此類推，另一部分人所持漢高祖6年置縣鄡陽的說法，亦同樣是錯誤的，是不可信的。

　　如今，令人值得欣慰的是，在2013年5月，經中國國務院核定並公佈的第七批1943處全中國重點文物保護單位名錄中，鄡陽遺址赫然在列，成為了我們的國寶，這是我們都昌人民的一大幸事！

鄱陽湖及其鄱陽湖文學

　　要解讀鄱陽湖以及《鄱陽湖文學》，我想就五個方面來加以闡述。第一、我認識的鄱陽湖。第二，鄱陽湖文化。第三，鄱陽湖文學。第四，鄱陽湖文學存在的價值及其她肩負的使命。第五，我的鄱陽湖情結以及我們創辦這個刊物的目的和宗旨。

　　首先，我來籠統地談談鄱陽湖。鄱陽湖位於江西省的北部、長江中下游南岸，是中國最大的淡水湖泊。據〈幼學瓊林地輿〉篇載，「饒州之鄱陽湖一名彭蠡，一名揚瀾。闊四十里，長三百里，巨浸彌漫，西抵南昌，東抵饒州，北流入於江。」與「嶽州之青草湖，潤州之丹陽湖，鄂州之洞庭湖，蘇州之太湖」，號稱為天下之五湖。並且，鄱陽湖位列五湖之首。鄱陽湖承納贛江、撫河、信江、饒河、修河五大江河及清豐山溪、博陽河、漳田河、潼津河、侯港水、土塘水等區間來水，經調蓄後由湖口注入長江，是一個過水性、吞吐型的湖泊。鄱陽湖水系流域面積16.22萬km^2，約占長江流域面積的9%。鄱陽湖為季節性湖泊，突出表現為：高水湖相，低水河相。素有「高水是湖，低水似河」之說。並且，鄱陽湖她還擁有其「洪水成一片，枯水見一線」的獨特自然景觀。在中國的湖泊中，鄱陽湖是唯一的一個古老的斷陷湖盆，約1.35億年前沉陷成巨大的盆地，距今六七千年前積水成為湖泊。它與其他的構造型湖盆來比較，是截然不同的兩種情況，它是吞吐型，過水性的湖盆，自身沒有營養和資源的湖盆。

　　鄱陽湖水位變化受五河及長江來水的雙重影響，每當洪水季

節，水位攀升，湖水漫灘，湖面寬闊，碧波蕩漾，蒼茫一片；枯水
季節，水位下降，湖水落槽，湖灘顯現，湖面變小，蜿蜒一線與河
道無異。洪、枯水時的湖體面積、湖體容積相差極大。鄱陽湖是高
水湖相，低水河相，所以導致人們對她的認識和印象總是模糊的。
（據查證，湖口水文站歷年最高水位22.59m（為1998年實測最高
洪水位，吳淞高程系統；本報告未特別標註者均為吳淞高程系統）
時，湖面面積約為4500km^2，相應容積為340億m^3；湖口站歷年最低
水位5.90m時湖平均水位為10.20m，其相應湖體面積僅約146km^2，
相差31倍，湖體容積僅4.5億m^3，相差75倍。

　　以松門山為界，鄱陽湖分為東（南）、西（北）兩部分。東
（南）部寬闊，湖水較淺，為主湖；西（北）部狹窄，為入江水道
區。全湖最大長度173km，最寬處70km，平均寬度16.9km，入江
水道最窄處的屏峰卡口寬度僅約3km，湖岸線總長約1200km。湖
盆自東向西，由南向北傾斜，高程一般由12m降至湖口約1m。鄱
陽湖湖底平坦，平均水深約6.4m，最深處在蛤蟆石附近，高程為－
7.5m；灘地高程多在12～17m之間。鄱陽湖湖區地貌由水道、洲
灘、島嶼、內湖、汉港組成。鄱陽湖水道分為東水道、西水道和入
江水道。贛江南昌市以下分為四支，主支在吳城與修河匯合，為西
水道，向北至蚌湖，由博陽河注入；贛江南、中、北支與撫河、信
江、饒河先後匯入主湖區，為東水道。東、西水道在諸溪口匯合為
入江水道，至湖口注入長江。）

　　現代鄱陽湖的雛形是在一千六百多年前形成的。即西元421
年，也就是南朝宋武帝永初二年，一場強烈的地震，使鄱陽湖盆地
內的鄡陽和海昏兩個縣沉埋了。所以歷史上曾有「沉鄡陽泛都昌、
落海昏起吳城」之說。目前，在都昌縣周溪泗山挖掘出來的鄡陽古
城遺址，一座在今永修縣境內出土的南朝時期沉入鄱陽湖水底的古

城——海昏縣古糧倉遺址，便是對這一傳說的最好註腳。

由於受到帶有大量水蒸氣的東南季風影響，鄱陽湖的年降雨量都在1000毫米以上，從而形成了「澤國芳草碧，梅黃煙雨中」的濕潤季風型氣候，並使鄱陽湖成為著名的魚米之鄉。

鄱陽湖目前是中國最大的淡水水產養殖的水域，是長江中一些珍貴魚類漫遊、產卵與育肥的場所。水域中有魚類122種、浮游植物50種。鄱陽湖還有200萬畝草洲，水草豐美，每年10月至翌年3月，有數十萬只珍禽候鳥來這裡越冬。1983年6月，江西省政府在永修縣吳城鎮建立了鄱陽湖候鳥自然保護區；1988年5月經中國國務院批准成為國家級自然保護區。這個保護區是目前世界上最大的越冬白鶴群體所在地，白鶴種群約占全球的98%以上，也是迄今發現的世界上最大的鴻雁群體所在地，鴻雁數量達3萬只以上。保護區棲息著54種國家級保護動物，有13種鳥類被國際鳥類保護組織列為世界瀕危鳥類。都昌周溪是全中國最大的淡水珍珠養殖基地，都昌亦被人們譽贊為「淡水珍珠之鄉」，已建成鄱陽湖淡水珍珠生態養殖示範基地，基本形成了中國鄱陽湖文化產業城的雛形，我們將力爭把都昌建設成為鄱陽湖上的文化旅遊之都，中國的——湖都。

以上是對鄱陽湖作了個大體的介紹，大家應該對鄱陽湖有了粗淺的瞭解，現在我就來談談鄱陽湖文化了。

什麼是鄱陽湖文化？其實鄱陽湖文化就是對贛鄱文化作了進一步的意義上的延伸。為什麼這樣說呢？我們不妨仔細深入地順著鄱陽湖這根線探究下去，不難發現，它是那麼形象具體並真實地存在著。顧名思義，鄱陽湖文化泛指的就是整個鄱陽湖地區的地域文化現象。它具體表現在湖區的民風、民俗、民生、民情，人文及自然地理的風物，風情等等的方面。例如，在我的家鄉都昌縣，這裡的南詞小調，鄱湖道情，磯山湖漁歌、樵歌，還有鄱陽縣的饒河戲，

弋陽縣的弋陽腔，永修縣的丫丫戲，湖口縣的青陽腔，擺雲舞等等，就是鄱陽湖文化的載體。這僅僅指的是表面上的東西。更細致地說，它存在於廣大鄱陽湖地區不同的民風，各異的民俗之中，俯拾皆是。它存在於廣袤湖區的青山綠水之中，存在於萬千各異的自然狀態和風物之內，就等著人們去挖掘出來，加以繼承和發展。當然，在這裡我所指的還僅僅是湖邊部分縣區的文化表象，還沒有提及整個鄱陽湖流域的文化現象。由於本人所學有限，在這裡並不能——表述出來，同時，還有著更為廣義的贛鄱文化現象我就不在這裡——列出了。鄱陽湖文化是贛鄱文化的代表。鄱陽湖文學是鄱陽湖文化的基本載體。要弘揚和發展鄱陽湖文化，我們就必須打造好鄱陽湖文學。

鄱陽湖文化博大精深。從瑞昌的銅嶺礦冶遺址到新干大洋洲的商代大墓，集中展現了古代青銅文化的內涵；樟樹、吳城、築衛城文化的遺址，是農耕文明的集大成者；撫州的「四夢文化」及名人文化，讓人感受到戲曲文化的無窮魅力；鷹潭龍虎山，道教文化和秀麗山水相輝映，讓無數遊人心馳神往；萬年仙人洞和吊桶環遺址，具有眾多的稻作文化元素，更有證據表明，萬年是世界稻作的起源地；景德鎮，聞名遐邇的瓷都，這裡的陶瓷文化早已家喻戶曉；在九江，妳可以走進白鹿洞書院，聽檻外流水潺潺、鳥兒啾啾。讀一本線裝書，和朱熹、陸象山，李勃、陳澔等人進行一番心靈的溝通……

這是我們從歷史的角度來審視我們的地方文化，她是以江右人民的生產實踐為基礎、以贛鄱農業文明為核心，歷經數千年發展起來的一種特色文化。

關於鄱陽湖的一些人文傳說和故事。人們大可不必把目光只駐留在元末明初，朱元璋與陳友諒爭戰的那短短的十幾年的時空裡，

更不要總是津津樂道地去盯著某一個人或者是某一件事。其實，鄱陽湖流域自古以來是中國經濟較為發達的富庶地區。在中國歷史上就有很多傑出的人物，例如徐稚徐孺子、林士弘、劉恕、洪適、江萬里、朱耷等就曾在湖區裡生活過。這裡又發生過許多威武雄壯的英雄事跡，譬如周瑜在星子操練水師迎戰赤壁，曾帥鎖江困湖，還有禹王治水的傳奇故事等等。鄱陽湖是古代人們從北方進入江西的唯一水道，發生在鄱陽湖上的文人軼事和民間傳說則更是難以勝數。初唐詩人王勃在〈滕王閣序〉中的名句：「漁舟唱晚，響窮彭蠡之濱」，描述的正是鄱陽湖上的漁民捕魚歸來後的歡樂情景。宋代詩人蘇軾在〈李思訓畫長江絕島圖〉詩中時寫的「山蒼蒼，水茫茫，大孤小孤江中央」，描寫的也還是鄱陽湖的勝景。更有李烈鈞在湖口發起的「二次革命」，抗日戰爭期間的湖口保衛戰、阻擊戰，解放戰爭中的渡江戰役，無不烙上了鄱陽湖深深的歷史印記。這些都是我們當代的人們可以去書寫的。

　　一方人有一方人的習俗，這是客觀存在的，不是哪個人能否定得了的事實。說習俗，這是田頭鄉間的白話。高雅地說，它就是文化，地域性的文化。縱觀上下五千年的中華文化，它不就是華夏神州大地上的區域文化麼，狹隘地說是華夏文化，如果站在世界的角度，我們可以廣義地稱其為東方文化，因此鄱陽湖地區的文化可以簡稱為鄱陽湖文化。只不過，關於文化的這類事情是要有人去做的。有句話說的好，文化是人做出來的，如果沒有人去做，外面的人怎麼會知道呢？

　　通過對鄱陽湖文化的解讀，現在，我繼續來談談什麼是鄱陽湖文學了。

　　鄱陽湖文學，從辦雜誌的角度來說，她只是一個名詞，但是，從其內涵上來說，鄱陽湖文學，她泛指的被人們稱之為江右文化

（曾一度被叫做贛文化）的江西地區的一種文化表現形式。我們應該知道，文學是一專屬專用名詞，她是指以語言文字為工具，形象化地反映客觀現實的一門高尚的文字藝術，決不是哪一個人憑空去創造出來的。通常，人們把她的主要表現形式分為戲劇、詩歌、小說、散文四大類別。語言文字，她是用來傳承文化的重要載體。在創作中，人們以不同的形式（也可叫做體裁）來表現內心情感，還原和再現一定時期內和一定地域裡的社會生活，這就叫做文學創作。

　　那麼，我們今天所提倡的鄱陽湖文學，自然指的就是以鄱陽湖流域這一特定地域裡的社會、生活現象為文化載體的文學表現形式。人們可以用不同的文學體裁，譬如戲劇、詩歌、小說、散文等形式來表現她。

　　前面我已經講過，現代鄱陽湖的雛形是在西元421年（南朝宋永初二年），距今約一千六百來年的一場大地陷之後形成的。在此之前，松門山以南原本是人煙稠密的鄡陽平原，這裡座落著古鄡陽和古海昏兩個縣治。松門山在地震中斷裂陷落之後，山北的彭蠡湖水漫過松門山南侵，致使鄱陽湖盆地內的鄡陽縣和海昏縣治先後被淹入水中，湖水一直漫到了鄱陽山（鄱陽城）腳下，形成了現代鄱陽湖的雛形，所以，歷史上曾有「沉鄡陽泛都昌、落海昏起吳城」之說。

　　早在東晉時期，現代鄱陽湖的北湖（松門山以北的古彭蠡湖）就有兩位幾乎是同一時代的文學大家生活在鄱陽湖上。

　　陶淵明（西元約365年—427年），字元亮，後改為潛，自稱「五柳先生」。他被後世尊稱為「隱逸詩人之宗」。其詩的風格有三：一是柔，二是淡，三是遠。他的詩歌創作開創了中國田園詩派，使中國古典詩歌又達到了一個新的境界。這有他的代表作〈桃花源記〉和詩作《歸田園居》：「少無適俗韻，性本愛丘山。誤落

塵網中，一去三十年……」可以佐證。

中國山水詩派的鼻祖謝靈運（西元385年－433年）曾隱居在今都昌西山的石壁之下，這有他隱居時的石壁精舍遺跡和用來讀書的繙經臺為證。他亦曾留有詩作「石壁精舍還湖中作」：「昏旦變氣候，山水含清暉。清暉能娛人，遊子憺忘歸。出谷日尚早，入舟陽已微。林壑斂暝色，雲霞收夕霏……」為證。從詩中所言的早出谷、晚歸舟來看，詩人極具樂遊湖上的飄逸、灑脫情懷。及至後來，唐朝大詩人李白過鄱陽湖時，因仰慕謝康樂之名，亦專程繞道赴都昌西山尋訪謝翁仙蹤，這有他的〈入彭蠡經松門觀石鏡緬懷謝康樂題詩書遊覽之誌〉詩：「謝公之彭蠡，因此遊松門。余方窺石鏡，兼得窮江源。將欲繼風雅，豈徒清心魂……」可以佐證。

也許有人會問，妳說陶、謝是生活在鄱陽湖地區，是鄱陽湖地域文化的傑出代表人物，那麼，何以我們從來就沒有在其二人的作品中見到過鄱陽湖這三個字呢？這話問得有道理。縱觀陶、謝二人的作品，的確是從來就不見他們在作品中使用過鄱陽湖這個名詞。

我們不妨回過頭來審視一下，現代鄱陽湖的雛形是在西元421年（南朝宋永初二年）的一場大地陷之後，松門山斷裂沉陷，彭蠡湖水越過松門山南侵，再加以在漫長的歷史年代裡，在地質、氣象、水文等綜合作用下，繼續向南擴展，進而抵達鄱陽縣（鄱陽山）腳下，從而形成了今天的鄱陽湖。因此，最後彭蠡湖因鄱陽山而改名為鄱陽湖。這個易名的過程是非常漫長的。

那麼，我們不妨再回過頭來看陶、謝的生卒紀年。從他們二人的紀年中我們可以看出，陶淵明是在地陷後的第6年便離世的，而謝靈運則是在地陷後的第12年也撒手西去了。我們需當知，給一個湖泊易名，可不像是給小狗小貓取個名字來得那樣簡單，她的易名過程是需要走過幾十年、甚至幾百年的漫長歷程，還要在這個漫長

的歷程中加以沉澱、提取，繼而口口相授、口口相傳才能叫得出來的。她不像在戶口簿上隨便填個名字那麼輕鬆。因此，在陶、謝去世之前，彭蠡湖還沒有易名為鄱陽湖，所以，在陶、謝的作品中看不到「鄱陽湖」這三個字是再也正常不過的事情了。

接下來，我們還能看到在中國的歷史上，鄱陽湖流域又相繼湧現出來了很多的傑出文化人物：例如南昌的徐稚徐孺子、朱耷和牛石慧兩兄弟，修水的黃庭堅，唐宋散文八大家中歐陽修、王安石、曾鞏，鄱陽的林士弘、洪適與洪遵、洪邁三兄弟，刊刻大師胡克家，劉恕、都昌的陳澔（中國的禮學宗主）、劉錡江萬里等人。

說到修水的黃庭堅和都昌的陳澔，那可又是中國文化史上不可多見的文化巨人。

黃庭堅（西元1045－1105），字魯直，號山谷道人，晚年號涪翁，又稱豫章黃先生，古洪州分寧（今江西修水）人。是北宋時期著名的詩人、詞人、書法家，他不但擅文章、詩詞，尤其工於書法。詩風更是奇掘瘦硬，力擯輕俗之習，開一代風氣。早年曾受知於蘇軾，與張耒、晁補之、秦觀並稱有名的「蘇門四學士」。是盛極一時的，江西詩派的開山祖師爺。

這有他的詩作〈題鄭防畫夾〉：「惠崇煙雨歸雁，坐我瀟湘洞庭。欲喚扁舟歸雲，故人言是丹青」。〈牧童詩〉：「騎牛遠遠過前村，短笛橫吹隔隴聞。多少長安名利客，機關用盡不如君」為證。據傳，這〈牧童詩〉還是他孩提時的作品。

陳澔（西元1260——1341年）字可大，號雲住，人稱經歸先生。古南康路都昌縣（今江西都昌）人，宋末元初著名的理學家、教育家。

陳澔最有影響的著作是《禮記集說》，這部集說是明清兩個朝代的學校、書院，私塾的「御定」課本，科考取士的必讀之書。元

代教育家吳澄稱其「可謂善讀書，其論《禮》無可疵矣！」《續文獻通考》載：「永樂間頒《四書五經大全》，廢古註疏不用，《禮記》皆用陳澔集說」。可見《禮記集說》流行之廣，影響之大無以言表。由於陳澔著作對明清兩代學校教育和科舉考試起到了不可替代的作用，因而兩朝的歷代君王都非常景仰陳澔。明弘治十四年（西元1501）年，皇帝欽命於都昌縣治設專祠以祀澔公。清雍正二年（西元1724）年，朝庭特頒詔命從祀陳澔於孔廟，尊為先儒。可見陳澔在中國文化發展史上佔有重要的位置。

　　上世紀七十年代末，我們國家剛剛從十年浩劫的文化革命的困境中走了出來，走出了被稱之為文化的沙漠時期。八十年代初，鄱陽湖區有一大批的文學工作者，積極地投身在進行以鄱陽湖地域文化為載體的文學創作當中，他們創作出了不少極具時代特色的文學作品。最具影響力的是：電影《廬山戀》的劇作家畢必成；電影《鄉情》《鄉思》《鄉音》三部曲的劇作家，詩人王一民；以短篇小說《小鎮上的將軍》而一舉成名的作家陳世旭；以長篇小說《六道悲傷》而名馳中華的中國當代文化批評家摩羅；以提倡「文本細讀」而享譽中國內的文藝批評家張閎；以電視劇《靜靜的鄱陽湖》、《紅雲》、《潯陽月夜》而知名的作家趙青；以電視劇《兄弟姐妹》、中短篇小說集《漂流的村莊》、《黑的帆・白的帆》為代表作而稱譽文藝界的作家李誌川等人，他們，就是真真正正地深入挖掘，弘揚並創造性地宣傳鄱陽湖文化的領頭人，是鄱陽湖文學創作的先鋒人物和傑出的代表。

　　只可惜的是，當時鄱陽湖區這麼一種轟轟烈烈的，欣欣向榮的文學現象，大家因為沒有對它進行有效的資源整合和加以集體力量的推介，讓它錯失了一次以《鄱陽湖文學》這種文學現象出現在中國文化的大舞臺，文化的天空的機會。這樣，就導致了當時沒有能

夠搭建起這個屬於自己的，向外界展示鄱陽湖文化的，獨立的鄱陽湖文學大舞臺。就錯失一次以鄱陽湖文化的獨具風格展示自己的機會。

當然，話又說回來，這事是怪不得任何人的。因為，那時候的人們，他們大家對本土文化的認知，被舊的觀念所束縛，在舊的理念中沒能走得出來。

由於我們江西在長江以南，自唐玄宗（西元733年）設江南西道以來而得省名至今。有史以來，江西文化又因「江東稱江左，江西稱江右」故而被世人冠之為「江右文化」。後又因境內有條一以貫之南北的主要河流贛江而獲取簡稱為「贛」，所以，「江右文化」這個稱謂逐漸被「贛文化」的稱謂所代替。這是幾千年來，人們對江西文化的基本認知和統一的認識。

但是，當前生活在江西這塊紅土地上的人們，對江西文化的認知與認識正在慢慢地變化著，他們已經由以前對「贛文化」認知與認識的觀念中，在逐步轉變成對「贛鄱文化」的認同，這是一種看不見但能感覺得到的，在人們的心目中潛移默化地發生著改變的一件事。這是一個不爭的事實。

既然話已經說到了這麼一個份上，那麼，我就要提出這麼一個觀點：贛鄱文化就是鄱陽湖文化，贛鄱文學就是鄱陽湖文學。只是大家在平時可能疏忽了這一點，被過去的陳舊觀念蒙蔽了自己的眼睛。不知道我的這個說法對不對，這有待於仁人誌士的鼎立研究及廣大文化人士作出相關的探索來加以闡述，來進行認證，確立其論點正確與否。我寄望大家都能投身進來，為文化的繁榮與發展盡一己之綿力。

我以上提出的觀點，可能會有人不贊成，也可能會有人要對我提出嚴厲的批評抑或是嚴重的批判。這不要緊，我非常願意接受。

因為有不同的聲音總是好的，這說明她有活力，如果沒有不同的聲音響起來，我才覺得她才是虛幻的，可憐的。

現在，我們不妨來看一下鄱陽湖流域的水系分佈情況。

鄱陽湖是集贛江、修水、饒河、信江、撫河的江西境內五大河流以及清豐山溪、潼津河、漳田河、博陽河以及土塘水、候港水匯流而成的泱泱大湖，經湖口注入長江。由此，我們不難看出五大河流及六道水，它們所處的位置，統統都是鄱陽湖流域的一個部分，一道支流，而鄱陽湖就是它們的統一聯合體，是它們的母體。因此，我們可這麼說，鄱陽湖就是它們大家的集大成者。由此，我們不難設想，無論人們如何去稱呼江西的文化為這文化那文化的，其實，她就是鄱陽湖文化，而這裡獨有的文學現象就是鄱陽湖文學現象。

以上，是我對鄱陽湖文化以及鄱陽湖文學現象的簡單梳理，也是我對她的粗淺認知與解讀。

上世紀八十年代初期，在我們都昌有那麼一班人，他們對母親湖——鄱陽湖的熱愛和那一番濃濃的深情，他們全付身心地致力於以鄱陽湖為文學載體而進行文學再創作的幹勁和成果也是令人十分敬佩的。說心裡話，從這一點上來說，我是非常地敬重他們。我十分地稱頌他們的那種精神和幹勁。他們在進行文學創作的過程中，逐步認識到了團隊的重要性及其集體力量的偉大，他們於1985年，在鄱陽湖流域率先註冊成立了「鄱陽湖文學研究會」及其成立了「鄱陽湖文學社」，推出了自辦的一份《鄱陽湖報》。並且，在隨後的十幾年裡，在環鄱陽的各個縣陸續舉辦了多次的鄱陽湖文學論壇。他們的這種先人之舉和強有力的動作，為弘揚和推廣鄱陽湖文化，推介鄱陽湖文學，起到了一定的導向作用。之後，鄱陽湖文學研究會及其論壇，曾一度在一段時間裡被江西省人大常委會的

一個部門接管了過去。按說，這是一次千載難逢的機遇，是全面弘揚，推廣和提倡鄱陽湖文化，推出鄱陽湖文學現象的大舞臺，可惜的是，大家沒能好好地把握住這次機會與它失之交臂。

　　對於這次的錯失機遇，反思起來是很讓人痛心的。在這裡我就要說到某些人的是非觀點和心胸的問題，他們逃不脫虛名利疆的羈絆和鎖押，困在自我的小天地裡走不出來。他們狹隘地認為，都昌擁有鄱陽湖上三分之一的水面，是鄱陽湖上的一個大縣，所以，都昌這塊地域上的文化，她就代表著鄱陽湖文化，他們創作的文學作品就是鄱陽湖文學的代表作品。這種觀點是極端錯誤的，是極其膚淺的。更可笑的是，還有人聲言自己以五千首詩歌復興鄱陽湖文化、振興鄱陽湖文學，並不斷地慫恿和煽動身邊的一些人為他的這一荒謬言論鼓與呼，推波助瀾，這簡直就是一個天大的笑話。

　　前面我已經講過，文學，它是一專屬名詞，決不是哪一個人的個體所能持有的。它是還原和再現一定時期內和一定地域裡社會生活的一種文學表達方式和現象，人們在它的前面加上定語，確定其代表的是哪一個「一定時期」和哪一塊「一定地域」，它就是那一個一定時期和那一塊一定地域的文化。鄱陽湖，是地理環境下的客觀存在，她不是哪個人憑空能想像出來，更不是靠哪幾個人能創造出來的。因此，我們在「文學」的這一專屬名詞前面，給她加上鄱陽湖這個名字給她作定語，她就是《鄱陽湖文學》這個名詞的由來，事情就是這麼簡單，簡單到令人難以置信的地步。

　　最後，我得出這麼一個結論：鄱陽湖文化是客觀地存在於鄱陽湖流域的，而鄱陽湖文學則是對這一地域的文化，使用文字來進行的表述方式和文學的表現形式。文學的體裁有很多，人們通常把它分成戲劇、詩歌、小說、散文四大類別，它不是哪一家哪一個人所能代表的，更不是哪一個人所能創造的。如果真如某些人說的，要

想以五千首詩歌復興鄱陽湖文化，那麼，鄱陽湖文學就成了他嘴裡所說的平平仄仄了。可是，要論到使用平仄，江西詩派的宗主黃庭堅開創了盛極一時的江西詩風；中國田園詩派的祖師爺陶淵明為中國詩歌開創了另一重新境界；山水詩派的開山人謝靈運開創了中國的山水詩風。他們三人早就是中國詩歌歷史中一定時期裡的典型代表了，甚至是這一定時期裡中國詩歌的創作巔峰。那麼，估且不論某些人的詩作水準如何，但是要想憑借某一個人的五千首詩歌來復興鄱陽湖文化，這是不可能的。

所以，我們應該清醒地認識到，鄱陽湖文學不是哪一派哪一個人能夠代表得了的。她是客觀地，獨立地存在於整個鄱陽湖流域，是一種地域性的文學現象和文學的表現形式。當前，我們面臨一種非常好的機遇，那就是，目前我們國家正在努力創造文化的大繁榮、大發展這種新的形勢，這正趕上了好時候。鄱陽湖文學研究會於2010年3月成立了鄱陽湖文學編輯部，並同時推出了《鄱陽湖文學》雜誌的電子刊，從2011年的第二期（總第六期）開始，已進入了正常的紙媒出版發行序列，《鄱陽湖文學》雜誌平面媒體與電子媒體的雙雙登場，適時開場，這就給廣大的文學作者提供了一個展示文化，活躍文學，勇敢亮出自己的大舞臺，特別是給湖區的文學作者和文學愛好者們提供了一個很好的展示、交流平臺。

朋友們，讓我們走出自我的小天地，走出對文化的認知誤區，走出對文學的狹隘思維，敞開胸懷，登上《鄱陽湖文學》這個文化的大舞臺，為豐富和發展中華文明，華夏文化添磚加瓦，努力奮鬥，向世界亮出鄱陽湖人的絕世風采！

我現在來談談為什麼要辦這麼一份《鄱陽湖文學》雜誌的了。

說到辦《鄱陽湖文學》雜誌，我首先要提到一個人──郭繼恩老師。2007年8月的一天，郭老師來到我的辦公室，硬拉我去政

協參加一個會議，到了那裡才知道，是鄱陽湖文學研究會在召開換屆選主大會，更加令我沒想到的是，在郭繼恩老師的極力推舉下，我被選做了副會長。從此，我便義無反顧地加入到了鄱陽湖文學研究會的行列。在以後的工作中，通過一段時間的接觸，我逐步認識到要推動鄱陽湖文學事業向前邁進，沒有平臺是不行的，雖然，老會長董晉先生和他的一班鐘情於鄱陽湖文學創作的友人們，在創立了鄱陽湖文學研究會之後立即自辦了一份《鄱陽湖》文學報，也曾在環鄱陽湖的十一個縣市舉辦了多期鄱陽湖論壇來提倡《鄱陽湖文學》，但終因宣傳面不大，沒能引起人們足夠的認識。故而，人們普遍地忽視了《鄱陽湖文學》這種現象的存在。鑒於以上種種，於是，我便大膽地行動了起來。

首先，我藉助家鄉的論壇上開設了一個《鄱陽湖文學》專區，方便廣大喜愛文學創作的朋友們在這裡進行廣泛的文學交流、交融和溝通。這樣的一個作法，它到底能生產多大的作用，那時候，在我的腦海裡還真的沒有形成一個完整的鄱陽湖文學概念。後來，逐漸認識到僅僅是靠這樣的一個小平臺來提倡和推廣鄱陽湖文學是遠遠不夠的，這無異於在小陽臺唱大戲，根本就抹不開身來。於是，我與朋友們一起於2010年的春天，在《期刊‧一起寫》網站上創立了《鄱陽湖文學》電子雜誌，以季刊的形式捧出來，奉現在了大家的面前。所有的這一切，來源於我們對鄱陽湖文學的熱愛。促使我們投身到宣傳鄱陽湖文學，推廣鄱陽湖文學的事業中來。

如何去挖掘和弘揚這一方文化？如何讓世界來認識、認知這一方文化呢？這就決定我們必須去構建一座與外界溝通、交流、促進的平臺，去吸引世界的目光，去打動人類的心。光有電子刊是不行的，於是我們在有識之士的支持下，創辦一份《鄱陽湖文學》實體雜誌，我要讓鄱陽湖走出去，用鄱陽湖迷人的風韻去吸引世界的目光。

　　我們也深深地知道，宣傳鄱陽湖，弘揚鄱陽湖文化要靠眾多的鄱陽湖兒女的齊心協力；要靠鄱陽湖赤子、癡子對她的無私熱愛與默默奉獻；要靠那些倡導《鄱陽湖文學》為己任的負責任者的努力；要靠一群以守望鄱陽湖為心靈寄託的思想者的奮鬥。於是，《鄱陽湖文學》就這樣走到了前臺與大家見面了。

　　接下來我要談到鄱陽湖文學的使命及其她存在的價值了。

　　到今天為止，鄱陽湖文學到底承擔起了什麼樣的歷史使命和具有什麼樣的存在價值呢？恐怕沒有幾個人考慮過這個問題。自新中國成立以來，特別是在改革開放，經濟社會快速發展的今天，時代給我們的贛鄱文化注入了新的內涵。

　　毫不諱言，我們暫且拋開過去那些深厚的人文歷史不談，單論當前，我們江西就有兩張文化產品的好牌可打。其一是以井岡山、南昌為代表的紅色革命文化；其二就是以鄱陽湖生態經濟建設為特點的綠色生態文化，亦可稱其為湖文化或者是藍色文化。也可以這麼說，在現代的經濟大潮中，目前，支撐起江西文化天空的柱石就是紅色革命文化與綠色生態文化這兩根擎天支柱。如今，紅色革命文化的這張牌，我們算是已經打出去了，革命老區的紅色旅遊資源開發形成了氣候，特別是江西的紅歌會在全中國產生了極大，極廣泛的影響，為紅色革命文化的造勢和走出去，注入了強勁的動力。但是，以鄱陽湖生態經濟建設為特點的綠色生態文化還在猶抱琵琶半遮面，扭扭捏捏地不敢大膽地，系統性地走到前臺來。這裡我要強調和補充一點，那就是前面提到的綠色生態文化是指我們鄱陽湖地區具有鮮明地域特色的鄱陽湖文化。

　　今天，《鄱陽湖文學》的適時登臺，可謂是天、地、人三才俱備，適逢其時。今天的《鄱陽湖文學》，要勇敢地去承載起弘揚鄱陽湖文化的歷史使命，亮出鄱陽湖文化的獨特風韻與神採。同紅

色革命文化一道共同架構起新時期江右文化的天空。同時，充分利用好鄱陽湖這一湖清水，做好綠色生態大文章，把鄱陽湖努力打造成「泛珠三角經濟區」的一個美麗、迷人的，具有深厚人文歷史底蘊，具有深遠歷史意義與內涵，有著無窮發展前景的文化、生態經濟「後花園」。這也就是《鄱陽湖文學》應該承擔起來的，不可推卸的使命以及它必須為豐富和發展、繁榮中華文化而獨立存在的價值。這是我們必生追求的目標和響往！

鄱陽湖文學是一種內涵極深極厚的文化現象的文學載體，不是哪一家哪一派所能代替的。是地域文化中客觀存在的一種文學現象，是從來就不會孤立存在的。他們那種看待問題的單一性及狹隘地認知事物的觀點，是我們要從思想的根子上去摒棄的。

鄱陽湖文學是地域文化方面的一種特有的文學現象。我們竭盡心力地打造《鄱陽湖文學》這個品牌，構建文化交流的這個大平臺，目的就是要讓《鄱陽湖文學》承載起歷史賦於它的使命，讓世界認識它的價值。與紅色革命文化一起撐起江西大地文化的天空。讓《鄱陽湖文學》成為助力鄱陽湖騰飛的翅膀，給鄱陽湖注入勇敢亮出自己，接受來自四面八方風雨的洗禮的源動力，讓鄱陽湖唱出自我，傲世屹立！

「鐵肩擔道義，妙手著文章。」我誠摯且熱切地希望廣大的文學愛好者，文學的創作者們，果敢地拿起手中的筆，努力創作出好的作品，為弘揚鄱陽湖文化，繁榮和發展鄱陽湖文學，為鄱陽湖的綠色生態家園建設，生態經濟建設服務。讓鄱陽湖文學切實地承載其使命，為弘揚和發展贛鄱文化，豐富華夏文明盡自己的綿薄之力。這就是鄱陽湖文學的使命與價值所在！

前面我談了我認識鄱陽湖以及對她在文化和文學這兩方面的認知，下面，我想來談談我與鄱陽湖之間的那種無以言說深厚的感情。

　　人們常說一方水土養一方人，這話是一點不假的。從我出生的第一天起，睜開眼睛看到的風物，就是我門前的鄱陽湖。我生長、生活在鄱陽湖區，有著鮮明鄱陽湖區域特色的文化渲染和薰陶著我，讓我對它產生了濃厚的，極為強烈的情感，這是勿庸置疑的。無論我走遍天涯海角，我的每一舉手、一投足，表達出來的意蘊都是鄱陽湖區特有的肢體語言，更不要說我所有用來表達情懷寄託的口語以及文字語言的使用了。因此，之於我來說，對鄱陽湖有著一種特殊的情結，對她情有獨衷，是再正常不過的事情了。

　　鄱陽湖的波瀾壯闊教會我坦蕩胸懷；鄱陽湖的涵蘊深沉教導我學會包容；鄱陽湖的漲漲落落使我識得生活的風雨；鄱陽湖的汲取與選擇之能讓我懂得知識的吐故納新之要義。這一路走來，鄱陽湖並不只是像被人們喚作母親湖那樣簡單。她不僅養育了我的身體，還安頓了我的靈魂。她不但是養育我的母親湖，也是我人生中的啟蒙老師，生活中的同行者與摯友，生命中的依靠和堅守。她更是我深情的愛人，讓我一生都離不開她。守望著她，我的心便不會流浪；守望著她，我的靈魂就不會飄蕩。紮根在她肥沃、深情、敦厚的土地上，我才能感受到匆匆的人生腳步邁出去時，就會有了明確的方向！創辦《鄱陽湖文學》這麼一個刊物，目的就是利用它作為一個平臺，向外面宣傳鄱陽湖推介鄱陽湖，及其來自於一種對文化的責任，對文學的擔當。

　　因此，我傾情於鄱陽湖，我牽記、纏繞、夢縈於鄱陽湖，將我的身心與鄱陽湖融為一體這是無可厚非的事了。

鄱陽湖文學的一些思考
——如何看待文學與文學流派及鄱陽湖文學三者之間的聯繫，與給咸濟〈關乎「鄱陽湖文學」〉一文的回覆

　　近來，我常常在思考這樣的一個問題：關於文學與文學流派以及鄱陽湖文學三者之間到底存在著某種什麼樣的必然聯繫呢？那就是我們自身要對什麼是文學？什麼是文學流派？以及文學與文學流派二者與鄱陽湖文學這個慨念之間有著什麼樣的，內在的，必然的聯繫呢？

　　首先，我們應該來弄清楚文學這個詞的慨念。文學，指的是以語言文字為工具，形象化地反映客觀現實的藝術，包括詩歌、散文、小說、劇本、寓言、童話等等，是文化的重要載體和表現形式，用不同的形式（也可稱作體裁）表現內心情感和再現一定時期裡和一定地域裡的社會生活狀態。

　　其次，我們要弄清楚文學流派的意義。人們一般意義上說的流派，是指在文藝、學術等方面存在的各個不同風格、不同特徵的派別。而文學流派則不同，是指在文學發展過程中自然形成的獨具其風格、特色的文學模式。從其基本的形態上來分辨，文學流派大致可以分成兩種類型：一種是有著明確的文學主張和組織形式為模式的文學聯合體（亦即是作家群體），圍繞自身的文學主張做文學的創作、宣傳、推廣。另一種是不完全具有，甚至是根本就沒有明確

的文學主張和組織形式，但在客觀表現上，由於創作風格相近或相似而形成的組織，也可以說是表達方式與模式自覺不自覺形成了統一風格的文學聯合體。

曾經有人試著問我說：「到底是先有文學而後有文學流派呢，還是先有文學流派而後才有文學的？他認為應該是先有文學流派而後才有文學的，就拿鄱陽湖文學這麼一個慨念來說吧，就目前而言，鄱陽湖文學流派還沒有形成，所以，他和身邊多數的作家都堅持認為鄱陽湖文學是根本就不存在的」。我堅定地回答他說，應該是先有文學，而後是流派的出現。我們從以上對文學與文學流派二者之間關係的表述中不難看出來，文學與文學流派是兩個慨念，兩者之間是不能混為一談的，否則就是本末倒置了。文學，指的是一定時期裡和一定地域裡的社會生活狀態的文學再現現象，是客觀的存在。而文學流派，對應的是她的創作風格和形態。指的是在通過不斷地對文學進行創作的過程中，逐步產生並組織、整合出各個不同風格與特色的文學團體和文學陣營。比如說唐代的邊塞詩派，宋代詞壇上的婉約派和豪放派，近現代文學史上專寫才子佳人的鴛鴦蝴蝶派，還有當代的白洋澱派、山藥蛋派等等。由此可見，應該是先有文學而後才會誕生出各種不同的文學流派，這其中就包括意識的和非意識的，地域的和非地域的等等。

因此，我們今天所提倡的鄱陽湖文學這麼一個慨念，只不過是對整個泛鄱陽湖流域文學現象的一種再思考罷了。據鄙人翻閱資料及有關史料，以及對江西文化在各個不同歷史時期的稱謂上的探究中獲悉，鄱陽湖水系，總的流域面積占了江西全境陸地面積的百分之九十七以上，因此，江西大地亦可稱為鄱陽湖流域。從地域文化的觀點來論，江西文化亦即是鄱陽湖地域文化的代名詞。只是這種觀念在人們的意識裡還暫時沒有轉變過來而已。所以，我們就不要

膚淺地去遑論什麼是鄱陽湖文學流派了，鄱陽湖文學流派是不是真正形成了，我們一路稱呼過來的江右文學、江西文學、贛文學，贛鄱文學，其實就是在一定時期裡，替代了鄱陽湖文學這麼個稱謂罷了。在這個問題上，我認為是沒有必要再去花什麼精力的。

　　如果，僅僅從那份鄱陽湖文學研究會所辦的《鄱陽湖文學》雜誌來解讀鄱陽湖文學並給其下定義，還要進一步去探究其是否真實存在這樣的事，並說在都昌這麼一個小地方，給雜誌取了這麼大的一個名字，是錯誤的，那就更加的沒有那個必要了。一份雜誌，就猶如一個人的生命個體，總得有個屬於她的名字吧？至於這個名字是怎樣的取法和叫法，就得依辦刊人的意願和誌向而為了。妳可以給她取名叫張三，也可以給她取名叫李四，只要妳認為合適就行。比方說，我有個朋友，給他兩個孩子的取名依次是叫做余北京，余南京。妳總不能說小地方出生的人不能用大地方的稱呼作名字吧？還有人取名叫這中華那中華的？妳們該不會說他們這些人都錯了吧？

　　一路敘述至此，我們可以清晰地感覺到，應該是先有文學而後才有文學流派的出現。鄱陽湖文學流派不是沒有形成，其實她早就已經形成了。鄱陽湖文學就是對贛鄱文學稱謂的意義拓展和延伸，甚至可以說是給贛鄱文學一個更加準確的觀念定位。鄱陽湖文學流派，她是客觀上對贛鄱文學流派使用的另一種稱謂罷了。即便，就是在當下，如果我們拋開歷史的主張不談，重新提出鄱陽湖文學這麼一個全新概念的文學主張，以鄱陽湖流域的廣大文學作者為基本陣營，著力打造出鄱陽湖文學這樣的一個流派，也不是不可以的！

　　以上的觀點，是我對「文學與文學流派以及鄱陽湖文學」三者之間的態度和粗淺認識。當下，就以此文算作是給咸濟〈關乎「鄱陽湖文學」〉一文的回覆吧，希朋友們不吝賜教。

〈關乎「鄱陽湖文學」〉原文：近日，關乎「鄱陽湖文學」的話題，很翻騰。

有人把自然屬性的文化，等同於對文化提煉後的文學，認為，鄱陽湖有人居住開始，就有「鄱陽湖文學」。

多數文人作家堅持說，沒有「鄱陽湖文學」。

竊以為，嚴格地說，「鄱陽湖文學」這一概念，應該是對應著文學流派而存在的。而文學流派，是指在一定的時間內，區域內，有一定數量的作家，文學見解和藝術風格趨近，而形成的文學派別，而且，這派別還要在相當大的範圍內，有相當大的影響。因此，可以說，訖今為止，「鄱陽湖文學」流派還沒形成。

可寬泛地講，只要是寫鄱陽湖的文章，或是住在鄱陽湖邊寫文章的人，都可稱之為「鄱陽湖文學」。只是寬泛的「鄱陽湖文學」，其意義也就寬泛了許多，以一個專門的「鄱陽湖文學研究會」對其進行研究，意義更寬泛到，只是文學之外一張有用的標籤了。

這次「翻騰」，讓我更加感觸到，一些讀者無論是眼界，心胸，還是識力，都高出我們所謂的作家不知多少，他們只是不從事寫作專業而已。

我想，我惟有把寫作當作生命過程，把精神當作生命補貼，收攏一顆向外攀緣的心，做一個誠實的人，做一個誠實的寫作者，才不致於輕漫於讀者，見笑於大方。

鄱陽湖的三個不同時代

　　近幾年來，隨著環鄱陽湖生態經濟區的建設上升為國家戰略，古老的鄱陽湖終於迎來了她的一個嶄新時代，迎來了她自我回歸與變革發展並重的新時期，這是一個千載難逢，發展、創新、自我提升的大好機遇期。因此，我們把當下這一時期，稱之為鄱陽湖進入了一個嶄新的時代，亦即是鄱陽湖的新時代。

　　其實，早在2007年的「第三屆江西環鄱陽湖文化論壇」上，省內知名作家趙青先生就以超前的眼光，給我們提出來了「關注後鄱陽湖時代」，這麼一個振聾發聵的倡議和濃情深意的嘶聲吶喊。趙青老師在〈關注後鄱陽湖時代〉的一文中就後鄱陽湖時代這個議題，語重心長地給我們提出了以下四個方面，應該值得大家關注的問題：第一是要關注鄱陽湖由過去的「漁歌唱晚到漁歌不唱晚」這麼一個基本的改變問題；第二是要關注鄱陽湖中「由水上到陸上、由漂泊到安定、由流動中的靜止到靜止中的流動」這麼一個生存方式轉變的問題；第三是要關注鄱陽湖區由「人與自然的相互依傍到人與自然的衝突和分離，又從人與自然的分離到人與自然的重歸於好」這麼一個發展過程；第四是要關注鄱陽湖流域「由田園牧歌式的詩意與怡靜，到電子文明下的痙攣與躁動」的碰撞與融匯，這麼一個彼此接受改造的過程。

　　基於以上的所述，我在這裡試著借用趙青老師的觀點來大膽地提出以下的這麼一個建議，那就是將古老而又漫長的鄱陽湖，依據她所處在不同歷史時期的不同狀態，將她劃分為以下的三個不同時

代。亦即是，前鄱陽湖時代；後鄱陽湖時代；新鄱陽湖時代，這麼三個各具特色的時間段。

首先，我來簡要地介紹一下什麼是前鄱陽湖時代呢？

我們在大體上，可以自上世紀八十年代初期往回溯，並由此而上溯到因西元421年的那一場地殼的運動與地質的變化，形成了鄱陽湖的東部水域，從此，東鄱陽湖與遠古的彭蠡澤合二為一，渾成了一體，形成了現代鄱陽湖的形態，因此，我們將那一個漫長的歷史時期，統一叫做前鄱陽湖時代。在此一前鄱陽湖時代，鄱陽湖帶給我們的是浩瀚、空明、悠遠、無邊無際，呈現在人們面前的是最原始的、是最純淨的、是最靜謐的、是原生態的氣象。那時候的鄱陽湖上，藍天碧水相映成趣，雲飛浪翻競相追逐，白帆水鳥湖天起舞，槳聲櫓唱漁歌飄飛，落霞與旭日並美，州草與船楫同臥的怡然寧靜畫面。那時候，鄱陽湖區的人民，基本上過的是一種純粹的漁耕兼農耕的生活；人們的出湖行走，總是要先看看天，再看看潮汛，然後確定時機來乘坐腳下的舟船在鄱陽湖上揚帆起航，用風源作動力，藉助靈槳笨櫓來堅持行走信念的原始航行。在那一個漫長的歷史年代裡，鄱陽湖上到處是槳歡櫓唱，漁歌響徹湖天的純真時代，真可謂稱得上是一個真正的漁歌唱晚的時代。所以，我們把它叫做前鄱陽湖時代。

其次，我們繼續來談談什麼是後鄱陽湖時代。

我們在這裡所說的後鄱陽湖時代，指的是自上世紀五十年代末期到八十年代初期的那一段時間，以及從二十世紀八十年代到二十一世紀初，鄱陽湖上的動力革命那一段時期，一直到「環鄱陽湖生態經濟區」成立的那時候起為止，我們把它稱作為後鄱陽湖時代。

在後鄱陽湖時代，發生了兩次這樣的偉大革命。第一是鄱陽湖的肢體革命；第二是鄱陽湖由原始的漁耕文明向機械漁業文明轉變

的一個重要時期，在這一次的重大革命中，最具影響力的，當數鄱陽湖上的動力革命，這一次的動力革命，雖然在給古老的鄱陽湖帶來了新的生機與活力同時，也給鄱陽湖帶來了意想之外的深重苦痛與災難。

在那一場史無前例的鄱陽湖的肢體革命中，鄱陽湖被人為地肢解成了很多不同的大小形狀——各種大小不一的人造水庫。使得鄱陽湖的水資源，一夜之間失去了自我，從而受制於人類的意誌的管控。原本是屬於自然形態的水，被人類給它帶上了一道道的枷鎖，失去了它的自由。與此同時，那一場鄱陽湖的肢體革命，還從根本上破壞了鄱陽湖中各種資源的有效分配和有序的分佈，使得鄱陽湖上的漁業資源逐漸變得匱乏而至枯竭。人們廣泛地在鄱陽湖上進行圍湖造田，圍湖造林運動，使得鄱陽湖的身體變得千倉百孔，肢體零落，一片蒼夷。

在那一次的工業變革中，它促使鄱陽湖區的人們由水裡來到了岸上，由原始的網捕漁獵形式，一舉變革為機械與電力的絕捕獵殺，由風帆及槳櫓作動力的自然環保的船業運輸，一舉變革為機械動力的大型行業運動。幾乎就是在八十年代初期的那個時候的，鄱陽湖上的片片白帆，突然在一夜之間悄然地隱去，成為了今天的人們心中一個美麗的想像和回憶。代之而起的是高高的鋼製煙囪裡冒出來的滾滾濃煙，以及星點的油汙漂浮在水面之上的不雅畫面，讓人不忍卒睹。各種的機械船舶行駛在鄱陽湖上，濃煙遮蔽了藍天，機器的轟鳴聲徹底打破了鄱陽湖上那迷人的澄明與寧靜。各種各樣的大型運輸船舶，大小不等的挖沙船、淘金船，充斥在湖深處、港汊裡，比比皆是。放眼鄱陽湖上，可謂是：天上有天網；船上有電網；水中有迷魂網。高效有力的工業革命帶來的汙水橫流，肆無忌憚地注入鄱陽湖中，給鄱陽湖帶來了錐心的隱痛。

　　這就是鄱陽湖人，由水上到坡上，由飄泊到安定的一個過程；由人與自然的相互依傍到人與自然的衝突和分離的過程。由田園牧歌式的詩意與怡靜，到工業文明下的喧囂與浮華的過程。因此，我們把這一時期叫做後鄱陽湖時代。

　　最後，讓我們來說說那個令人充滿期待的新鄱陽湖時代。2009年的12月12日，中國國務院已正式批覆了江西省的《鄱陽湖生態經濟區規劃》，這標誌著建設鄱陽湖生態經濟區建設正式上升為國家的戰略。這既是江西發展史上的重大裡程碑，對實現江西掘起新跨越具有重大而深遠的意義。也是鄱陽湖從歷史長河中一路走來，遭遇到的一個重要的戰略機遇期。鄱陽湖生態經濟區，就是以鄱陽湖為核心，以鄱陽湖邊的城市圈作為依託，以保護生態、保護環境，發展經濟為重要戰略構想的經濟特區。國家把鄱陽湖生態經濟區建設成為世界性生態文明與經濟社會發展協調統一、人與自然和諧相處的生態經濟示範區和中國低碳經濟發展先行區，就是要從根本上徹底解決以前因為盲目上馬而給鄱陽湖帶來的各種致命的危害與破壞。還鄱陽湖一個原始的況味與風韻。

　　自從進入了新鄱陽湖時代以來，人們回過頭來實行了退田還湖、退耕還湖、退林還湖、退庫還湖，以及治汙與環保並重的等一系列的鄱陽湖回歸運動，希望藉此讓鄱陽湖走出昨天的迷茫，重新進入到那種自然的祥和與寧靜的狀態，找回自我。讓鄱陽湖用純真、純淨、純情的自我光彩，去招徠世界注視的目光。這既是鄱陽湖從流動中的靜止到靜止中的流動的思考；也是鄱陽湖區從人與自然的分離到人與自然的重歸於好證明；更是鄱陽湖由電子文明下的痙攣與躁動回歸到原始的田園牧歌式的詩意與怡靜而應該走的必由之路。

　　當然，這其中有我們人類的渴望，更是我們廣大湖區人民心中

永遠的夢想，這需要我們大家一起去共同努力，去為了這個美好的夢想而努力、奮鬥，為了夢想而戰。尤其令人可喜的是，如今的人們已經在觀念上，徹底改變了以前對鄱陽湖的模糊認知，清醒地認識到了還鄱陽湖一個純淨的世界的重要性，在各個方面都興起了保護母親湖的熱潮，我們有理由相信，鄱陽湖將在不遠的明天，真正地進入到她的一個嶄新時代。

　　以上，就是我個人對於鄱陽湖三個不同時代的粗淺認識與簡單的闡述。在此，我想說的是，鄱陽湖是我們的母親湖，我們是鄱陽湖的子民。特別是我們作為鄱陽湖流域的鄱陽湖地域文化以及鄱陽湖文學的傳播者，就有責任和義務給鄱陽湖的前世今生，做一個深度的探究，並以此與大家共用共勉。

　　這正如趙青老師在文章中告誡我們道：「我們要立足於鄱陽湖，我們更要超越鄱陽湖，我們要像托那斯‧沃爾夫說的那樣，尋找故鄉的辦法，就是到自己的心中去找她、到自己的頭腦中、自己的記憶中、自己的精神中以及到一個異鄉去找她，一個好的作家，總是站在歷史的拐彎處迎候大家」。

　　鄱陽湖水越千年，幾度維艱幾度難。歷盡劫波精神在，挑戰機遇譜新篇。

鄱陽湖上幾個不同的文學時期

　　在中國的歷史長河裡，在中國的文化發展史中，煙波浩渺的鄱陽湖上，鄱陽湖文化是不是曾經燦爛輝煌過？鄱陽湖文學經過了哪幾個不同的文學時期？一直以來，鄱陽湖文學到底是以一種什麼樣的姿態走來的呢？在鄱陽湖文學的身上，我們是否曾經找到過她因昌盛、繁榮、璀璨一時，而留下某些昨天的證明呢？今天，我們不妨藉著這個思路，就著這個議題，回過頭去認真地梳理一下鄱陽湖文學成長、變化、發展的脈絡，給大家作一個簡單的陳述。

　　從地理的位置上來說，今天的鄱陽湖，她處在中國的東南部，江西省的北部，長江中下游的結合部。由於它的美麗、晶瑩、溫婉，猶如一塊碩大的佩玉，繫在了長江這條白色的腰帶之上，珠光閃爍，紫氣氤氳，給我們江西贏來了世界贊許的目光。

　　從文化的角度上來說，現代鄱陽湖的歷史應該給她分為兩個階段來敘述。從西元的421年一直往上溯，甚至到史前，那是古彭蠡澤的變遷史，也可以說是鄱陽湖的第一個變化發展階段；從西元的421年起，一直到當下，是一部現代鄱陽湖的變化發展史。縱觀鄱陽湖文學的發展史，在東晉、南北朝時期以及後來的唐、宋時期，直到二十世紀八十年代初那一段時期裡，鄱陽湖上曾經出現了三個不同的文學繁榮期，再加上我們今天的環鄱陽湖生態經濟文化建設，可以說是從古至今，幾千年來，蘊涵深重，氣象萬千的鄱陽湖上，一共走過了三個文學的興盛、繁榮時期，我們期盼正在進行著的鄱陽湖生態經濟文化建設，會成為她未來歷史上的第四個文學繁

榮時期。

　　東晉，南北朝時期，有兩個幾乎是同時代的人，都隱居在鄱陽湖上。他們就是陶淵明和謝靈運兩個人。陶淵明隱居在匡山，也就是今天的人們熟知的避暑勝地——廬山，它的一個山谷之內；謝靈運隱居在鄱陽湖上的西山，也就是今天的江西都昌縣城，城南西河北岸的群峰之中的一座石壁之下，他也是築廬而居，故取名為「石壁精舍。」

　　我在這裡為什麼說陶淵明是隱居在鄱陽湖上的南山而不直接說是廬山呢？這裡面有個講究。在我們鄱陽湖區，一般的房屋選向都是朝南背北而立，取冬暖夏涼之意。而那時候的廬山不叫廬山，是叫做匡山的。記得前年有個姓於的學者來九江講學，說什麼陶淵明只知有南山而不知有廬山，倒是在九江給人們做了一次貢獻，留下了一個人們在茶餘飯後調趣的話題。

　　其實，在我們這裡有這樣一種傳說。說是早在商初，大約是西元前的十六、十七世紀（一說是在周威烈王時候，即西元前的四世紀），有一位叫做匡俗的先生，在山中學道求仙。不知怎麼地，匡俗在山中尋道求仙的事，被人上報了朝廷，周天子聞敘之後，便屢次去山中請他出來相助，匡俗不願出山，便屢屢回避，潛入深山之內就是不肯出來，到最後，匡俗這個人便消失得無影無蹤了。因此，就有人說匡俗是成了仙啦。後來，人們就把這匡俗求仙的山，叫做匡山了。而匡俗求仙得道的草廬，稱之為「神仙之廬」。所以說，廬山這一稱謂，就是這樣子演變而來的。到最後真正給匡山改名為廬山，那是到了宋朝以後的事，國人為了避宋太祖趙匡胤的匡字諱，故而硬性地改「匡山」為「廬山」了，這就是廬山一名的由來。

　　所以說，於姓學者的話是既錯了又沒有錯，因為在陶淵明的那個年代裡，廬山一名還沒有出現呢，妳叫陶淵明如何去曉得廬山

呢？在他的印象中，當然記得的就是家門口南邊的匡山，鄱陽湖人習慣性地按方位稱其為「南山」。

悠遊在匡山的懷裡，一心嚮往田園情趣，不為五斗米折腰的五柳先生在山間，在湖畔，以田園為主要的情懷寄託，在中國詩壇刮起了一陣恬然、清純的田園之風，首開了中國詩歌的田園先河，成為了中國田園詩派的鼻祖。

與其不同的是，謝靈運隱居在西山之中，由於出入都必須要從鄱陽湖上走過，他便將一生的情懷寄託在山水之間，寓情在山水之中，將山水的形勝隨意地嵌入詩中，不經意間，開拓了中國山水詩的一脈，成為了中國山水詩派的開創者和奠基人。

關於他們兩個人在各自領域裡的文學成就，我已在前面一些相關的文字中做了有關的表述，一些的事實和作品，就不再在這裡羅列了。

可以這麼說，在陶、謝並存的那個年代裡，以陶淵明、謝靈運為首的，一大批以田園、山水入詩的詩人們的吟唱與行走，給鄱陽湖文學帶來了她文學發展史上，盛極一時的第一個繁榮鼎盛時期。我們也可以這麼說，鄱陽湖上的陶、謝現象，在那一個時期裡，是站在了中國文學領域裡的最高處了。

自陶淵明、謝靈運之後，鄱陽湖文學的繁榮，隨著陶淵明、謝靈運的先後離去，繼而隨之沉寂、清冷了數百年，在那數百年的時間裡，她一直庸碌地在文學的王國外圍徘徊遊走，也一直沒有代表性的文學領軍人物從文學的領域裡勝出。就這樣，時間就一直這樣捱著，一捱就捱到了唐、宋時期。

由於在唐、宋時期，鄱陽湖及其以南地區，相對與中原腹地來說，是尚屬於遠離政治中心的邊遠、蠻荒之地，故而，在這一時期裡，有不少當時處在政治與文化前沿的人物，以及一些的有著高深

造詣的文學大家們，就曾經先後被流放到了鄱陽湖流域這一地區，讓他們得以有機會和時間，泛舟在鄱陽湖上，行走在鄱陽湖上，與鄱陽湖作親密地接觸。這在無意中，給鄱陽湖文學的創新和發展帶來了前所未有的好機遇，同時，還給鄱陽湖文學注入了無盡的生機和活力。在這些人當中，有號稱為嶺南第一人的名相張九齡；有中國初唐四傑之首的少年才子王勃；有被後世尊為詩仙的中國浪漫主義詩人李白；有中國著名的現實主義詩人、江州司馬白居易；有中國宋代著名的文學家蘇軾蘇東坡；宋代詩書畫三絕、江西詩派的開山鼻祖黃山谷黃庭堅；一代文化大儒、理學家朱熹；中國著名的思想家、文學家范仲淹，以及還有在那同一段時期裡的，韋莊、貫休、徐鉉、楊萬里、等等的一大批中國文學的領軍人物，他們的到來，給鄱陽湖文學的振興和發展，起到了非常重要的作用。與此同時，泛鄱陽湖地區自身的一部分人才，也隨著文化大家們的腳步，走到中國文化的中心位置上來了，他們是當時的唐宋八大家中的曾鞏，王安石、歐陽修，還有朱門四友中的黃灝、彭蠡、馮椅、曹彥約，鄱陽的洪浩以及洪適、洪遵、洪邁父子四人等，這就給鄱陽湖文學的發展和繁榮注入了各種不同的文學元素與各種全新的內涵，大大地給鄱陽湖文學，增添了無比強勁的動力和活力。

對於以上涉及到的這些政治的，以及文學人物的命運，他們究竟與鄱陽湖之間有哪些緊密的交集，我已在單獨設置的，有關他們與鄱陽湖之間的關係的片斷中，作出過專門的敘述，在這裡我就不再──贅述了。因此，我們可以這麼說，由於有了以上的這些政治、文學家們的到來，鄱陽湖文學迎來了她發展過程中的第二個鼎盛時期。也正是從唐宋時期開始，古老的彭蠡澤終於走完了由彭蠡湖過渡到鄱陽湖的整個易名全程。關於對這一議題的論述，我也在散文《從唐詩宋詞裡走來的鄱陽湖》中作過專門的闡述，就不再在

這裡作過多重複了。

到了元、明時期，雖然在鄱陽湖地區也曾經出現了像元代傑出的思想家、教育家吳澄，明代的哲學家、教育家、軍事家、文學家王陽明先生，還有我們都昌本土的，中國的禮儀學宗師陳澔先生等，那樣一些星光閃耀的人物站了出來，但是，他們那個時候的鄱陽湖文學創作氛圍，遠不如唐宋時期那麼地繁榮興盛，不過，綜合起來說，在這一時期裡，王陽明的「心學」；吳澄的「理學」「經學」；陳澔的「禮學」，代表著鄱陽湖文學的發展現狀與繁榮，一直閃耀在中華文化的長空裡，只是沒有前面提到的南北朝與唐宋時期那樣，聲勢浩大，光彩奪目罷了。

因此，我們可以毫不猶豫地這麼說，唐宋時期，就是鄱陽湖文學在成長和發展、變化中的第二個文學繁榮時期。

自此之後，好景不長，鄱陽湖文學再次退出了前臺，滿懷躊躇地在文學王國的外圍遊走，岑寂了下來。

直到二十世紀八十年代初期，當中國傳統文化從文化革命的沙漠裡走了出來，抖落掉一身塵土的時候，以電影文學劇本及電影《廬山戀》而一舉成名的電影劇作家畢必成；以電影文學劇本及電影《鄉情》系列，從而走進千家萬戶，成為家喻戶曉的著名電影人王一民先生，給中國電影業注入了新的元素，新的活力，在中國電影界，蕩起了一陣陣鄱陽湖上的清新之風，讓人賞心悅目。以江西本土作家陳世旭為代表的鄱陽湖文學創作群體，也在這一時期裡取得了巨大的文學成績，令人仰為觀止。陳世旭以他的短篇小說《小鎮上的將軍》獲得了全中國第二屆優秀短篇小說獎而一舉名揚天下之後、又以《鎮長之死》獲得了首屆的魯迅文學獎等。這無疑在鄱陽湖文化及其鄱陽湖文學史上產生了廣泛而又深遠的影響，同時，也是在鄱陽湖文學的發展與繁榮中作出了不可磨滅的貢獻。

　　而在這一時期裡，在畢必成、王一民、陳世旭等人的帶動下，在整個鄱陽湖流域，全面掀起了一股文學創作的熱潮，大有一種勢無可擋的文學繁榮氣象。僅在那時候的九江，鄱陽湖文學創作陣營的代表人物就有畢必成、王一民、陳世旭以及我省知名作家趙青、李誌川先生等人，為中國文化的繁榮，為鄱陽湖文學的第三次振興和繁榮做出了偉大的貢獻。因此，我們可以這麼說，在二十世紀八十年代的初期，是鄱陽湖文學在成長與發展過程中的第三個繁榮昌盛時期。

　　最後，我要說到今天的這個時候了。目前，在資訊爆炸的今天，文學交流的管道是通暢的，它來四面八方，是立體、全方位的，在泛鄱陽湖地區以至於在全中國各地，都有不少的人在進行以鄱陽湖為載體的鄱陽湖文學創作，特別是在當代中國，鄱陽湖流域已經誕生了在全中國較有影響力的文化學者摩羅、文化批評家張閎、文學批評家張檸、小說家丁伯剛等人，他們是當代鄱陽湖文學創作的先鋒和領軍人物。因此，我們現當代的文學工作者們，應該緊緊抓住「環鄱陽湖生態經濟區」建設的大好機遇，廣泛地進行鄱陽湖文學的創作，營造濃厚的鄱陽湖文學創作氛圍，力爭多出接地氣，有人氣，有精、氣、神的好作品，力求創新出精品，在摩羅、張閎、張檸、丁伯剛等人的帶領下，將鄱陽湖文學真正地帶入她的第四個繁榮昌盛期。

倡導湖都新理念，繁榮鄱陽湖文學

在社會經濟高速發展的今天，原本因交通閉塞，資訊滯澀，地處偏僻鄱陽湖上的都昌縣，終於因了「環鄱陽湖生態經濟圈」的適時建立，勇敢地走到了歷史的舞臺中央，以鄱陽湖上特有的「都邑」氣象，以鄱陽湖水鄉特有的清純姿態，招徠了世界上無數傾情的目光。

2010年春天，在和熙的春風沐浴下，一群有誌於鄱陽湖地域文化研究與傳播的鄱陽湖這塊精神領地裡的守望者們，在鄱陽湖文學研究會的指導下，本著「用感性認識鄱陽湖，用理性認知鄱陽湖，構建文化交流平臺」的辦刊思路，創辦了自己的會刊《鄱陽湖文學》，從此，《鄱陽湖文學》雜誌便應運而誕生了。

為了給《鄱陽湖文學》雜誌，這麼一份尤其是以「水元素」為內涵，以「湖韻」為主題的純文學刊物，找到一個合適的辦刊方向與指導方針，鄱陽湖文學研究會管理層及編審團隊的成員們一起，曾經在刊物的創辦之初，專門就鄱陽湖文學的辦刊理念進行過多次的集體討論，並且於2009年秋天，還走進了「湖城」鄱陽去考察學習，借鑑別人的辦刊經驗，以便有效地開展刊物的編排與運作。

在創刊號就要下場付印前的某一天，我突然記起了在前幾年的《鄱陽湖報》上，讀到過何林祿先生寫的這樣一首長詩，詩名就叫做《都昌，湖都》，無論是從詩的內涵還是詩本身的字裡行間，無不透露出作者對於故鄉的理性思考，以及一種濃濃的赤子情懷。特別是我在詩中讀出了何林祿先生以獨特的眼光；超人的智慧；超

前的意識；準確的認知，率先給都昌提出了要構建「湖都」這一全新的理念。個人覺得，何林祿先生在詩中給都昌以「湖都」的定位是十分地恰當與準確的。於是，我就把這個想法跟許明亮老師等人在一起作了廣泛的交流與討論。大家在一致的贊同聲中接受了原都昌縣委常委，宣傳部長、人大副主任何林祿同志，於2006年秋發表在《鄱陽湖報》上的詩作《湖都，都昌》，他在那首詩中所倡導的「湖都」理念，在此基礎上，鄱陽湖文學團隊以積極的姿態，結合當前環鄱陽湖生態經濟圈建設的機遇，正式明確了《鄱陽湖文學》要立足鄱陽湖，立足都昌這塊沃土，確定了：「用感性認識鄱陽湖，用理性認知鄱陽湖，構建文化交流平臺，做好生態湖都文章」的辦刊方針與指導思想。並將這32字方針，鐫印在鄱陽湖文學雜誌封四左上角的醒目位置，以達到警醒和昭示讀者、作者、編者之目的。

　　為了更好地藉助鄱陽湖文學這個平臺來對外宣傳我們都昌，讓外部世界瞭解我們都昌，在各地全力打造和推出「水城」「湖城」等一些造勢活動的啟發下，我們鄱陽湖文學團隊決定，借鑒何林祿先生的「湖都」理念，利用鄱陽湖文學這個平臺，來一場打造鄱陽湖上的都城──「湖都」的，轟轟烈烈的造勢與宣傳運動。

　　在這場打造湖都的造勢運動中，我們清醒地認識到僅僅依靠一部分人的力量來做這個事是遠遠不夠的，應該讓更多的人參與進來，投身到倡導和推廣「湖都」這一全新的文化理念過程中去，利用外界對「湖都」這一全新理念的好奇與探究心理，促進和發展、繁榮鄱陽湖文學的創作局面，打造具有鄱陽湖及其都昌鮮明地域特色的「湖都」文化品牌。

　　就在前兩天，我再次就《湖都，都昌》那首詩的創作過程，專門到何主任的家中去採訪了他。得以聆聽何林祿先生對「湖都」這一嶄新理念的親身解讀。

　　何主任語重心長地告訴我說，他是一個地地道道的都昌人，是喝著鄱陽湖水長大的，鄱陽湖就如母親一樣把他養大了，因此，他也是鄱陽湖的孩子。他對鄱陽湖，與生俱來就有一種說不明道不清的濃濃情愫在裡面，任他想破了腦袋也沒想明白。有一天，他突然發現自己腳下的這方熱土和身邊的母親湖──鄱陽湖，竟然是那麼地肥沃，那麼地神奇、那麼地壯麗，胸中頓時激情澎湃，思緒如潮，詩情勃發，佇立在窗前，凝望著遠處的鄱陽湖，即興吟詠出了，終於可以令自己情感得以傾情宣洩的那首《都昌，湖都》的長詩出來。之後，便投給了《鄱陽湖報》編輯部，不久，全詩就發表在了《鄱陽湖報》的文學欄目裡。

　　詩是這樣寫的：「我站在鄱陽湖畔／任湖風頻頻吹拂／看浩瀚湖面一覽無餘／萬頃碧波浪卷汐舒／禁不住心潮起伏／勾起千縷情絲／內心裡一遍遍呼喚／湖都──都昌，都昌──湖都。

　　湖都──都昌／這是多麼自豪的稱呼／這是都昌人的驕傲／是大自然恩賜的無價財富／世界關注的濕地／中國第一大淡水湖／罕見的仙鶴王國／無汙染的清淨水庫／一百八十里岸線委迤／有多少個碼頭漁埠／上到滕王閣下至蜈蚣腳／三分之一的湖面盡入囊括／三山五水分半田／半分道路和莊園／悠久的縣情民謠／唱出了水是都昌的中流砥柱／三面環湖一半是水／半壁江山入畫圖／漢代靠水造新城／二千多年留下無數水情典故／沉鄡陽浮都昌／英王墳起聯想／老爺廟，無風三尺浪／魔三角，是否鬼怪藏／朱袍、馬鞍、印山……／奇聞軼事朱元璋／棠蔭、泗山、南岸……／顆顆明珠湖中晃／江南戈壁之最／湖上茫茫金漠／江豚、倩鱝、銀魚紅眼／還有多少珍稀水族／有多少水的奧秘／等待我們去探索／有多少千古水謎／需要我們去曉悟／我們喜愛這裡那一份神奇／禁不住從心底喊一聲／湖都──都昌，湖昌──湖都。

　　湖都——都昌／這是多麼壯麗的稱呼／縣名寓意湖牽都／都憑大湖魅力富／煙波浩渺一望無際／湖光山色大飽眼福／晨曦初露仙鶴起舞／白帆點點揚槳激櫓／潛底魚蝦掠水鷺鷥／湖上八景動人肺腑／石壁精舍、蘇仙劍池／野老巖泉、漁歌唱暮／陶侯釣磯、磯山樵夫／南寺曉鐘、西河晚渡／天人合一和諧畫幅／引無數文人流連駐足／謝靈運愛濤聲築廬西山石壁／李青蓮窺石鏡暢抒激情詩賦／王安石、黃庭堅揮毫留墨／蘇東坡南山上引吭高歌／鄱陽湖上都昌縣……／千古絕唱，唱出都村風韻／生於湖長於湖／湖上都昌是湖都／湖映山川縣增色／水潤沃土城媚嫵／我們喜愛這片水鄉／不自禁喊一聲，我的家鄉／湖都——都昌，都昌——湖都。

　　湖都——都昌／這是多麼親切的稱呼／水是養育我的乳汁／母親湖是鄱陽湖／湖泊是母親的乳腺／孕育乳汁把孩子養撫／喝鄱陽湖水長大／培育英雄無數／司馬陶侃文韜武略助晉興／元帥劉琦長弩戈矛抗金魔／止水萬里揚忠魂／御史二磯守臣節／仁者樂山，智者愛水／地靈人傑，水秀才殊／正是那水育都昌人／人才輩出，鐫寫出不朽史譜／我們喜歡做都佬／愛的是鄱陽湖，我們的母親湖／我們喜愛這片熱土／真情地喊一聲，我永遠的故鄉／湖都——都昌，都昌——湖都！」

　　在長詩的第二、第三、第四自然段的開頭，詩人以飽滿的熱情，澎湃的激情，分別發出了：這是多麼自豪的稱呼；這是多麼壯麗的稱呼；這是多麼親切的稱呼，這樣深情無限的吶喊，這吶喊，喊出了一個鄱陽湖人心靈深處的動天真情，表達了鄱陽湖人對我們腳下這片熱土以及母親湖的無比熱愛。詩歌表達的並不僅僅是詩人獨自的心聲，他表達了整個鄱陽湖人心中潮湧的情感，是大眾心聲的表述。

　　正是因為有了何林祿先生早在2006年秋天對「湖都」這一理念

的首倡，這才有了2010年鄱陽湖文學團隊的附和與吟唱，並一直在不懈地為之努力著，為之奮鬥著。

如今，值得我們欣慰的是，在我們都昌，在我們身邊，已經有很多的人們都積極地參與到了對「湖都」這一理念的宣傳和推廣當中的行列。比如，在我們都昌，就有一部分人率先在互聯網上辦起了一個「中國湖都網」的門戶網站，這對於大力推廣和宣傳「湖都」這一全新的地域文化理念，是一件大大的好事。

所以，用我們的智慧和汗水及熱情去澆灌「湖都」這朵初放的蓓蕾，讓她開放得更加的鮮艷奪目。在大力倡導「湖都」這一全新理念的同時，八十萬都昌人民團結起來，上下一心，無論是在縣域經濟發展，工農業生產的各個方面，大力踐行「都昌‧湖都」這一發展的理念，為繁榮和發展鄱陽湖文學的創作局面，鄱陽湖地域文化的振興，作出我們力所能及的貢獻。

壯偉湖都──都昌

　　一路溯長江而上，過馬當便是鄱陽湖口的石鐘山。自石鐘山逆流而上，由大孤山（鞋山）經宮亭湖，勇闖號稱中國百慕大的魔鬼三角水域（北緯30度，神奇的老爺廟水域），走過松門山，便來到了鄱陽湖上的名城──湖都・都昌。

　　都昌，是鄱陽湖上的一個大縣，座落在湖的北岸，東南西三面環水，屬半島地形。在鄱陽湖水系中，除贛撫信修饒五大河之外，直接入湖的較大河流就有清豐山溪、潼津河、漳田河、博陽河以及土塘水、候港水等六水，而其中有兩道水（土塘水、候港水）便是來自都昌境內，水路流程的全長均在35KM至40KM之間。

　　過去，生活在鄱陽湖畔的都昌人，生活得特別艱難。尤其是散落沿湖南峰、蘇溪、萬戶、西源、周溪等地方鄉村的人們。他們作種的全都是些湖田湖地。自古以來，那些湖田湖地，三年兩頭被洪魔吞噬，被水害掠侵，顆粒無收是常有的事。人們常常是吃了上頓便沒了下頓，更不知道明日的口糧在何方了，日子過得緊巴巴地讓人揪心。

　　為了生存，為了擺脫貧窮，更是為了能夠經受得住災難的侵襲，增強自身抵抗災難的能力，鄱陽湖邊的都昌人，無奈地撐起了木船，揚起了風帆，搖開了雙槳從鄱陽湖上拔錨啟航，向著東邊的景德鎮進發，去瓷窯上打工做坯討生活。特別是元末明初之際，鄱陽湖上爭戰不斷，戰火綿延不絕，生活在湖區的人們為了躲避戰爭，逃離戰火，紛紛舉家東遷，經由水路過古饒州溯昌江而上進入

景德鎮。據族譜上記載，拋開遠的不說，近百餘年來，僅我家族一脈就有近500餘人落戶景德鎮，開窯廠製坯做瓷，燒製瓷器。

景德鎮，春秋時屬楚國東境，秦時為九江郡番縣轄地，漢朝時屬豫章郡鄱陽縣，東晉時稱新平鎮。唐武德四年（西元621年）置縣新平，其時鎮為縣屬，且因鎮在昌江之南，故又稱為昌南鎮。

翻閱有關史籍，我們發現自唐初起，景德鎮及浮梁全境人口還不足一萬人，到了天寶年間便發展到四萬餘人。查閱一些地方誌及宗譜記載，移民主要來自都昌、鄱陽、樂平等人口相對較多的，鄰近的平原地區，他們中除了大批的來自都昌、樂平、豐城的瓷業工以外，還有來自南昌一帶的船民和碼頭工，來自徽州地區的非瓷商戶。他們大部分是流動人口，但也有相當一部分逐漸定居在鎮區。還有來自豐城、南昌等古洪州窯附近地區的陶工、瓷工。

過去，在景德鎮的坊間裡弄流傳著這麼一句話，「十里長街半窯戶，贏他隨路喚都昌。」可見，在景德鎮開窯燒瓷討生活的人有多少，沒人能數得過來。據說自清代至民國期間，每三個人中有一個是都昌人，燒窯的工人中每兩個人中有一個是都昌人。記得去年某時候，九江舉辦了一次陶瓷工藝美術品大展，在展出的近百件藝術品中，都昌籍的陶瓷工藝美術大師竟占了三分之一強，著實令人深深感動及謂嘆。

隨著瓷器生產的迅速發展，外來移民迅速增多。在元代，隨著景德鎮陶瓷經濟空前的發展，遷徙人口和流動人口迅速增加。在這一階段，有江、浙、閩、粵等沿海商人；有荊、湘、川、滇、山、陝、魯、豫等內地商人；有以蒙古族為主的各少數民族的採購商都經常雲集在昌南鎮區進行商貿活動，給景德鎮的陶瓷市場帶來了空前繁榮。

小時候，我就經常來往於都昌和景德鎮之間，每年的清明時節

還要隨大人一起去景市的桃墅山上祭拜先祖。因為那裡有我們家族的祖墳山，可惜在七十年代初期因城市建設的需要被景德鎮市政府無償地徵收了。在如今看來，也算是我們家族對祖國建設的大力支持吧？

我的大伯是個看窯火的「火工」師傅，按過去的老話來講，「火工」師傅就是叫做「把樁的」師傅。提起這「把樁的」師傅那可不得了，一窯瓷器燒得好不好就全在看火師傅的那雙眼睛上，火候燒得到不到，它決定著瓷器質量的好壞，整個窯瓷的命運全部掌握在看火師傅的手上，所以，他的工錢特別高。聽我父親告訴我，大伯的單窯酬金拿到過六十塊銀洋的水準。

父親從11歲起就進了窯廠當學徒，既便是天寒地凍的季節裡也得赤著雙腳去踩泥製坯。就這樣不幾年後，父親因雙腳染疾，長時間的潰爛而從窯廠退了出來，改行幹起了飲食服務，那是後話。我記得三舅和四姨夫分別是藝術瓷廠，新華瓷廠裡的工人，還有不少家族裡的兄弟姊妹及眾多的親戚朋友分散在鎮上的各個瓷廠裡工作。他們時不時地在我們面前表現出某種優越感，嘴裡總是「個咯，誒咯」，「個裡，誒裡」地窮叫喚，管我們這些鄉下來的人叫「鄉巴佬」抑或是「都佬」，「鄉下來咯」。似乎，他們儼然忘記了自己本是個都昌人似的，讓我們這些人覺得特別有意思。因此，我們鄉下人也就戲謔地稱呼他們為「鎮巴佬」，「鎮裡來咯」。在都昌民間流傳著這麼一句話：「景德鎮是都昌銀咯草鞋板碼頭，撞破了頭也曉得又是都昌銀惹個禍」。

千百年來，都昌人拋妻別子，背井離鄉地出外謀生、經商等，就好像山東人的闖關東，山西人的走西口似的，搭船走饒州赴景德鎮，從事於燒製瓷器的工作。他們取土（高嶺土）、和泥、製坯、蕩釉、燒窯，將一窯窯燒製好的瓷器裝船經昌江、饒河，進入鄱陽

湖，出湖口入長江再飄洋過海，散落到世界的各地，擔當起傳播中華文明的重任，將中華文明播撒四方。讓世界都知道，在地球的東方，有個叫做昌南的小鎮，那裡是個燒製瓷器的地方，是人們心中永遠嚮往的聖地。從這一點上來看，我們可以毫不驕傲地對世人說：「是一代又一代的都昌人造就了（昌南）景德鎮，讓景德鎮名揚了世界。同時，也讓China——昌南，製造了一個偉大的名字——中國。讓中國唱響了世界！

中國一詞的來歷，關於她的版本有很多種。但我最願意接受的觀點是：China在英文中是瓷器之意，恰好與「昌南」同名，於是，外國人便將「昌南」讀為瓷器（China），這便是英文中Chi－na（中國）一詞的由來。與此同時，也讓外國人明白了瓷器的故鄉便是在大洋彼岸的中國。縱觀歷史，我們不難發現中國陶瓷的發展史就是一部中國的發展史，於是China（瓷器），便成為了中華古老文明的典型象徵，便成為了中國的代名詞。

站在瓷器的角度上來讀中國，昌南鎮是功不可沒的；都昌人是功不可沒的；鄱陽湖是功不可沒的。昌南是China的創造者，都昌人是昌南的造就者，無論是昌南人還是都昌人，他們全都是母親湖——鄱陽湖的子民，所以說，鄱陽湖給我們國家作出了無與倫比的歷史貢獻。

都昌，這塊土地真的可以稱得上是地靈人傑了。

幾千年來，在都昌這塊神奇的土地上，先後走出了中國歷史上著名的軍事家、政治家陶侃；中國田園詩派的鼻祖，陶侃的曾孫陶淵明；中國山水詩派的開山老祖謝靈運；著名的學者、教育家馮椅，他課子讀書的故事還為我們後世樹立了「弟子擇師習其學，師擇弟子傳其學」的光輝典範；南宋丞相江萬里，民族英雄劉錡；著名的理學家、教育家陳澔；著名廉吏余應桂；國民政府江西省主席

曹浩森；當代著名作家摩羅；中國當代著名的文學批評家張檸；中國當代著名的文化批評家張閎等人。尤其是張閎，堪稱當代中國新生代批評家中的重要代表人物。他們這群人，是都昌永遠的驕傲！是鄱陽湖永遠的自豪！

　　就拿陶淵明、謝靈運，陳澔這三個人來說吧，僅他們所取得的成就，在幾千年的中華文化發展史上，曾經是一度站到了中華文化的巔峰之上，他們的功績是無人可以與之匹敵的，是無與倫比的。

　　今天的都昌，還是中國著名的「淡水珍珠之鄉」，享有湖上都城──「湖都」的美譽。

　　都昌，有著近百年珍珠、貝類加工工藝品的歷史。從最初的將貝殼加工成鈕扣進入初級市場開始，到今天的各種貝類藝術精品占據高端工藝品市場，身價已是今非昔比的了。翻開珍珠貝類加工工藝走過的一百多年歷史，不難看出勤勞、睿智的都昌人心中，總有著對未來最最美好的嚮往。

　　適逢國家大力建設環鄱陽湖生態經濟圈，著力打造綠色生態經濟的今天，有膽有識的都昌人，適時地，大膽地提出了打造珠貝文化這麼一個全新的文化理念，努力構建起珠貝文化產業鏈，將都昌打造成為全中國最大的集珍珠養殖、培育、加工、銷售一條龍的綠色生態產業園，貝殼類工藝品生產和加工的基地，珠貝文化的中心。在都昌搭建起一個最大的珠貝文化展示平臺，將都昌建設成為世界上的珠貝之都。

　　都昌，是候鳥棲息的天堂。隨著生態保護的持續與深入，都昌候鳥自然保護區的總面積達到了4.11萬公頃，由泗山子保護區和多寶子保護區組成，區內有國家一、二級重點保護鳥類45種，省級重點保護鳥類69種，每年來到該保護區內渡夏和越冬的候鳥有上十萬只。保護區內有白鶴、白頭鶴和東方白鶴等世界性珍稀、瀕危野生

動物多種，是觀鳥賞鳥的好去處。

　　隨著都昌縣城南山風景區，濱湖西區的建成，一座寓歷史、人文、旅遊風景於一體的湖上新城聳起在鄱陽湖上。

　　壯哉，湖都！偉哉，都昌！

為鄱陽湖文學正名

為鄱陽湖文學正名。

乍一看這題目，似乎有點滑稽，亦叫人丈二和尚摸不著頭腦。鄱陽湖文學，無非只是一個名詞罷了，妳還要給她正個什麼名呢？朋友別急，這自有我敘述下去的理由。

我們應該知道，文學是一專屬專用名詞，她是指以語言文字為工具，形象化地反映客觀現實的一門高尚的文字藝術，決不是哪一個人憑空去創造出來的。通常，人們把她的主要表現形式分為戲劇、詩歌、小說、散文四大類別。語言文字，她是用來傳承文化的重要載體。在創作中，人們以不同的形式（也可叫做體裁）來表現內心情感，還原和再現一定時期內和一定地域裡的社會生活，這就叫做文學創作。

那麼，我們今天所提倡的鄱陽湖文學，自然指的就是以鄱陽湖流域這一特定地域裡的社會、生活現象為文化載體的文學表現形式。人們可以用不同的文學體裁，譬如戲劇、詩歌、小說、散文等形式來表現她。

追溯過去，逆歷史的時空隧道而上，我們不難發現，現代鄱陽湖的雛形是在西元421年（南朝宋永初二年），距今約一千六百來年的一場大地陷之後形成的。在此之前，松門山以南原本是人煙稠密的鄡陽平原，這裡座落著古鄡陽和古海昏兩個縣治。松門山在地震中斷裂陷落之後，山北的彭蠡湖水漫過松門山南侵，致使鄱陽湖盆地內的鄡陽縣和海昏縣治先後被淹入水中，湖水一直漫到了鄱陽

山（鄱陽城）腳下，形成了現代鄱陽湖的雛形，所以，歷史上曾有「沉鄡陽泛都昌、落海昏起吳城」之說。

說過了鄱陽湖，我就要來談到鄱陽湖文學了。

早在東晉時期，現代鄱陽湖的北湖（松門山以北的古彭蠡湖）就有兩位幾乎是同一時代的文學大家生活在鄱陽湖上。

陶淵明（西元約365年─427年），字元亮，後改為潛，自稱「五柳先生」。他被後世尊稱為「隱逸詩人之宗」。其詩的風格有三：一是柔，二是淡，三是遠。他的詩歌創作開創了中國田園詩派，使中國古典詩歌又達到了一個新的境界。這有他的代表作〈桃花源記〉和詩作〈歸田園居〉：「少無適俗韻，性本愛丘山。誤落塵網中，一去三十年……」可以佐證。

中國山水詩派的鼻祖謝靈運（西元385年─433年）曾隱居在今都昌西山的石壁之下，這有他隱居時的石壁精舍遺跡和用來讀書的繙經臺為證。他亦曾留有詩作「石壁精舍還湖中作」：「昏旦變氣候，山水含清暉。清暉能娛人，遊子憺忘歸。出谷日尚早，入舟陽已微。林壑斂暝色，雲霞收夕霏……」為證。從詩中所言的早出谷、晚歸舟來看，詩人極具樂遊湖上的飄逸、灑脫情懷。及至後來，唐朝大詩人李白過鄱陽湖時，因仰慕謝康樂之名，亦專程繞道赴都昌西山尋訪謝翁仙蹤，這有他的〈入彭蠡經松門觀石鏡緬懷謝康樂題詩書遊覽之誌〉詩：「謝公之彭蠡，因此遊松門。余方窺石鏡，兼得窮江源。將欲繼風雅，豈徒清心魂……」可以佐證。

也許有人會問，妳說陶、謝是生活在鄱陽湖地區，是鄱陽湖地域文化的傑出代表人物，那麼，何以我們從來就沒有在其二人的作品中見到過鄱陽湖這三個字呢？這話問得有道理。縱觀陶、謝二人的作品，的確是從來就不見他們在作品中使用過鄱陽湖這個名詞。

我們不妨回過頭來審視一下，現代鄱陽湖的雛形是在西元421

年（南朝宋永初二年）的一場大地陷之後，松門山斷裂沉陷，彭蠡湖水越過松門山南侵，再加以在漫長的歷史年代裡，在地質、氣象、水文等綜合作用下，繼續向南擴展，進而抵達鄱陽縣（鄱陽山）腳下，從而形成了今天的鄱陽湖。因此，最後彭蠡湖因鄱陽山而改名為鄱陽湖。這個易名的過程是非常漫長的。

那麼，我們不妨再回過頭來看陶、謝的生卒紀年。從他們二人的紀年中我們可以看出，陶淵明是在地陷後的第6年便離世的，而謝靈運則是在地陷後的第12年也撒手西去了。我們需當知，給一個湖泊易名，可不像是給小狗小貓取個名字來得那樣簡單，她的易名過程是需要走過幾十年、甚至幾百年的漫長歷程，還要在這個漫長的歷程中加以沉澱、提取，繼而口口相授、口口相傳才能叫得出來的。她不像在戶口簿上隨便填個名字那麼輕鬆。因此，在陶、謝去世之前，彭蠡湖還沒有易名為鄱陽湖，所以，在陶、謝的作品中看不到「鄱陽湖」這三個字是再也正常不過的事情了。

接下來，我們還能看到在中國的歷史上，鄱陽湖流域又相繼湧現出來了很多的傑出文化人物：例如南昌的徐稚徐孺子、朱耷和牛石慧兩兄弟，修水的黃庭堅，唐宋散文八大家中歐陽修、王安石、曾鞏，鄱陽的林士弘、洪適與洪遵、洪邁三兄弟，刊刻大師胡克家，劉恕、都昌的陳澔（中國的禮學宗主）、江萬里等人。

說到修水的黃庭堅和都昌的陳澔，那可又是中國文化史上不可多見的文化巨人。

黃庭堅（西元1045－1105），字魯直，號山谷道人，晚年號涪翁，又稱豫章黃先生，古洪州分寧（今江西修水）人。是北宋時期著名的詩人、詞人、書法家，他不但擅文章、詩詞，尤其工於書法。詩風更是奇掘瘦硬，力擯輕俗之習，開一代風氣。早年曾受知於蘇軾，與張耒、晁補之、秦觀並稱有名的「蘇門四學士」。是盛

極一時的，江西詩派的開山祖師爺。

這有他的詩作〈題鄭防畫夾〉：「惠崇煙雨歸雁，坐我瀟湘洞庭。欲喚扁舟歸雲，故人言是丹青」。〈牧童詩〉：「騎牛遠遠過前村，短笛橫吹隔隴聞。多少長安名利客，機關用盡不如君」。據傳，這〈牧童詩〉還是他孩提時的作品。

陳澔（西元1260——1341年）字可大，號雲住，人稱經歸先生。古南康路都昌縣（今江西都昌）人，宋末元初著名的理學家、教育家。

陳澔最有影響的著作是《禮記集說》，這部集說是明清兩個朝代的學校、書院，私塾的「欽定」課本，科考取士的必讀之書。元代教育家吳澄稱其「可謂善讀書，其論《禮》無可疵矣！」《續文獻通考》載：「永樂間頒《四書五經大全》，廢古註疏不用，《禮記》皆用陳澔集說」。可見《禮記集說》流行之廣，影響之大無以言表。由於陳澔著作對明清兩代學校教育和科舉考試起到了不可替代的作用，因而兩朝的歷代君王都非常景仰陳澔。明弘治十四年（西元1501）年，皇帝欽命於都昌縣治設專祠以祀澔公。清雍正二年（西元1724）年，朝庭特頒詔命從祀陳澔於孔廟，尊為先儒。可見陳澔在中國文化發展史上佔有重要的位置。

上世紀七十年代末，我們國家剛剛從十年浩劫的文化革命的困境中走了出來，走出了被稱之為文化的沙漠時期。八十年代初，鄱陽湖區有一大批的文學工作者，積極地投身在進行以鄱陽湖地域文化為載體的文學創作當中，他們創作出了不少極具時代特色的文學作品。最具影響力的是：電影《廬山戀》的劇作家畢必成；電影《鄉情》、《鄉思》、《鄉音》三部曲的劇作家，詩人王一民；以長篇小說《六道悲傷》而名馳中華的中國當代文藝批評家摩羅；以短篇小說《小鎮上的將軍》而一舉成名的作家陳世旭；以電

視劇《靜靜的鄱陽湖》、《紅雲》、《潯陽月夜》而知名的作家趙青；以電視劇《兄弟姐妹》、中短篇小說集《漂流的村莊》、《黑的帆‧白的帆》為代表作而稱譽文藝界的作家李誌川等人，他們，就是真真正正地深入挖掘，弘揚並創造性地宣傳鄱陽湖文化的領頭人，是鄱陽湖文學創作的先鋒人物和傑出的代表。

只可惜的是，當時鄱陽湖區這麼一種轟轟烈烈的，欣欣向榮的文學現象，大家因為沒有對它進行有效的資源整合和加以集體力量的推介，讓它錯失了一次以《鄱陽湖文學》這種文學現象出現在中國文化的大舞臺，文化的天空的機會。這樣，就導致了當時沒有能夠搭建起這個屬於自己的，向外界展示鄱陽湖文化的，獨立的鄱陽湖文學大舞臺。就錯失一次以鄱陽湖文化的獨具風格展示自己的機會。

當然，話又說回來，這事是怪不得任何人的。因為，那時候的人們，他們大家對本土文化的認知，被舊的觀念所束縛，在舊的理念中沒能走得出來。

由於我們江西在長江以南，自唐玄宗（西元733年）設江南西道以來而得省名至今。有史以來，江西文化又因「江東稱江左，江西稱江右」故而被世人冠之為「江右文化」。後又因境內有條一以貫之南北的主要河流贛江而獲取簡稱為「贛」，所以，「江右文化」這個稱謂逐漸被「贛文化」的稱謂所代替。這是幾千年來，人們對江西文化的基本認知和統一的認識。

但是，當前生活在江西這塊紅土地上的人們，對江西文化的認知與認識正在慢慢地變化著，他們已經由以前對「贛文化」認知與認識的觀念中，在逐步轉變成對「贛鄱文化」的認同，這是一種看不見但能感覺得到的，在人們的心目中潛移默化地發生著改變的一件事。這是一個不爭的事實。

　　既然話已經說到了這麼一個份上，那麼，我就要提出這麼一個觀點：贛鄱文化就是鄱陽湖文化，贛鄱文學就是鄱陽湖文學。只是大家在平時可能疏忽了這一點，被過去的陳舊觀念蒙蔽了自己的眼睛。不知道我的這個說法對不對，這有待於仁人誌士的鼎立研究及廣大文化人士作出相關的探索來加以闡述，來進行認證，確立其論點正確與否。我寄望大家都能投身進來，為文化的繁榮與發展盡一己之綿力。

　　我以上提出的觀點，可能會有人不贊成，也可能會有人要對我提出嚴厲的批評抑或是嚴重的批判。這不要緊，我非常願意接受。因為有不同的聲音總是好的，這說明她有活力，如果沒有不同的聲音響起來，我才覺得她才是虛幻的，可憐的。

　　現在，我們不妨來看一下鄱陽湖流域的水系分佈情況。

　　鄱陽湖是集贛江、修水、饒河、信江、撫河的江西境內五大河流以及清豐山溪、潼津河、漳田河、博陽河以及土塘水、候港水匯流而成的泱泱大湖，經湖口注入長江。由此，我們不難看出五大河流及六道水，它們所處的位置，統統都是鄱陽湖流域的一個部分，一道支流，而鄱陽湖就是它們的統一聯合體，是它們的母體。因此，我們可這麼說，鄱陽湖就是它們大家的集大成者。由此，我們不難設想，無論人們如何去稱呼江西的文化為這文化那文化的，其實，她就是鄱陽湖文化，而這裡獨有的文學現象就是鄱陽湖文學現象。

　　以上，是我對鄱陽湖文化以及鄱陽湖文學現象的簡單梳理，也是我對她的粗淺認知與解讀。以下，我就要來談到為什麼要給鄱陽湖文學正一正名了。

　　最近，我發現在網絡中有那麼幾篇文章在鼓吹什麼是誰誰誰發明瞭鄱陽湖文學，鄱陽湖文學的這個理念又是誰誰誰他創造出來

的。我覺得他們的這種提法是非常可笑的，也是完全錯誤的，是會將人們的認識帶進某種陰暗的岐途的。

上世紀八十年代初期，在我們都昌有那麼一班人，他們對母親湖——鄱陽湖的熱愛和那一番濃濃的深情，他們全付身心地致力於以鄱陽湖為文學載體而進行文學再創作的幹勁和成果也是令人十分敬佩的。說心裡話，從這一點上來說，我是非常地敬重他們。我十分地稱頌他們的那種精神和幹勁。他們在進行文學創作的過程中，逐步認識到了團隊的重要性及其集體力量的偉大，他們於1985年，在鄱陽湖流域率先註冊成立了「鄱陽湖文學研究會」及其成立了「鄱陽湖文學社」，推出了自辦的一份《鄱陽湖報》。並且，在隨後的十幾年裡，在環鄱陽湖的各個縣陸續舉辦了多次的鄱陽湖文學論壇。他們的這種先人之舉和強有力的動作，為弘揚和推廣鄱陽湖文化，推介鄱陽湖文學，起到了一定的導向作用。之後，鄱陽湖文學研究會及其論壇，曾一度在一段時間裡被江西省人大常委會的一個部門接管了過去。按說，這是一次千載難逢的機遇，是全面弘揚，推廣和提倡鄱陽湖文化，推出鄱陽湖文學現象的大舞臺，可惜的是，大家沒能好好地把握住這次機會與它失之交臂。

對於這次的錯失機遇，反思起來是很讓人痛心的。在這裡我就要說到某些人的是非觀點和心胸的問題，他們逃不脫虛名利疆的羈絆和鎖押，困在自我的小天地裡走不出來。他們狹隘地認為，都昌擁有鄱陽湖上三分之一的水面，是鄱陽湖上的一個大縣，所以，都昌這塊地域上的文化，她就代表著鄱陽湖文化，他們創作的文學作品就是鄱陽湖文學的代表作品。這種觀點是極端錯誤的，是極其膚淺的。更可笑的是，還有人聲言自己以五千首詩歌復興鄱陽湖文化、振興鄱陽湖文學，並不斷地慫恿和煽動身邊的一些人為他的這一荒謬言論鼓吹與點火，這簡值是一個天大的笑話。

　　前面我已經講過，文學，它是一專屬名詞，決不是哪一個人的個體所能持有的。它是還原和再現一定時期內和一定地域裡社會生活的一種文學表達方式和現象，人們在它的前面加上定語，確定其代表的是哪一個「一定時期」和哪一塊「一定地域」，它就是那一個一定時期和那一塊一定地域的文化。鄱陽湖，是地理環境下的客觀存在，她不是哪個人憑空能想像出來，更不是靠哪幾個人能創造出來的。因此，我們在「文學」的這一專屬名詞前面，給她加上鄱陽湖這個名字，她就是《鄱陽湖文學》這個名詞的由來，事情就是這麼簡單，簡單到令人難以置信的地步。

　　最後，我得出這麼一個結論：鄱陽湖文化是客觀地存在於鄱陽湖流域的，而鄱陽湖文學則是對這一地域的文化，使用文字來進行的表述方式和文學的表現形式。文學的體裁有很多，人們通常把它分成戲劇、詩歌、小說、散文四大類別，它不是哪一家哪一個人所能代表的，更不是哪一個人所能創造的。如果真如某些人說的，他以五千首詩歌復興鄱陽湖文化，那麼，鄱陽湖文學就成了他所提出來的平平仄仄了。要論到做詩，他還能強過江西詩派的宗主黃庭堅麼？他還能跑到中國田園詩派的祖師爺陶淵明，山水詩派的開山人謝靈運的前頭去麼？

　　所以，我們應該清醒地認識到，鄱陽湖文學不是哪一派哪一個人能夠代表得了的。她是客觀地，獨立地存在於整個鄱陽湖流域，是一種地域性的文學現象和文學的表現形式。當前，我們面臨一種非常好的時機，那就目前我們國家正在努力創造文化的大繁榮、大發展這種新的形勢，《鄱陽湖文學》雜誌的橫空出世，適時登場，這就給廣大的文學作者提供了一個展示文化，活躍文學，勇敢亮自己的大舞臺，特別是給湖區的文學作者和文學愛好者們提供了一個很好的展示、交流平臺。

　　朋友們，讓我們走出自我的小天地，走出對文化的認知誤區，走出對文學的狹隘思維，敞開胸懷，登上《鄱陽湖文學》這個文化的大舞臺，為豐富和發展中華文明，華夏文化添磚加瓦，努力奮鬥，向世界亮出鄱陽湖人的絕世風采！

後記
追夢，是一種快樂
──關於《鄱陽湖──從人文深處走來》創作談

明然

　　無論是在誰的心底，在他的一生當中，肯定都會深藏著他對人生的某一種嚮往。其實，他的這種嚮往，就是他心中的一個夢想。無論這個夢想是物質的存在還是精神的寄寓，他時刻都在盼望著自己的美夢能夠成真。

　　我就是那樣一個愛做夢的人，也可以說是一個癡情的追夢者。我覺得，一個人能夠去追尋自己心中的夢想，那應該是人生中享受快樂的一個過程！

　　雖然，近些年來，我走在追夢鄱陽湖文學的路上，一路爬山涉水地淌過來，的確是感覺到身心有些疲憊，同時也很累、很痛，但是，在我的內心中，卻是真切地充盈著幸福的感覺，充斥著愉悅無比的快樂。

　　雖然，我自從開始文學創作以來，一直都在從事以鄱陽湖為載體的文學創作活動，但是，對於身邊的鄱陽湖及其鄱陽湖文學，我可以說，真的是瞭解甚少，知道的也不夠多。因此，就導致了我不能站在歷史的、地理的、文化的角度上，正確地去看待她，從人文歷

史的廣度和深度上去審視她，解讀她。故而，我之前對於鄱陽湖及其鄱陽湖文學所做的一些闡述和解讀，可以說是比較膚淺、單薄的。

基於以上的看法，在我的思想深處，竟然萌生了一種要一探究竟的衝動。初時，這感覺尚不是十分地強烈，還能按捺得住。直到2014年元月的一天，春生兄跑來對我說，年近八旬的原政協秘書長余星初老先生分派了幾個任務，要求我們能夠從人文的角度切進去，寫一些與都昌有交集的歷史文化名人的文字出來結集，對都昌進行一番全面的，文化的推介。

於是，我被動地開始了對宋代吳澄與都昌先賢祠的有關歷史淵源的考察和探究，並在之後，很快地便以簡短的文字交差了事。儘管當時我是以一種應付的心態在做那件事，但是，我卻似乎在其中，尋覓到了一份來自心靈深處的感動。鑒於這份感動的結果，我之前萌生的那種要對鄱陽湖進行深入探究的衝動，又從心底裡冒了出來，且愈來愈強烈，幾乎難以讓我自持。

第二天上班後，我來到辦公室對面的傳俊老哥那裡，將心中的那份感動和衝動，一股腦兒地告訴了我的這位學長兼兄長的局領導。老哥跟我說，妳有這份感動是對的。我們不是一直在尋尋覓覓地想著找準探索鄱陽湖及鄱陽湖文學的研究方向嗎？這就是個好方向啊。我們就從鄱陽湖的人文著手進去，開展深入的挖掘和研究，是一定會有成果出來的。傳俊老哥的話，使我矛塞頓開。同時，他的鞭策和鼓舞也極大地增強了我開展探究的決心和信心。

接下來，我認真地厘清了一下自己的創作思路，試著從現代鄱陽湖的形成時期走進去，從地理的、人文的、歷史的角度深入進去，上溯到12000年前的新石器時代，然後又一路順著時代發展的脈絡走出來，回到今天的現實中來，對鄱陽湖及其鄱陽湖文學作一番較為全面的解讀，力求給人們一個清晰的、立體的、鮮活的鄱陽

湖及鄱陽湖文學印象。

　　我知道，地理意義上的鄱陽湖，一直以來就客觀地擺在我們的面前，大家都是有目共睹的，這毋庸我們過多地說道。而人文深處的鄱陽湖，則是鮮有人去關心和關注的。於是，我在明確了自己的寫作意圖之後，便順著理好的思路，去廣泛地閱讀和搜集一些在歷史的長河中，曾經與鄱陽湖有過親密緣集的歷史文化名人的史料與史實來，藉助他們的力量來佐證鄱陽湖文化內涵的豐富與深厚。

　　在尋覓人文史料的過程中，讓我意外地從唐詩宋詞中找到了面前的泱泱大湖，是如何地由彭蠡湖而易名為鄱陽湖的文學出處。這是一份鐵的證據，是記錄在案的。小作〈從唐詩宋詞裡走出來的鄱陽湖〉一文，便是專門就這一事件做出了詳細的解說。

　　在這部小集子裡，我先後收錄了東晉、南北朝，唐、宋、元、明、清等歷朝歷代以及近現代部分文化名人，試圖從他們的身上找到鄱陽湖的影子。在這些人物當中，既有鄱陽湖地區的本土名人名士，而更多的是來自外埠的，風流、風雲的名人名士。在那些名人名士當中，諸如古代的陶侃、陶淵明、李白、王勃、蘇軾、姜夔等政治家，詩人及詞宗，也有近、現代像雜交水稻之父袁隆平那樣的一些傑出的代表人物，他們與鄱陽湖發生交集的人文故事，集合在一起，給了我們一個鮮活的鄱陽湖，富有真正生命意義的鄱陽湖。

　　我嘗試著用各種不同的敘述方式和各種不同的行文技巧，對他們在鄱陽湖上的行走軌跡，逐一地進行深入細致的解析，試著找出他們內心深埋著的某種情愫來加以證明鄱陽湖的偉大與不朽。在他們留在鄱陽湖上的詩文中，去找到潛藏在他們思想中的鄱陽湖深處的靈魂。用他們磅礡厚實的文字來證明鄱陽湖空明與幽遠的沉靜思想，澎湃與激越的熱烈情懷。

　　當然，我也知道，如果僅僅是憑我個人的一己之力，想著去向

大家詳細解讀一個全方位的，立體的鄱陽湖，以及鄱陽湖的前世今生，這就是窮盡我的一生，那也一定是不可能做得到的。這，恐怕會成為我生命中難以夢圓的一個遺憾，也是我心裡隱藏著的那一點痛。所以，在這裡我只想說，在我有限的生命之年裡，我將不懈努力，循著鄱陽湖的成長與發展脈絡，繼續在她的身上尋找到不同的文學入口，對她開展更為廣泛的研究與探索，找到全新的突破口深入進去，力求給人們呈現出一個立體的，有血有肉的鄱陽湖出來。循著鄱陽湖文學的研究方向，去追尋理想中的鄱陽湖文學夢。其間，雖然滿布著苦與累，傷與痛，但是，我的整個身心是愉悅、快樂著的。因為我的身心已經融匯在鄱陽湖裡，鄱陽湖，成為了我一生永恆的嚮往。我願意一生都沉湎在對鄱陽湖的嚮往之中，祈盼著我的鄱陽湖文學夢能夠美夢成真。

　　故此，我說追夢的生活，是一種快樂的生活。

　　我並不奢求這一路上真的能美夢成真，但是，我十二萬分地願意享受那樣的一個追夢過程。因為追夢的過程，是一個生命中值得書寫的，真切的高級存在，這就足夠了。今天，我的《鄱陽湖，從人文深處走來》這部文集，在歷時五個月的創作中，終於得以順利收官了，這無異於讓我在追夢的路上，享受到了過程中的異樣陣痛與快樂；讓我的靈魂與精神得到了安放和寄寓。所以，我堅信：追夢，是一種別樣的，無與倫比的高級享受和快樂的一件事情！

Do歷史47　PC0539

鄱陽湖
——從人文深處走來

作　　者／明　然
責任編輯／李冠慶
圖文排版／周政緯
封面設計／蔡瑋筠

出版策劃／獨立作家
發 行 人／宋政坤
法律顧問／毛國樑　律師
製作發行／秀威資訊科技股份有限公司
　　　　　地址：114 台北市內湖區瑞光路76巷65號1樓
　　　　　電話：+886-2-2796-3638　傳真：+886-2-2796-1377
　　　　　服務信箱：service@showwe.com.tw
展售門市／國家書店【松江門市】
　　　　　地址：104 台北市中山區松江路209號1樓
　　　　　電話：+886-2-2518-0207　傳真：+886-2-2518-0778
網路訂購／秀威網路書店：https://store.showwe.tw
　　　　　國家網路書店：https://www.govbooks.com.tw

出版日期／2015年11月　BOD一版　定價／320元

|獨立|作家|
Independent Author

寫自己的故事，唱自己的歌

鄱陽湖：從人文深處走來 / 明然著. -- 一版. -- 臺北
市：獨立作家, 2015.11
　　面；　公分. -- (Do歷史；47)
BOD版
ISBN 978-986-92127-3-1(平裝)

1. 人文地理　2. 鄱陽湖

682.87　　　　　　　　　　　104017213

國家圖書館出版品預行編目

讀 者 回 函 卡

感謝您購買本書,為提升服務品質,請填妥以下資料,將讀者回函卡直接寄回或傳真本公司,收到您的寶貴意見後,我們會收藏記錄及檢討,謝謝!
如您需要了解本公司最新出版書目、購書優惠或企劃活動,歡迎您上網查詢或下載相關資料:http:// www.showwe.com.tw

您購買的書名:_____

出生日期:_____年_____月_____日

學歷:□高中 (含) 以下　　□大專　　□研究所 (含) 以上

職業:□製造業　□金融業　□資訊業　□軍警　□傳播業　□自由業
　　　□服務業　□公務員　□教職　　□學生　□家管　　□其它_____

購書地點:□網路書店　□實體書店　□書展　□郵購　□贈閱　□其他

您從何得知本書的消息?

　□網路書店　□實體書店　□網路搜尋　□電子報　□書訊　□雜誌
　□傳播媒體　□親友推薦　□網站推薦　□部落格　□其他_____

您對本書的評價:(請填代號　1.非常滿意　2.滿意　3.尚可　4.再改進)

　封面設計____　版面編排____　內容____　文／譯筆____　價格____

讀完書後您覺得:

　□很有收穫　□有收穫　□收穫不多　□沒收穫

對我們的建議:_____

_____

_____

_____

11466
台北市內湖區瑞光路 76 巷 65 號 1 樓
獨立作家讀者服務部　　　收

....

（請沿線對折寄回，謝謝！）

姓　　名：＿＿＿＿＿＿＿＿＿　年齡：＿＿＿＿　性別：□女　□男

郵遞區號：□□□□□

地　　址：＿＿＿＿＿＿＿＿＿＿＿＿＿＿＿＿＿＿＿

聯絡電話：(日) ＿＿＿＿＿＿＿＿＿　(夜) ＿＿＿＿＿＿＿＿＿

E-mail：＿＿＿＿＿＿＿＿＿＿＿＿＿＿＿＿＿＿＿